...RET

INSPECTOR GENERAL'S OFFICE.

25421.

44446/BIH/JS

37/440/39

Royal Ulster Constabulary,

BELFAST.

...12th.......January.,.........1942....

...ell,

...ve got some information about GOER...

...he Spring of 1940 Stephen...

...on for the I.R.A....

...t there he wa...

...the I.R...

...whe...

H/1357
(5 pages)

OST SECRET

...below water level woul...
...freeboard). Towing t...
...zardous and almost...
...de in Russia the product...
...til the late Spring and...
...before June or July...

GEHEIMPLÄNE
DES ZWEITEN WELTKRIEGS

MICHAEL KERRIGAN

GEHEIMPLÄNE
DES ZWEITEN WELTKRIEGS

Strategien und Vorhaben,
die nie umgesetzt wurden

Weltbild

Originaltitel *World War II plans that never happened*
Erstveröffentlichung 2010 in Großbritannien von Amber Books Ltd
Bradley's Close
74–77 White Lion Street, London N1 9PF
Copyright © 2010 Amber Books Ltd

Deutsche Erstausgabe
Copyright © 2012 der deutschen Übersetzung
by Verlagsgruppe Weltbild GmbH,
Steinerne Furt, 86167 Augsburg
Koordination und Bearbeitung der deutschen Ausgabe:
Verlagsservice Dr. Helmut Neuberger und Karl Schaumann GmbH
Übertragung ins Deutsche: Heinz Tophinke
Lektor der englischen Ausgabe: Sarah Uttridge
Bildredaktion: Terry Forshaw
Umschlaggestaltung: coverdesign uhlig, augsburg
Gesamtherstellung: KINT D.O.O. Ljubljana,
Gerbiceva 23A 1000 Ljubljana Slovenia

Printed in Slovenia

ISBN 978-3-8289-4522-7

Einkaufen im Internet: www.weltbild.de

Inhalt

Einführung

W ir sehen im Zweiten Weltkrieg eines der großen
historischen Dramen der
Zeitgeschichte: einen Titanen-
kampf zwischen Gut und Böse.
Am Boden war er eine Folge erbit-
tert geführter Schlachten, die Millionen von Soldaten und Zivilisten
Leid und Tod brachte – von den
Straßen Londons und Berlins bis
zum Dschungel Burmas und der

russischen Steppe. Es war wirklich
ein globaler Krieg, in dem U-Boote
im Atlantik Handelsschiffe angriffen und auf den Philippinen Gue-
rillas gegen japanische Armee-
einheiten vorgingen. Island war
besetzt, Australien von Invasion
bedroht, die Wüsten Nordafrikas
wurden zum Kriegsschauplatz.
   Doch hinter den Kulissen fand
ein eher nüchterner Krieg statt, in

dem die Kombattanten das Drama
zu lenken versuchten. Während
sich Kommandeure im Feld Finten
und Manöver ausdachten, die
ihnen im Gefecht Vorteile einbrin-
gen sollten, suchten ihre Politiker
nach den strategischen Initiativen,
die den Sieg bringen sollten. Zu
ihrer Unterstützung zogen Beamte,
Geheimdienstler und Funktionäre
jeglicher Couleur die Fäden und

MacArthur landet am 20. Oktober 1944 auf Leyte, kurz vor der vollständigen Befreiung der Philippinen.

entwickelten Pläne, um das sich ausweitende Kampfgeschehen zu inszenieren. Das hatte natürlich seine Wirkung – wenngleich durchaus nicht immer die beabsichtigte. Ihre Entscheidungen (manchmal auch ihre Unentschlossenheit) schlugen sich nieder im Feld, gaben hier der Kriegsverlauf eine neue Richtung oder verschoben dort minimal die Gewichte.

Aktionsplan

Die Öffnung wichtiger Archive in den vergangenen Jahren ermöglicht es uns heute, hinter die Kulissen zu blicken und anhand noch nie gesehener Quellen zu erkennen, wie die Strategen auf beiden Seiten versuchten, den Gang des Geschehens zu bestimmen. Geheimdienstberichte, Direktiven, Memoranden, Protokolle von Kabinetten und Stäben: Eine riesige Menge an Quellen ist verfügbar geworden, die uns erschöpfende Einsichten in das Denken dieser Strategen gewähren. Hier reitet Churchill ein Steckenpferd, dort gibt Eisenhower seiner Ungeduld Ausdruck; ein japanischer Industrieller ist begeistert von den Fähigkeiten des neuen Superbombers, den er zu bauen hofft ...

Dieses Buch zeigt auf, wie die Planung im Hintergrund das vordergründige Kriegsgeschehen mit einer Reihe spezifischer Operationen zu beeinflussen hoffte.

Auf dem Papier

Der Haken ist natürlich, dass die am besten ausgetüftelten Pläne meistens schiefgehen. Die Verachtung des Frontsoldaten für das Hauptquartier und die politische Führung hinter der Front ist sprichwörtlich – und war es in jedem Konflikt und zu jeder Zeit. Doch die Unüberwindlichkeit der Hierarchie unterstreicht nur die ewige Kluft zwischen Theorie und Praxis, zwischen Plan und Realität: Redensarten wie »Die Lage ist hoffnungslos, aber nicht ernst« sind zum Klischee geworden für die Diskrepanz zwischen Planung und Realität. Wenn wir sagen, dass dieser oder jener Plan »auf dem Papier« gut aussieht, implizieren wir damit, dass er in der Praxis voraussichtlich nicht funktionieren wird.

Daher die – oberflächlich betrachtet vielleicht wunderliche – Entscheidung, sich hier mit Plänen zu befassen, die faktisch nicht umgesetzt wurden. Was kann der Wert einer Geschichte dessen sein, das nicht geschah? Wie dieses Buch zeigt, kann er in der Tat bedeutend sein – nicht zuletzt als ironischer Kommentar zu tatsächlichen Ereignissen. Die Konturen der realen Geschehnisse sind so klar, dass man gern vergisst, wie leicht es hätte anders kommen können; sie werden scheinbar zwangsläufig, obwohl sie es keineswegs waren.

Dies ist ein wichtiger Aspekt, den man allzu leicht aus den Augen verliert. Wenn wir den Zweiten Weltkrieg so interpretieren, als sei er einer einzigen Linie gefolgt, und die vielen provisorischen Pläne, die Fehlstarts, die improvisierte Ausführung, die brillanten Ideen, die am Ende zu nichts führten, unbeachtet lassen, dann vergessen wir leicht, was der Krieg eigentlich ist.

Hitler füttert ein Rehkitz. Die persönlichen Launen des »Führers« beeinflussten den Verlauf des Konflikts ebenso stark wie unberechenbar.

Es ist charakteristisch für militärische Probleme, dass sie nichts anderem weichen als der rauen Wirklichkeit.

General Dwight D. Eisenhower, 1949

DEPARTMENT OF DEFENCE CO-ORDINATION

MINUTE PAPER

SECRET

SUBJECT: JAPANESE PLAN FOR INVASION OF AUSTRALIA.

CHIEF OF THE NAVAL STAFF

CHIEF OF THE GENERAL STAFF

CHIEF OF THE AIR STAFF

from the ...

...tober, 1942
...ich was
...which is
...strating
...telligence
...ternal

...enza

...retary
...Committee.

SECRET

BIGOT

SECRET - BIGOT

ALLIED FORCE HEADQUARTERS
G-3 SECTION

COPY NO. 33

7 May 1943.

MEMORANDUM FOR: Chief of Staff.

SUBJECT: Plan for Operation BRIMSTONE.

1. Attached is an Appreciation and Outline Plan for Operation BRIMSTONE together with a draft directive for issue to the Force Commanders. Although this operation has not yet been approved by the Combined Chiefs of Staff it is considered that Force Commanders should be appointed and planning should start now, so that, if the operation has to be undertaken, an agreed plan will be ready and time will not be lost.

2. It is not possible at present to detail the forces to be made available for this operation but it appears that:

a. The naval forces required can be made available from those which will be in the MEDITERRANEAN after HUSKY, provided that no other major operation is undertaken simultaneously.

b. The air forces required can be made available as soon as the situation in HUSKY allows them to be diverted from that operation.

c. The military forces can be provided as follows:

(1) If the operation is to be undertaken as soon as possible after HUSKY and before any action on the mainland of ITALY is taken:

| II Corps US | 34th and 36th Inf Divs 1st Armd Div |
| 5th Corps Br | 1st, 4th, 46th Inf Divs 6th Armd Div |

(2) If the operation is to be undertaken after action against the Toe of ITALY;

| II Corps US | 34th and 36th Inf Divs 1st Armd Div |
| VI Corps US | Three Inf Divs US from HUSKY |

d. The shipping and landing craft available in the MEDITERRANEAN after Operation HUSKY would, it is estimated, be sufficient to meet the requirements of this operation, provided no major withdrawal of landing craft from the MEDITERRANEAN has meanwhile taken place. It should be noted, however, that orders have been issued for the US shipping and landing craft now in the MEDITERRANEAN to be withdrawn after HUSKY. Reallocation of these or similar craft sufficient to meet the military plan will be necessary if this operation is to be undertaken.

3. In the Draft Directive the target date for the operation has been set as mid-September. Unless Operation HUSKY is concluded with unexpected rapidity, it is considered that this is the earliest date which could be achieved in view of the facts that:

SECRET - BIGOT

- 1 -

SECRET

...DOCUMENT IS THE PROPERTY OF HIS BRITANNIC MAJESTY'S GOVERNMENT

66

Printed for the War Cabinet. October 1942.

...ECRET.

...483.

Copy No. 14

..., 1942.

TO BE KEPT UNDER LOCK AND KEY.

It is requested that special care may be taken to ensure the secrecy of this document.

WAR CABINET.

...OLICY FOR THE CONDUCT OF THE WAR.

Memorandum by the Minister of Defence.

...arbour and the entry of the United States into the war on one ...broke out upon us on the other, opened an entirely new phase ...ceeded with professional advisers to Washington in order to ...ion with President Roosevelt. We were all agreed that the ...er was the prime objective, both in magnitude and in time, ...st be held as far as possible until the defeat of Germany and ...hole force to be turned upon her.

...ne the President showed himself already deeply interested in ...rican intervention in French North Africa by landings at ...ngier. This operation was called "Gymnast." General ...en advancing towards Benghazi and Agedabia and we had the ...ation, called "Crusader," would be followed by "Acrobat." ...e of our Desert Army to Tripoli. "Gymnast" was explored ...ut before any definite decision could be taken General ...s were thrown back to the Gazala position. All prospects of ...closed and "Gymnast" faded a good deal. However, both ...ident and I continued to regard it as the main and most ...of the first American impact upon the Western theatre of war.

[24533]

Die Geschichte des Kriegs – oder zumindest ein wesentlicher Aspekt davon – wurde stets in dreifacher Ausfertigung abgefasst: Die Entscheidungen sowohl der politischen als auch der militärischen Führung eines jeden Kombattanten wurden Tag für Tag akribisch aufgezeichnet, manchmal sogar Stunde für Stunde. Forscher haben nun in den Archiven der kriegführenden Nationen Zugang zu einer Fülle an Informationen. Die Schwierigkeit besteht darin, in der Menge der Dokumente die wirklich bedeutenden zu erkennen.

Eire.

    17. In her present attitude Eire constitutes a serious liability. Although the Government of Eire would probably call instantly for our help in the event of a German attack on Eire territory, they would undoubtedly resist any attempt Eire in advance of a German attack.

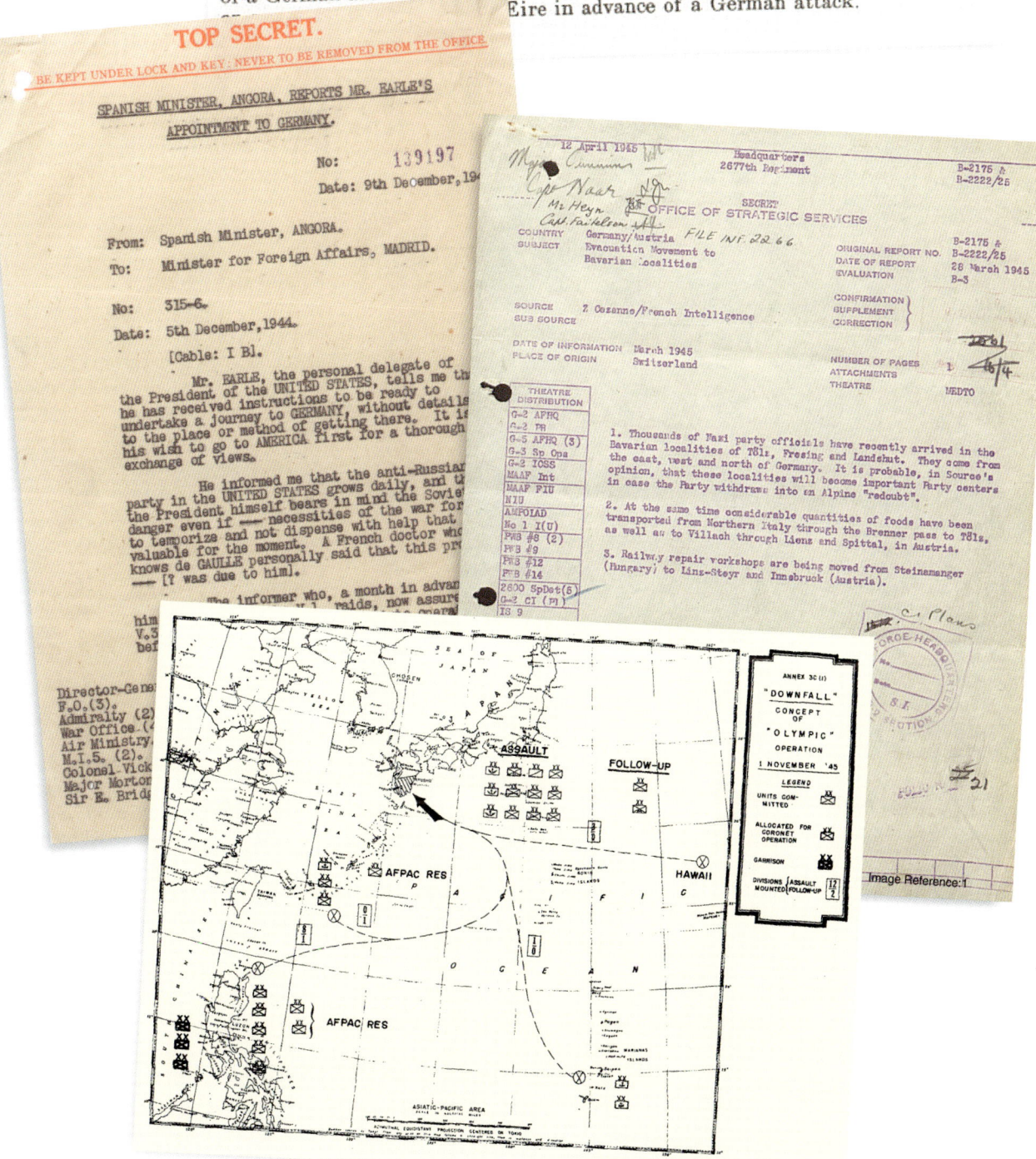

Große Strategie konnte man im London des »Blitzkriegs« auf den Straßen erleben.

der Alliierten auszugeben, der Pläne einer für 1943 geplanten Invasion Griechenlands und Sardiniens mit sich führte. Diese Idee wurde nicht nur ausgeführt – sie funktionierte sogar hervorragend. Die vor der spanischen Küste ins Meer geworfene Leiche von »Major Martin« wurde angeschwemmt und geborgen, die Dokumente wurden gelesen – was die Deutschen von der Invasion Siziliens ablenkte.

Realitätsprüfungen

Unwahrscheinlichkeit muss also den Erfolg nicht notwendigerweise verhindern. Doch Überlegungen aus der Etappe ohne ausreichende Berücksichtigung der Realitäten im Gefecht neigen immer, an ebendiesen zu scheitern.

Im Übrigen können auch ganz vernünftige Pläne misslingen – so etwa die Operationen Handcuff, Culverin oder Bulldozer wegen fehlender taktischer oder logistischer Unterstützung. Eine Flotte, eine Division zur falschen Zeit am falschen Ort; knappe Transportoder Artilleriekapazität: Alles Mögliche kann ein Erfolgsrezept zum Scheitern bringen. Entscheidend ist stets das Warten auf den richtigen Zeitpunkt. Daran scheiterten die Operationen Sledgehammer und Roundup, während die Operation Overlord ein voller Erfolg wurde.

Wunschdenken

So leicht es ist, über Kommandostäbe und Politiker zu spotten – auch Frontkämpfer sind nicht gefeit gegen weltfremden Eifer. Für General Douglas MacArthur

Fantasiekämpfe

In der Tat ist zu vermuten, dass eine Operation umso wahrscheinlicher unrealisiert bleibt, je raffinierter sie »geplant« ist. Man könnte sogar argwöhnen, dass militärische Planung schon an sich maßlos ist. Was sonst sollte man von dem Plan der Alliierten halten, einen Flugzeugträger aus Eis zu »bauen«, oder von einem der Nazis, die »Big Three«, die drei großen Führer der Alliierten, in einem Handstreich zu entführen? Konnte jemand ernsthaft daran gedacht haben, Mussolini durch einen Bombenangriff auszuschalten oder den Papst als Geisel zu nehmen?

Aber waren solche Gedanken weniger realistisch als »Operation Mincemeat«, der Plan, die Leiche eines Londoner Stadtstreichers als die eines hochrangigen Agenten

war die Rückeroberung der Philippinen eine Herzensangelegenheit. Sein Enthusiasmus zeigt sich in jedem Detail der Operation Tulsa. Zum Glück gelang es den Admiralen der US-Marine, ihn auf den Boden der Tatsachen zurückzuholen. General Lucian Truscott kommentierte Eisenhowers waghalsige Pläne für die Operation Satin mit den Worten, sie sei »logistisch vernünftig, wenn alles hundertprozentig ist«. Das gilt jedoch auch für einige weitere der hier behandelten Operationen.

In einigen Fällen ist klar, dass die Strategen nach einer Art Königsweg suchten – dem Entscheidungsschlag, der den Sieg sicherstellen würde. Das mochte die Liquidierung einer bedeutenden Person sein (so war Adolf Hitler das Ziel der britischen Operation Foxley) oder eine »Wunderwaffe« wie Japans U-Flugzeugträger Sen-Toku I-400 oder der Amerikabomber der Deutschen: Beide hätten theoretisch den Kriegsausgang verändern können.

Militärische Gedankenspiele

Dies ist also die Geschichte des Zweiten Weltkriegs, wie sie hätte sein können, wäre nicht dieser oder jener mehr oder weniger fantastische Plan an den Klippen einer sich rasch verändernden Realität gescheitert. Es ist eine Geschichte voller Ironien, aber auch eine voller Einsichten sowohl in das militärische Denken als auch in die Realitäten des Kriegs.

Das Sternenbanner weht über Iwo Jima, März 1945 – das triumphale Ende eines chaotischen Feldzugs.

Erstes Kapitel
1939–1941

Einen »Sitzkrieg« darf es den Strategen nach nicht geben – auch wenn viele Operationen nicht zustande kamen, entweder weil man sie für falsch konzipiert oder für undurchführbar hielt oder weil sie einfach durch die Ereignisse überholt wurden.

Aus konventioneller historischer Perspektive bestimmte eine unabwendbare Realität den Verlauf der ersten beiden Jahre: die Überlegenheit des Deutschen Reichs an Truppenstärke, Ausrüstung und Führung – und der große Vorteil durch das Überraschungsmoment. Und diese Perspektive mag durchaus korrekt gewesen sein. Hinter den Kulissen freilich stellten sich die Dinge keineswegs so eindeutig dar. Während die Führung der eigentlich sieggewohnten Wehrmacht darüber enttäuscht war, dass sie ihre Pläne nach der ersten Siegesserie nicht in der erhofften Schnelligkeit fortsetzen konnte, sorgte aufseiten der Alliierten ein völlig unbegründeter Optimismus für waghalsige Planungen. Weit davon entfernt, nach Dünkirchen ernüchtert zu sein, war das durch den Blitzkrieg angeschlagene Großbritannien voller Ideen, wie der Krieg nach Deutschland getragen werden könne. Einige dieser Pläne waren defensiv, etwa jene, potenziellen deutschen Interventionen von Island bis zu den Azoren zuvorzukommen. Das neutrale Irland wurde zu einem veritablen Schlachtfeld – zumindest in der Fantasie der Geheimdienste beider Seiten. Und zeitweilig brannte Hitler darauf, eine Invasion Großbritanniens zu starten, doch seine Pläne kamen einfach nicht voran.

Deutsche Truppen rollen im April 1940 durch Trondheim: Schon das schiere Tempo des deutschen Vormarschs in Norwegen überraschte die Alliierten.

Operation Stratford

Der Plan, einer deutschen Invasion Skandinaviens durch die Besetzung der schwedischen Erzfelder zuvorzukommen, war viel zu ambitioniert, als dass er wirklich reale Erfolgsaussichten gehabt hätte.

Der oberste alliierte Kriegsrat gab schon bei seinem Pariser Treffen am 5. Februar 1940 grünes Licht für die Operation Stratford. Bereits zu diesem Zeitpunkt wurden die deutschen Intentionen in Skandinavien klar. Der Plan war, in Zentralschweden 100 000 Mann zu stationieren, um die Nazi-Invasoren zu empfangen. Churchill befürwortete diesen Plan – wie so viele, in deren Verlauf sich die Alli-

ierten übernahmen: Sein Eifer ließ den Strategen kaum Chancen, etwas als unrealistisch abzulehnen.

Winstons Kriegsspiele

Selbst unter dem Aspekt, dass Churchill zuletzt siegte, übersteigt sein Optimismus in der dunkelsten Stunde der Alliierten jede Vorstellung. Wenn es heißt, Generäle würden scheitern, wenn sie mit den Methoden vergangener Kriege agierten, so schrak Churchill nicht davor zurück, Ideen, mit denen er bereits als Marineminister 1914/15 gescheitert war, wieder auszugraben. Damals hatte ihn die katastrophale Niederlage in der Schlacht von Gallipoli sein Amt gekostet – und in dem, was er nun

Oben Winston Churchill. Hinter der würdevollen Haltung des Staatsmannes verbarg sich ein Hang zum Abenteuer.

Unten: Schwedens Bergarbeiter erfuhren nie, wie nahe sie dem Krieg waren.

Oben: Deutsche Flak bewacht die Küste des Finnischen Meerbusens.

vorschlug, klang dieses Unternehmen durchaus nach. Der Schlüssel, so Churchill, sei die Seemacht:

Die große Frage für 1940 ist wie schon 1915, ob und wie die Navy ihre restlichen Truppen zur Abkürzung des Kriegs einsetzen kann.

Er fuhr fort mit Optionen, die er allerdings kaum hatte:

Sollte es zu einer Ausdehnung des Kriegs auf Skandinavien oder den Balkan kommen, würde ich Ersteres in jedem Fall vorziehen. Skandinavien ist uns näher, für eine starke Marine besser geeignet (mit der man zusammen mit Luftmacht sogar auf den Balkan einwirken könnte), Deutschland muss die See überqueren, um nach Skandinavien zu kommen, und die Skandinavier sind echte Männer, die sich gut als Verbündete eignen.

Skandinavien als Nebenkriegsschauplatz?

Selbst wenn Großbritannien und das schwer bedrängte Frankreich über die Truppen und die nötige Logistik verfügt hätten – was sehr fraglich ist –, ist schwer vorstellbar, wie man einen so großen Aufwand für ein Unternehmen an einem Nebenkriegsschauplatz hätte rechtfertigen können. In späteren Jahren verärgerte Churchill die Amerikaner mit seinem Faible für Umwege – so etwa sein Vorschlag 1942, die Alliierten sollten besser über Europas »Schwachstellen« auf Deutschland vorrücken anstatt direkt durch Frankreich. Man müsse »eine Schlinge um den Hals des Feindes legen«. Das ist zwar ein plastisches Bild, lässt aber kein rasches Kriegsende erwarten. Churchill war in vieler Hinsicht ein ungewöhnlicher Charakter, und diese eigenartige Kombination von grimmiger Entschlossenheit und dem Hang zu raffinierten Umwegen war typisch für ihn.

Schließlich wurden die Alliierten von den Ereignissen überrollt, und Churchill musste seine Pläne zuerst zurückstellen und schließlich fallenlassen. Dennoch blieb Skandinavien wichtig. Selbst wenn es dem »Dritten Reich« lediglich Bodenschätze lieferte, hatte es strategische Bedeutung und spielte in den Planungen der Alliierten deshalb weiterhin eine Rolle.

Unten: Laut Churchill beherrschten die britischen Zerstörer die Meere.

Operation Wilfred/Plan R4

Der Plan einer Invasion Norwegens mit dem Ziel, Deutschland von den strategisch wichtigen Eisenerzlieferungen aus dem neutralen Schweden abzuschneiden, wurde allzu rasch von den Ereignissen überrannt.

Der junge Deutsche, so Hitler, solle so »hart wie Kruppstahl« sein. Aber Metalle waren von weitaus größerer als nur symbolischer Bedeutung für ein Land, das die Strategie des »Blitzkriegs« verfolgte: Ohne riesige Mengen an Stahl konnte Deutschland den Krieg nicht lange durchhalten. Doch die eigenen Erzvorkommen waren begrenzt. Anfang 1940 schienen die französischen Erzlager in Lothringen noch unerreichbar – niemand hätte erwartet, dass Frankreich zu schnell zusammenbrechen würde. Deutschland importierte bereits Erz aus den arktischen Regionen Schwedens (Kiruna und Malmberget); ein Teil davon kam über die Ostsee, vieles aber über den norwegischen Hafen Narvik.

Auch die Alliierten schielten auf das schwedische Erz – wenn auch weniger für sich selbst, als um Deutschland vom Nachschub abzuschneiden. Insofern kam der Ausbruch des Finnischen Winterkriegs 1939 nicht ungelegen. Die Notlage Finnlands war der perfekte Vorwand für eine Intervention durch Norwegen und Schweden, vorgeblich, um den Finnen zu helfen, doch würde man dabei auch gleich die wichtigen Erzgruben und Versorgungslinien besetzen können. Doch die skandinavischen Staaten durchschauten diese Absicht und weigerten sich, Truppen über ihr Territorium marschieren zu lassen.

Schattenboxen
Nun präsentierte Winston Churchill einen Alternativplan – oder besser gesagt gleich zwei. Der erste hieß Operation Wilfred und umfasste die Verminung der norwegischen Häfen. Damit verband sich die Hoffnung, dies werde eine

Der norwegische Hafen Narvik war strategisch wichtig – und wurde entsprechend bewacht.

Die *Altmark* stand 1940 im Mittelpunkt eines diplomatischen Vorfalls.

Ich berichtete dem Kriegskabinett telefonisch, und es war damit einverstanden, dass Wilfred vorangebracht werden sollte.

Winston Churchill, April 1940

deutsche Reaktion provozieren, die dann als Rechtfertigung für eine alliierte Invasion Norwegens – ihr Deckname war R4 – herhalten konnte. In der Folge würden britische und französische Streitkräfte rasch in der Lage sein, nach Nordschweden vorzustoßen. Ende März waren die anglo-französischen Pläne in Antizipation einer deutschen Invasion bereits im Gange.

Ironischerweise kam diese am 9. April 1940 mit dem Unternehmen Weserübung – das gerechtfertigt wurde durch die (keineswegs falsche) Überzeugung, dass die Alliierten ihrerseits die Besetzung Norwegens geplant hatten. Die Invasoren stießen durch Dänemark und über die Nordsee auf Norwegen vor. Schweden, obwohl nach wie vor nicht besetzt, war praktisch eingekreist.

Damit war Plan R4 natürlich obsolet geworden, aber da nun so viele Truppen mobilisiert sowie Transport und Ausrüstung bereitgestellt waren, konnten die Alliierten zumindest Norwegen bei der Verteidigung unterstützen. Doch dann mussten die anglo-französischen Kräfte innerhalb weniger Wochen zur Verteidigung Frankreichs abgezogen werden.

Der Altmark-Zwischenfall

Die norwegische Neutralität war von beiden Seiten von Anfang an mit Argwohn betrachtet worden. Winston Churchill war empört, als im Februar 1940 norwegische Torpedoboote ein Hilfsschiff der deutschen Kriegsmarine, die *Altmark*, ohne gründliche Kontrolle in die Hoheitsgewässer ihres Landes einfahren ließen – trotz der Tatsache, dass die *Altmark* britische Kriegsgefangene an Bord hatte. Am 16. Februar enterte ein Stoßtrupp der *HMS Cossack* die *Altmark* und befreite die Männer. Dieser Vorfall trug zur Hebung der britischen Moral bei: Die Briten waren so wagemutig gewesen, dass sie sogar mit blanken Entermessern angegriffen hatten.

General Nikolaus von Falkenhorst befehligte das Unternehmen Weserübung und berichtete direkt an Hitler.

Plan W

Falls Deutschland Pläne für eine Invasion Irlands vorbereitete, brauchte Großbritannien nach offizieller Meinung ebensolche. Und überraschenderweise stimmte die irische Regierung dem sogar zu.

Kritiker der Schweiz argwöhnen schon seit langem, dass einige neutrale Länder neutraler sind als andere. Viele in Großbritannien glaubten, die Republik Irland werde das Deutsche Reich diskret unterstützen. Premierminister Neville Chamberlain hatte sogar die Vereinigung Irlands erwogen um den Preis eines Beitritts zur Allianz, doch dies hatte das irische Unterhaus misstrauisch abgelehnt.

Zweifellos herrschten in Teilen der irischen Bevölkerung starke anti-englische Gefühle vor; so hat etwa Eamon De Valera in der deutschen Botschaft in Dublin 1945 nach Hitlers Tod kondoliert. Und zweifellos vertraten viele hartnäckige Republikaner die Ansicht »Der Feind meines Feindes ist mein Freund«. Churchill war düpiert von der Entscheidung des Dáil, die irische Neutralität zu wahren.

Häfen und Präventiven

Aus pragmatischerer Sicht gab es da noch die Tatsache der Vertragshäfen. Der Anglo-Irische Vertrag, der den Freistaat 1922 etabliert hatte, räumte den Briten weiterhin Rechte auf Häfen an der Atlantikküste ein, nämlich Queenstown

Großbritannien verfügte noch über Rechte in Vertragshäfen wie Queenstown (heute Cobh).

(heute Cobh) im County Cork, Berehaven an der Bantry Bay und einen weiteren nördlich am Lough Swilly in Donegal. Würde Großbritannien zu einer Zeit, da bereits klar war, dass die Bedarfsdeckung aus den USA und anderen Überseeländern überlebenswichtig sein würde, den Freistaat besetzen müssen, um sich den Zugang zu diesen Häfen zu sichern?

Ferner wurden im Verlauf des Sommers 1940 zunehmend Geheimdienstmeldungen abgefangen, in denen davon die Rede war, dass die Deutschen mit einem »Unternehmen Grün« einen Angriff auf Irland erwogen. Sollte man also einen Präventivschlag führen? Sollten die Briten sicherstellen, dass Deutschland Irland nicht einnehmen konnte, indem sie die Grüne Insel erneut besetzten?

Einigkeit

Großbritannien entschied sich stattdessen dafür, Gespräche mit irischen Politikern und Geheimdienstoffizieren zu führen. Aus politischen und taktischen Gründen blieben diese geheim. Und sie wurden mit verschiedenen Parteien geführt: Während sich De Valeras Fianna Fáil zumindest rhetorisch strikt antibritisch gab, zeigte sich die oppositionelle Fine Gael zugänglicher. Die Briten knüpften Kontakt zu dem Fine Gael-Vorsitzenden Richard Mulcahy, um die Möglichkeiten eines gemeinsamen anglo-irischen Kommandos für die gesamte irische Insel auszuloten. Man hoffte, dass De Valera, wenn Mulcahy einmal mit an Bord war, nichts anderes mehr übrig bleiben würde, als dem Zweckbündnis zuzustimmen.

142. The establishment of enemy forces in Eire would further threaten the vital supply line of our Western ports. On the other hand an enemy attack upon Eire would put us in a position to establish naval and air bases there with the consent of the Eire Government; and once the enemy attack was repelled we should have gained considerable advantage in the defence of our Western and Northern approaches.

At present it is clear that Eire is determined to maintain her neutrality at all costs and will not permit British forces to enter the country, unless the enemy had previously invaded it. In view of the time factor involved, we must retain forces in Northern Ireland and in the United Kingdom ready for immediate entry into Eire at the moment the Eire Government are prepared to permit our entry —both to deny bases to the enemy and to occupy them for our own use.

Passwort »Pumpkins«

Und das tat er denn auch mehr oder weniger widerstrebend. Sein Außenminister Joseph Walshe reiste mit Colonel Liam Archer vom militärischen Geheimdienst Irlands (G2) nach London, wo sie sich am 24. Mai mit hochrangigen Offizieren des britischen Geheimdienstes und des Militärs trafen. Bei Folgetreffen in Belfast und Dublin führte Brigadekommandeur Dudley Clarke – heute als Gründer der britischen Commandos bekannt – Gespräche mit dem Kommandierenden General (General Officer Commanding) Sir Hubert Huddleston, seinen leitenden Angestellten und gleichrangigen Vertretern der irischen Armee.

Armee-Generalstabschef Daniel McKenna stellte klar, dass De Valera jede britische Intervention vor einer deutschen Invasion ablehne, doch die Iren würden einschlägige Informationen weitergeben. Weitere Gespräche wurden mit Frank Aitken geführt, der als Minister für die Koordination der Verteidigungsmaßnahmen die Gesamtverantwortung für die von der Republik getroffenen Vorbereitungen trug.

Die britische Invasion trug den Decknamen »Plan W«. Sie sollte nur dann stattfinden, wenn die Iren nach einem deutschen Angriff um Hilfe baten. In diesem Falle sollte John Maffey, Großbritanniens Repräsentant in Dublin, Sir Hubert Huddleston in Belfast das Codewort »Pumpkins« übermitteln; dies sollte für Huddleston das Zeichen sein, sich mit seinen Truppen nach Süden in Bewegung zu setzen. Letztendlich verwelkte das Unternehmen Grün, denn das Signal wurde nie gesendet.

Oben: Diese Notiz des Kriegskabinetts konstatiert: »Gegenwärtig ist Eire entschlossen, seine Neutralität unter allen Umständen zu wahren und britischen Kräften nicht zu gestatten, das Land zu betreten, sofern der Feind nicht bereits eingedrungen ist.«

Links: Seiner feindseligen Rhetorik zum Trotz half Eamon De Valera den Briten diskret, so weit er dazu in der Lage war.

Plan Kathleen

Ein weiterer Plan für eine irische Invasion, erträumt von den Patrioten der IRA. Doch die Deutschen kamen zu dem Schluss, dass Kathleen nicht funktionieren konnte.

Die Geschichtsschreibung beharrt darauf, dass der Zweite Weltkrieg mit dem deutschen Einmarsch in Polen am 1. September 1939 begann. Doch die Irisch-Republikanische Armee (IRA) hatte bereits acht Monate zuvor, am 1. Januar 1939, Großbritannien in aller Form den Krieg erklärt.

Eine schreckliche Komödie

Ein Scherz? Nicht ganz. Von 1919 bis 1921 hatte bereits ein erbitterter Unabhängigkeitskrieg mit Großbritannien getobt. Ihm folgten 1922/23 Kämpfe zwischen den Republikanern, die bereit waren, sich mit den 26 Counties zu einigen, die schließlich die Republik Irland bilden sollten, und jenen Radikalen, die nichts anderes akzeptieren wollten als das Ende der britischen Herrschaft auf der gesamten Insel. Deshalb existierte die IRA trotz der Unabhängigkeit noch immer, und deshalb wurde sie in dem Land, das eigentlich ihre Heimat sein sollte, geächtet.

Für die IRA war Ulster ein ständiges Ärgernis, das es zu beseitigen galt. Die Deutschen sahen in Nordirland sowohl Großbritanniens wundesten Punkt als auch eine Plattform für künftige Luftangriffe – oder sogar eine Invasion.

Konnte die IRA wirklich als »Deutschlands Geheimwaffe« dienen?

DIE WICHTIGEN ABSÄTZE

Oben:
Gegenstand: Hermann GOERTZ
Wie bekannt ist, landete GOERTZ mit einem Fallschirm im County Westmeath. Funkgerät und Ausrüstung setzte er separat ab. Seine Absicht war es, im County Tyrone zu landen. Sobald er sich nach seiner Landung orientiert hatte, ging er zum ortsansässigen »Dorftrottel«, der sehr beunruhigt war, als er sah, dass jemand aus einem Drainagegraben neben der Straße auftauchte und ihm zurief: »Hallo, ich will etwas von dir.« Um den Mann zu beruhigen, gab GOERTZ ihm einen Hundertdollarschein.

Unten:
In Helds Haus traf GOERTZ erstmalig Stephen Hayes, den amtierenden Kommandeur der IRA, anstelle des abwesenden Sean Russell. GOERTZ gewann einen schlechten Eindruck, nicht nur von Hayes selbst, sondern auch von der Organisation seiner sogenannten Irisch-Republikanischen Armee. Allerdings arbeiteten Held, Hayes und ein Dritter (inoffiziell, mir aber absolut nicht bekannt) in Helds Haus den berühmten »Plan Kathleen« aus, verfasst in GOERTZ' Handschrift.

SECRET

ENCL reports
14 JAN 1941
TO B.1.H -
REF 1060d

INSPECTOR GENERAL'S OFFICE

Telephone No.: Belfast 25421.

Your Reference PF.44446/BIH/JS

Our Reference CS.37/440/39

Royal Ulster Constabulary,

BELFAST.

.....12th........January,.........1942...

Dear Liddell,

I have got some information about GOERTZ and what he said.   In the Spring of 1940 Stephen HELD went over to Belgium on a mission for the I.R.A.; the mission being to buy arms. When he got there he was apparently unsuccessful and was ordered by the I.R.A. to go on to Germany.   He went on to Frankfurt where it is believed he met STEWART, husband of Mrs Stewart of Laragh, and possibly GOERTZ.   The latter denies he met HELD but there is reason to believe that he at least saw him.   P.F.48339

HELD painted a rosy picture of a powerful I.R.A., numbering about 5,000, ready in Southern Ireland to give the Germans immediate assistance, provided they procured arms.   The plan of campaign was that the Germans should land 50,000 troops at about five different points-Larne, Coleraine, Derry and Sligo were mentioned.   This appealed to the Germans in a minor degree, and so GOERTZ was despatched to survey the land before the Germans committed themselves to the supply of arms.

As is known, GOERTZ arrived by parachute and landed in County Westmeath.   He parachuted his wireless set and equipment separately.   His intention was to land in County Tyrone.

Having collected himself, after his descent, he went to , or near, the local village (name unknown) and just outside he met the 'Village Idiot' who was very perturbed and upset at seeing such a person coming out of what is known as a 'Dry Ditch' by the side of the road, shouting "Hi. Hi. I want you".   In order to soothe the 'Village Idiot' GOERTZ gave him a hundred dollar note.(100%).   However, he found that this did not produce any more intelligence than had at first appeared and seeing a man ploughing in the distance GOERTZ decided to introduce himself to the ploughman.   The conversation between them is not forthcoming, other than the fact that the ploughman told GOERTZ that he had been a 'damned fool' to have given the "Idiot" a hundred dollars, and on that advice GOERTZ took the dollar note back and gave the 'Idiot' a pound note instead.   The parting was mutual.   At this stage GOERTZ was put wise to the fact that he had not landed in Northern Ireland and was left in rather a quandry as to what line of action he would take.   He had previously obtained Mrs.STEWART's address from her husband in Germany and so decided to make for her house at Laragh, Co.Wicklow.

When GOERTZ made his landing he was dressed in a German Officer's uniform, including greatcoat, hat and pack, the idea being that should he be taken prisoner he would be treated as a prisoner of war.

GOERTZ moved only by night.   At one stage he got to what is believed to be the river Boyne, where he thought he saw two policemen, in the moonlight, and he became alarmed.

Immediate/

While at Held's house, GOERTZ met, for the first time, Stephen HAYES, Acting Commander in Chief of the I.R.A., vice Sean RUSSELL, absent.   GOERTZ WAS UNFAVOURABLY IMPRESSED, NOT ONLY BY HAYES, HIMSELF, BUT BY THE ORGANISATION OF HIS ALLEGED IRISH REPUBLICAN ARMY.   However, HELD, HAYES and 'Another'(known unofficially, and not to me at all) schemed, devised and concocted the famous " PLAN KATHLEEN" in HELD's own house, and written in GOERTZ's own handwriting.

Der Spion, der vom Himmel kam

Der deutsche Abwehragent Hermann Goertz sprang im Sommer 1940 mit dem Fallschirm über Irland ab und ging sofort daran, mithilfe des deutschstämmigen Stephen Carroll Held Kontakte mit der IRA zu knüpfen. Dieser war allgemein als Stephen Carroll bekannt und galt nicht als Sympathisant der IRA; tatsächlich galten seine Sympathien der Heimat seiner Mutter. Was die irischen Republikaner betraf, war Goertz schon bald desillusioniert. Stephen Hayes konnte sich nicht mehr halten, und die IRA war völlig desorganisiert und schlecht ausgerüstet. Goertz selbst wurde hoffnungslos kompromittiert, als die Polizei Carrolls Haus stürmte und geheime Papiere fand; er suchte das Weite, wurde aber im November 1942 gefangen genommen. Als er 1945 erfuhr, dass er nach Deutschland zurückgeschickt werden sollte, nahm er Zyankali, da er offenbar fürchtete, den Sowjets in die Hände zu fallen.

Steigende Hoffnungen

Auch die Deutschen erwogen die Möglichkeit einer Invasion Irlands. Aber im Gegensatz zu ihren Planungen stammte der Plan Kathleen von der IRA. Er stand im Wesentlichen im April 1940 und war von

Es ist bekannt, dass die Deutschen den Hafen von Cobh und die Buchten von Kerry ausloten …

TD (MP) Richard Mulcahy in einem Brief an den irischen Justizminister Gerald Boland

Der irische Unabhängigkeitskrieg hatte sowohl für die »Freistaatler« als auch die Republikaner einiges offen gelassen.

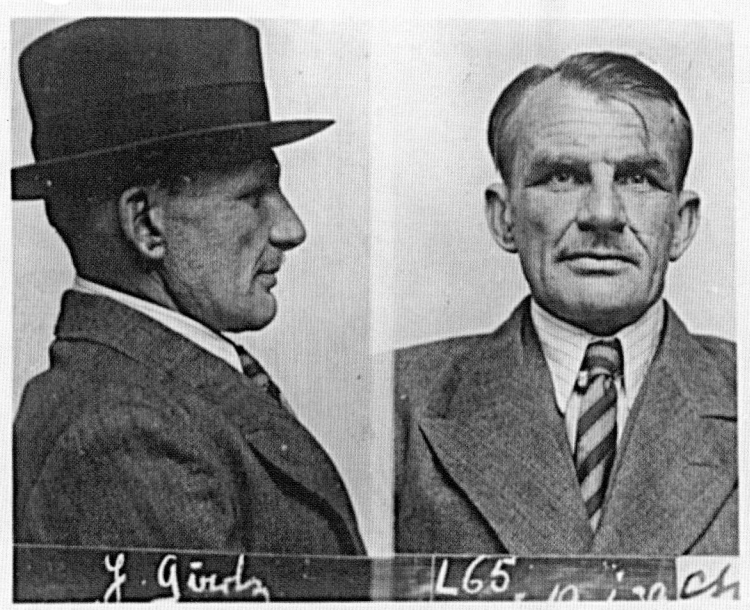

Hermann Goertz, fotografiert vom Irish Special Branch.

Liam Gaynor, einem Freiwilligen aus Belfast, ausgearbeitet worden. Dieser war im bürgerlichen Leben Beamter in Ulster. Stephen Hayes, der IRA-Chef in Vertretung von Sean Russell, der sich damals in den Vereinigten Staaten aufhielt, stimmte dem Plan zu. Dieser sah eine Landung der Deutschen entweder außerhalb von Derry im Nordwesten oder beim Carlingford Lough an der irischen Ostküste vor. Sie sollte unterstützt werden durch einen koordinierten Aufstand der IRA auf beiden Seiten der Grenze.

Gerechterweise muss man einräumen, dass die IRA wohl weniger darauf spekulierte, Ulster mit militärischen Mitteln einnehmen zu können oder gar dass deutsche Expeditionsstreitkräfte die Provinz besetzen würden. Vielmehr baute der Plan darauf, dass die Landung der Deutschen die Briten zu hastigen Schritten verleiten würde, die die Neutralität des Freistaats verletzten, und dass diese Provokation ausreichen würde, um ganz Irland in den Kampf um Ulster zu verstricken.

Flottenunsinn

In der Theorie ergibt das einen gewissen Sinn. Was die Nazis aber verzweifeln ließ, war Gaynors und Hayes' absolutes Versagen, die praktische Anwendbarkeit des Plans aus der deutschen Perspektive zu beurteilen. Schließlich hing das vorgeschlagene Kampfgeschehen in Irland davon ab, dass große Mengen an Truppen und Ausrüstung über eine beträchtliche Entfernung auf dem Seeweg herangebracht werden mussten – durch Gewässer, die faktisch von der Royal Navy kontrolliert wurden.

WALFISCH ODER SEEADLER?

Der deutsche Agent Helmut Clissmann hatte vor dem Krieg einige Jahre in Irland verbracht, bevor die ausbrechenden Feindseligkeiten ihn vertrieben. Er pflegte enge Kontakte mit einer Reihe führender Republikaner – nicht nur solchen von der extremen Rechten wie dem Schriftsteller Francis Stuart, sondern auch mit ideologisch Linken wie Frank Ryan, dem IRA-Führer und Herausgeber der Zeitung *An Phoblacht*.

Clissmann sollte mit einem Wasserflugzeug unauffällig ins County Roscommon gebracht werden. Er sollte 40 000 Pfund und ein Funkgerät mitbringen, damit er mit seiner Führung in Deutschland Kontakt halten konnte.

Unter Clissmanns Leitung sollte die IRA im Norden Sabotageakte durchführen, während er und Ryan bei De Valeras Regierung intervenierten. Doch da der Plan so vage war – und Canaris sich unkooperativ zeigte –, verstrichen die Wochen, und das Unternehmen Walfisch strandete. Im Sommer 1941 wurde es als Unternehmen Seeadler wieder zum Leben erweckt, doch auch mit dem neuen Namen erging es ihm nicht besser. Der Chef der Abwehr lehnte es vollständig ab, noch bevor es beginnen konnte.

Operation Tannenbaum

Hitler hatte offenbar nicht vor, die Neutralität der Schweiz zu respektieren. Doch ebenso wenig hatten die Schweizer vor, sich kampflos zu ergeben.

»Die Schlacht um Frankreich ist geschlagen«, erklärte Churchill dem britischen Unterhaus am 18. Juni 1940. »Ich gehe davon aus, dass nun bald die Schlacht um England beginnt.« Vergaß er da nicht etwas? Die Schlacht um die Schweiz? Einige hielten diese in der Tat für sehr wahrscheinlich. Innerhalb einer Woche nach Winston Churchills Rede hatte Hitler Befehl gegeben, einen Plan für die Invasion der Schweiz auszuarbeiten, und das Oberkommando des Heeres arbeitete hart daran.

Der deutsche Diktator war sehr verärgert über die Schweizer. Er hatte in ihnen Gleichgesinnte gesehen und erwartet, dass sie auf seinen Aufstieg mit einem Anschluss reagieren würden, wie es Österreich 1938 getan hatte. Doch viele Schweizer waren französischer oder italienischer Herkunft, und sogar die deutschsprachigen identifizierten sich mit einer unabhängigen Schweiz.

Neutral oder nicht?
War die Schweiz als neutraler Staat wertvoller für Nazi-Deutschland? Schweizer Banker, so hieß es, waren die Geldwäscher für das Nazi-Gold. Manche Historiker meinen, die Schweizer Neutralität sei ein Schwindel und das Land in

Gute Grenzzäune … die Schweiz wollte mit ihren Nazi-Nachbarn kein Risiko eingehen.

Wahrheit ein Verbündeter Hitlers gewesen – wenn nicht aus eigenem Willen, dann durch die Tatsache, dass es seit dem Fall Frankreichs von feindseligen Staaten umgeben war. Andere halten die Schweiz für ein heroisches Beispiel patriotischer Unabhängigkeit. Eine häufig emotional geführte Debatte befasst sich bis heute mit der Frage, ob Hitler die Schweiz nicht angriff, weil er es nicht wollte – oder weil er es nicht wagte.

Nicht so friedlich
Die historische Präsenz des Roten Kreuzes und einer Menge anderer humanitärer Organisationen in jüngerer Zeit täuscht. Es ging der Schweiz bei ihrer Neutralität nie um Pazifismus. Kein Land hat sich mehr mit seiner Verteidigung beschäftigt als der »gewalttätige Pöbel«, der 1476 die Burgunder Karls des Kühnen verjagte. In der

Folge hatten Schweizer einige Jahrhunderte lang als beste Söldner Europas gegolten. 1939 war die Neutralität bereits wie heute eine stolze Tradition, die es zu verteidigen galt. Jeder, der einberufen wurde, musste seine Pflicht tun; tatsächlich sind drei Tage nach Ausbruch des Krieges 400 000 Schweizer mobilisiert worden.

General Henri Guisan, der Oberkommandierende, ging nicht davon aus, die Wehrmacht schlagen zu können. Er setzte vielmehr darauf, den Einmarsch so unattraktiv wie möglich erscheinen zu lassen. Sollte dies nicht klappen, so würde man die Eroberung so schwierig und kostspielig wie nur möglich machen. Anstatt an den Landesgrenzen Widerstand zu leisten, plante Guisan, seine Soldaten geordnet auf Reduiten zurückzuziehen – entlegenen und gut befestigten Schlupfwinkeln hoch in

DIE WICHTIGEN ABSÄTZE

Wie ich höre, sind einige der erbeuteten Archive des deutschen Kriegsministeriums nun in diesem Land zugänglich. Ich wäre sehr daran interessiert, die deutschen Konzepte mit dem Titel »Plan Tannenbaum« einzusehen, die während des letzten Krieges für die Invasion der Schweiz ausgearbeitet wurden. Besonders interessieren mich die politischen Überlegungen (im Gegensatz zu den militärischen), die Teil des Memorandums sind. Da ich den gesamten letzten Krieg als freiwilliger Flüchtling in Lausanne in der Schweiz war und in dieser Zeit Kontakt mit dem Schweizer Außenministerium in Bern hatte, wäre dieses Dokument für mich von besonderem Interesse.
Ich wäre Ihnen sehr zu Dank verpflichtet, wenn Sie mir mitteilen könnten, ob ich zu besagtem Dokument Zugang haben könnte.

Hochachtungsvoll

Österreichischer Botschafter

den Alpen. Von dort aus wollte er einen langen, entschlossenen Guerillakrieg führen, der die Besatzer teuer zu stehen käme. Aber auch die Schweizer würden teuer bezahlen müssen, denn der Großteil ihres Landes einschließlich aller bedeutenden Städte würde den Deutschen ausgeliefert werden.

Angriff in den Alpen
Die anfängliche Planung ging davon aus, dass 21 Divisionen vom eben eroberten Zentralfrankreich aus, wo zwei Millionen Soldaten untätig herumhingen, in der Schweiz einfallen sollten. Nachdem ein Scheinangriff der Infanterie über den Jura hinweg die Schweizer Armee herausgelockt hätte, würde ihr die Wehrmacht vom Westen her in den Rücken fallen, während eine italienische Armee von Süden her vorstoßen würde. In späteren Revisionen wurde dieser Plan reduziert und erst im Oktober 1940 unter der Bezeichnung »Plan Tannenbaum« zu den Akten gelegt. Diese sind bis heute nicht aufgetaucht.

AUSTRIAN EMBASSY   18, BELGRAVE SQUARE,
                                    LONDON, S.W.1.

                                    16th May, 1952.

Dear Mr. Passant,

        I understand that some of the captured Archives of the German War Ministry are now accessible in this country. I should be very much interested to have an opportunity of seeing the German plans, entitled "Plan Tannenbaum", drawn up for the invasion of Switzerland during the last war. I am particularly interested in the political considerations (rather than the military ones), which are part of this Memorandum.

        As I spent the whole of the last war in Switzerland in the capacity of a voluntary refugee in Lausanne and was at that time in touch with the Swiss Federal Department for Foreign Affairs in Berne, this document would be of especial interest to me.

        I should be very grateful indeed if you could kindly let me know, whether I could have access to the said document.

        Believe me, dear Mr. Passant,
                Yours sincerely,

                Austrian Ambassador.

E.J. Passant, Esq.,
Foreign Office, S.W.1.

Unternehmen Ikarus

Der griechischen Mythologie zufolge war der hochfliegende Ikarus zu ehrgeizig und stürzte deshalb in die Ägäis. Das Unternehmen Ikarus scheiterte über kälteren Gewässern.

Operation Fork, die aus deutscher Sicht wohl »Operation vorhersehbar« hätte heißen können, begann am 10. Mai. Innerhalb einer Woche hatten die Briten Island besetzt. Dieser Vorstoß war rein präventiver Natur – Deutschland hatte im April Dänemark und Norwegen besetzt, und der Inselstaat wäre ein logischer nächster Schritt gewesen.

Offiziell war Island neutral, doch da niemand damit rechnete, dass Deutschland diesen Status respektieren würde, sahen auch die Briten keinen Grund dafür. Bei der Einnahme der dänischen Färöer-Inseln waren sie sogar noch schneller gewesen – sie lagen nur einen Steinwurf von den Shetland-Inseln entfernt, die nicht nur zu Großbritannien gehörten, sondern auch als Marinestützpunkt dienten.

MOST SECRET.

TO BE KEPT UNDER LOCK AND KEY: NEVER TO BE REMOVED FROM THE OFFICE. THIS FORM IS TO
BE USED FOR AIR INTELLIGENCE MESSAGES ONLY.

CX/MSS/946/T21.

ATLANTIC.

AIR OPERATIONS.

SOURCE SAY REPORT OF VISUAL RECONNAISSANCE CARRIED OUT
BETWEEN 0646 AND 0710 HRS 2/5/42 BY A/C A6 + EH OF 1(F)
120 WHICH GAVE THE FOLLOWING INFORMATION :-

REYKJAVIK HARBOUR - ABOUT 15 MEDIUM SIZED MERCHANT VESSELS.
REYKJAVIK AERODROME - RUNWAYS CONSTRUCTED, AERODROME OCCUPIED.
EYRABAKKI AERODROME - OCCUPIED.
HJAFSFJORD - ABOUT 12-15 MERCHANT VESSELS AND ONE VESSEL
          APPARENTLY A LIGHT CRUISER.
SEAPLANE BASE TINGVELIR - WHAT APPEAR TO BE TAXI TRACKS ON THE
          ICE.   NO AERODROME INSTALLATIONS
          OBSERVED.
REPORT WAS ADDRESSED TO FLIEGERFUEHRER NORTH (WEST) AT TRONDJHEM.

B/A   HSM/IWT   2335/3/5/42.
RD NG.

DIE WICHTIGEN ABSÄTZE

Quelle sah Bericht der Sicht-erkundung, durchgeführt am 5.2.42 von 6:45 Uhr bis 7:10 Uhr von a/c A6 + EH OF 1 (F9 120, daraus die folgenden Informationen:

Hafen Reykjavik – etwa 15 mittelgroße Handelsschiffe. Flugplatz Reykjavik – Startbahnen gebaut, Flugplatz besetzt. Flugplatz Eyrabakki – besetzt Hjafpfjord – etwa 12–15 Handelsschiffe und offenbar ein leichter Kreuzer. Wasserflugzeug-Basis Tingvelir – offenbar Roll- bzw. Schleifspuren auf dem Eis.

Die Royal Navy hatte die Gewässer um Island fest in der Hand.

Eine beängstigende Aussicht

Ironischerweise gibt es Hinweise dafür, dass Hitler zunächst gar nicht daran gedacht hatte, Island zu besetzen, doch nun wollte er das. Das Ergebnis war Unternehmen Ikarus: Truppen der 163. Infanteriedivision sollten auf den umgebauten Passagierdampfern Bremen und Europa im norwegischen Hafen Tromsø eingeschifft werden. Unterstützt von einem Panzerbataillon und einer bewaffneten Aufklärungskompanie mit mobiler Artillerie, sollten sie an der Nordküste bei Akureyri und im Osten bei Reykjavik landen.

Doch die Briten hatten sich inzwischen eingerichtet. Die wenigen Marineinfanteristen, die die Invasion ursprünglich durchgeführt hatten, waren durch 4000 reguläre Soldaten ersetzt worden.

Die Kosten berechnen

Das Unternehmen Weserübung war ein Triumph für die Deutschen gewesen, aber sie hatten für diesen Sieg einen hohen Preis gezahlt, vor allem die Marine: Der schwere Kreuzer *Blücher* war verloren gegangen, die *Scharnhorst* und die *Gneisenau* waren schwer beschädigt; der Kreuzer *Admiral Hipper* hatte ständig Maschinenschäden, der leichte Kreuzer *Königsberg* und das Artillerie-Trainingsschiff *Bremse* waren von Küstenbatterien zusammengeschossen worden. Es war sicher, dass die Royal Navy den Deutschen weitere Verluste zufügen würde, sobald sich die Ikarus-Invasionstruppen auf ihre schicksalhafte Reise begaben.

Tiefe Gewässer

Allerdings war es nicht wirklich das, was die Deutschen entmutigte: Die Offiziere der geplanten Invasions-Streitmacht zeigten sich furchtlos. Doch ihre geplanten Eskorten schraken vor den Risiken

zurück. Luftwaffenoffiziere schüttelten die Köpfe. Die Reichweiten ihrer Bomber waren bei weitem nicht ausreichend. Und auch die Führer der Marine waren nicht überzeugt: Das Expeditionskorps nach Island zu bringen, setzte eine viertägige Seereise voraus – mit dem Risiko schwerster Verluste für die Invasionsflotte. Und dies würde auch für jeden Versuch gelten, Nachschub auf die Insel zu bringen – oder Verstärkung, sollten die Alliierten beschließen, Island zurückzuerobern. In einem Krieg, der Woche für Woche an Intensität zuzunehmen schien, standen die Männer und Schiffe der deutschen Kriegsmarine vor schweren Anforderungen. Man musste ihre verbliebenen Kräfte nicht weiteren Angriffen durch die weit überlegene Royal Navy aussetzen. Bis Juni hatte man die Idee fallen gelassen.

Britische Truppen erwarteten in gut ausgebauten Stellungen die deutsche Invasion Islands.

Operation Hammer

**Der britische Plan, Trondheim ein-
zunehmen und dort einen Brückenkopf für eine Gegenoffensive
gegen die deutschen Besatzer
Norwegens einzurichten, musste
angesichts der dramatischen
deutschen Übermacht rasch
aufgegeben werden.**

Eine Marineoperation sollte das
Wunder wirken, das die Alliierten
brauchten. Der *Altmark*-Zwi-
schenfall war eine der seltenen
guten Nachrichten gewesen. Es
war nur natürlich, dass man an
einen Angriff von See aus dachte.

Offensichtliches Ziel war Trondheim. Der tiefe und geschützte
Trondheimsfjord zog sich weit
genug ins Landesinnere hinein, um
das lang gestreckte, schmale Norwegen beinahe zu halbieren. Die
deutschen Streitkräfte konzentrierten sich im Süden – im Norden um
Narvik stießen sie auf hartnäckigen Widerstand. Eine amphibische
Operation würde es den Alliierten
vielleicht ermöglichen, diese Streitmacht im Norden zu isolieren und
die Kontrolle über die Erzvorkommen zu gewinnen, die der Grund
für die deutsche Besatzung waren.

Angriff von See aus

Von der Besetzung Trondheims am
9. April an hatte Sir Roger Keyes,
Admiral im Ruhestand und Parla-
mentsmitglied, Churchill bedrängt,
wie wichtig es sei, die Stadt
zurückzuerobern. Er hatte sogar
angeboten, selbst einen Angriff mit
allen alten Schiffen zu führen, die

Adrian Carton de Wiart, Leiter der
Operation Hammer.

die Navy auftreiben könne. Küstenbatterien entlang des Trond-
heimsfjords könnten durch
Beschuss von See aus ausgeschaltet
werden. Churchill, der riskante
Operationen immer befürwortete,
zeigte sich begeistert.

Fraglich

Dennoch wurde mit der Zeit die
Rolle der Marine bei dieser Operation zunehmend vage, was auch
aus General Adrian Carton de
Wiarts Mitteilung hervorgeht:

*Einnahme von Trondheim als
wesentlich erachtet. Vorgeschlage-
ner Plan wie folgt:*

*Beabsichtige Landung von 600
Marineinfanteristen bei Andalsnes
(nicht Aalesund), 17. April, die
baldmöglichst verstärkt werden.
Schlage vor, Sie sollten von Namsos aus vorgehen, während Kräfte
von Andalsnes aus in Verbindung*

*mit norwegischen Truppen auch
Trondheim bedrohen. Wird zwi-
schenzeitlich kombiniertes Unter-
nehmen zum direkten Angriff auf
Trondheim entwickelt (?), um aus
Ihrem Druck Vorteil zu schlagen.*

Dieses Fragezeichen ist vielsagend, wenngleich die Quellen eine
genaue Beschreibung der Operation Hammer zumindest einstweilen
noch nicht zulassen. Carton de
Wiarts Landungen, die dem von
See aus zu erfolgenden Hauptangriff untergeordnet sein sollten,
fanden schließlich als Operation
Sickle ohne diesen statt – den
Hammer hatte man still und leise
fallen lassen.

Es geht weiter

Fairerweise muss man die offensichtliche Unentschlossenheit im
Kontext einer unübersichtlichen
und sich rasch entwickelnden
Situation sehen. Die Landungen
der britischen Marines und der
französischen Gebirgsjäger verliefen zumindest anfangs so reibungs-
los, dass Operation Hammer
bereits am 19. April wieder vom
Kriegskabinett diskutiert wurde.
Das Memorandum zeigt, dass
diese revidierte Operation durch
einen Angriff vom Land verstärkt
werden sollte, während die britischen Schiffe Geschützstellungen
an der Küste attackieren sollten.
Letztlich verschwand aber auch
dieser Hammer wieder im Werk-
zeugkasten. Die alliierten Truppen
wurden evakuiert, weil sie in
Frankreich benötigt wurden.

DIE WICHTIGEN ABSÄTZE

Angesichts des Erfolgs der Landungen in Namsos und Andalsnes halten es die Stabschefs für richtig, den Plan für Operation »Hammer« als dringliche Angelegenheit erneut in Betracht zu ziehen. Die Stabschefs waren sich immer darüber im Klaren, dass die Operation »Hammer« in ihrer ursprünglich gedachten Form sehr risikoanfällig war. Eine kombinierte Operation, die eine Landung auf feindlichem Gebiet mit einbezieht, war schon immer eines der schwierigsten und riskantesten Kriegsunternehmen.

Der revidierte Plan in Kürze lautet wie folgt:

(a) Die größtmögliche Zahl an Truppen in Namsos und vor allem in Andalsnes an Land setzen.

(b) Möglichst rasch die Kontrolle über die Straßen- und Schienenwege durch Dombaas herstellen.

(c) Der Verband von Namsos belagert Trondheim vom Norden, und jener von Andalsnes rückt von Süden aus auf den Hafen vor.

(d) Unmittelbar vor Beginn der Landungen bei (a) Beschuss der äußeren Befestigungen durch die Schiffe Seiner Majestät in der Absicht, dem Feind einen direkten Angriff dort vorzutäuschen.

105

ANNEX II.

I.C.(40) 81.
Also C.O.S. (40)297(S)
19TH APRIL, 1940.

WAR CABINET.

MILITARY CO-ORDINATION COMMITTEE.

OPERATION "HAMMER".

Aide Memoire prepared for the Chiefs of Staff.

In view of the success of the landings at Namsos and Andalsnes the Chiefs of Staff have thought it right to re-consider the plan for Operation "Hammer" as a matter of urgency.

2.   In the first place, the Chiefs of Staff have always realised that Operation "Hammer", as originally conceived, was open to very considerable risks.   A combined operation involving an opposed landing has at all times proved to be one of the most difficult and hazardous operations of war, for which the most detailed and careful preparation is necessary.

3.   They have appreciated that the plan had the following disadvantages:-

(a) The concentration of almost the whole of the Home Fleet in an area where it could be subjected to heavy air attack.

(b) In the absence of previous reconnaissance and of air photographs, the plan has been worked out from maps and charts.

(c) Owing to the urgency of carrying out the operations at the earliest possible date, insufficient time has been available for that detailed and meticulous preparation which is so necessary in operations of this character and magnitude.

-1-

106

still holds.

8.   The revised plan, in brief, is as follows:-

(a) Push in the maximum forces possible at Namsos and more particularly at Andalsnes.

(b) Get control of the road and rail communications running as quickly as possible through Dombaas

(c) The force from Namsos to invest Trondheim from the North and the force from Andalsnes to advance on the port from the South.

(d) A bombardment of the outer forts by H.M. ships, with a view to deluding the enemy into thinking a direct assault is about to take place just before the main landings at (a) above.
-2-

Unternehmen Seelöwe

Hitlers Plan, Großbritannien zu besetzen, erschien auf den ersten Blick sorgfältig ausgearbeitet und unglaublich ehrgeizig. Näher betrachtet wirkt er allerdings eher skizzenhaft.

Im Sommer 1940 waren nur zwei europäische Staaten noch nicht unter deutscher Kontrolle: die Schweiz und Großbritannien. Bezüglich der Schweiz bezweifelten die Deutschen, dass sie als erobertes Gebiet mehr zu bieten haben würde denn als mäßig kooperativer neutraler Nachbar. Großbritannien hingegen war sowohl die prestigeträchtigste Beute als auch die realste Gefahr. Neben seiner riesigen industriellen Basis, die in keinem Verhältnis zur Größe des Landes stand, und den Ressourcen eines weltumspannenden Imperiums verfügte das Land auch noch über eine eindrucksvolle militärische Tradition.

Die deutschen Invasionspläne wurden 1944 von den Alliierten erbeutet und übersetzt.

Eine irrelevante Armee?

Ihre Überlegenheit an Land hatte Hitlers Wehrmacht inzwischen eindrucksvoll demonstriert. Sie hatte innerhalb von Wochen den Großteil Westeuropas erobert und die British Expeditionary Force (BEF) in Frankreich so vollständig besiegt, dass man an deren Existenz zweifelte. Der »Plan Sichelschnitt« hatte die Briten so schnell abgeschnitten, dass der Kommandeur ihres II. Corps, General Alan Brooke, schrieb: »Nur ein Wunder kann die BEF noch retten.«

Tatsächlich geschah dieses Wunder. Vom 26. Mai bis zum 4. Juni wurden über eine Viertelmillion britischer und französischer Soldaten evakuiert. Dass die Deutschen diese Einheiten nicht eliminieren konnten, erwies sich als ein großer Fehler und auf lange Sicht als verhängnisvoll. Aktuell aber waren die britischen Landstreitkräfte in jeder Hinsicht irrelevant. Hitler konnte sie geflissentlich übersehen.

Verhängnisvoll war auch sein Unvermögen, der Tatsache Rechnung zu tragen, dass diese Episode die britische Moral sehr gestärkt hatte. Die Briten sprechen noch heute vom »Geist von Dünkirchen«. Die Evakuierung der BEF war von der Royal Navy geleitet worden, aber auch Hunderte kleiner Schiffe hatten sich daran beteiligt. Fähren und Fischerboote, Frachter, Schlepper, ja sogar Segelyachten und Kabinenkreuzer hatten Soldaten über den Kanal gebracht, und sie alle waren nur mit freiwilligen Zivilisten bemannt gewesen. Diese Erfahrung hatte einen nationalen Adrenalinstoß ausgelöst. Die Briten freuten sich über den Erfolg, auch wenn er nur mit Ach und Krach errungen worden war.

Ein amphibischer Angriff

Hitlers in seiner Direktive Nr. 16 festgehaltenen Pläne für das Unternehmen Seelöwe wurden am 16. Juli veröffentlicht. Darin schrieb der »Führer«:

Da Großbritannien trotz seiner verzweifelten militärischen Lage keine Bereitschaft zu einer Einigung zeigt, habe ich beschlossen, gegen England ein Amphibienunternehmen vorzubereiten – und nötigenfalls durchzuführen.

Das Ziel dieses Unternehmens ist zu verhindern, dass England als Basis für die Fortsetzung des Krieges gegen Deutschland genutzt wird. Falls nötig, könnte die ganze Insel besetzt werden.

Eine amphibische Streitmacht solle »auf breiter Front« in England einrücken, fuhr er fort, »die sich vom Gebiet um Ramsgate bis etwa zur Isle of Wight erstreckt«. So weit vom Kontinent entfernt müsse die Luftwaffe die Rolle der Artillerie und die Marine die der Pioniere übernehmen. Die verschiedenen Abteilungen des deutschen Militärs sollten die Dinge jeweils aus ihrer Perspektive bedenken. Falls irgendwelche vorgezogenen Unternehmen (»wie die Besetzung der Isle of Wight oder der Grafschaft Cornwall«) nötig

sein sollten, um die Landung zu ermöglichen, dann sei es nun an der Zeit, sie zu planen.

Der »arische Aspekt«

»Da Großbritannien trotz seiner verzweifelten militärischen Lage keine Bereitschaft zu einer Einigung zeigt …« – schwingt hier Wehmut mit? Hatte Hitler gehofft, die Angelsachsen würden ihre Position überdenken?

Zweifellos scheint ein Hinweis darauf in seinem letzten Appell an die Vernunft, den er am 19. Juli 1940 im Reichstag verkündete,

Dünkirchen war zugegebenermaßen eine Katastrophe gewesen, doch auf lange Sicht förderte es die Moral der Briten.

The Early Plan, July to end of August 1940.

1.   On 1 July, Halder, Chief of Staff of the German Army, started serious discussions on preparations for the invasion of Britain, and on the 9th he noted in his diary:- "during afternoon:work on draft operational plans for invasion of Britain". Brauchitsch then approved this draft, and, at the Berghof conference on 13 July, a report was made to Hitler on the planned execution of the assault on Britain (to be carried out like a river crossing). The OKH recommendations were approved as a basis for practical preparations, and the first OKH invasion order was issued on 17 July. [+]

2.   Before examining this order, which contained the germ of the early plan, it is convenient here to point out the distinctive characteristics of the early plan and the generals involved. In brief, the distinctive features were:-

a)   A broad-front landing on three sections of the South coast of England:-

    i)   Margate to Hastings (16 Army) under Army Group A)
    ii) Brighton to Portsmouth (9 Army) under Army Group B). This
    iii) either side of Weymouth (6 Army under Army Group B). This
         soon became Lyme Bay with only a subsidiary landing near
         Weymouth.

b)   Use of 39 divisions in four waves.

For the purpose of military preparations, this basic idea, virtually unaltered, continued in force until the end of August. It involved a formidable array of military personalities. Von Rundstedt and Von Bock were commanding the same army groups with which they had achieved such spectacular successes in the French campaign. As might be expected, Rundstedt had the major rôle: under him, ~~was~~ Busch and Strauss were commanding 16 and 9 Armies, Reinhardt and von Hoth had the same panzer corps (XXXXI and XV Corps) which had contributed so effectively to the execution of the new mobile form of operations, and Manstein was leading one of the first-wave corps (XXXVIII). Under von Bock, von Reichenau was the C-in-C of the same 6 Army[x] with which he had fought the B.E.F. in Belgium, and von Kleist,who had commanded the famous armoured group during the Meuse breakthrough, was apparently intended to participate with XXII (Panzer) Corps. The whole operation was under the personal direction of the C-in-C of the German Army, von Brauchitsch, and his Chief of Staff, Halder.

[+] Source: Halder's diary.

[x]   Considerably reorganised.

DIE WICHTIGEN ABSÄTZE

Am 1. Juli 1940 begann
Halder, der Stabschef der
deutschen Armee, ernsthafte Vorüberlegungen zur
Invasion Großbritanniens
anzustellen, und am 9. no-
tierte er in sein Tagebuch:
»Nachmittags an vorläufigen
Einsatzplänen für eine Invasion Großbritanniens gearbeitet.« Brauchitsch billigte
diesen Entwurf, und bei der
Berghof-Konferenz am
13. Juli wurde zur geplanten Durchführung des
Angriffs auf Großbritannien
(der wie eine Flussüberque-
rung ausgeführt werden
sollte) ein Bericht an Hitler
verfasst.
Vor Prüfung dieses Befehls,
der den frühen Plan im
Kern enthielt, Die kenn-
zeichnenden Merkmale in
Kürze:
a) Eine Landung auf breiter
Front in drei Abschnitten
der Südküste Englands ...
b) Einsatz von 39 Divisionen in vier Angriffswellen.
Zum Zweck militärischer
Vorbereitungen [ist] diese
Grundidee praktisch unverändert mit Nachdruck fortzusetzen bis Ende August.
Sie beinhaltete ein beeindruckendes Aufgebot an militä-
rischem Personal.

Flugzeuge der *Luftwaffe* – hier He-111-Bomber – sollten der Invasionsflotte Deckung geben.

anzuklingen. Kopien davon wurden von deutschen Flugzeugen
über Südostengland abgeworfen.
Deutschland, so beharrte er, wolle
sich lediglich vom Joch des Versailler Vertrages befreien – »und
von den Fesseln einer kleinen
Unterschicht jüdisch-kapitalisti-
scher und pluto-demokratischer
Profiteure«. Gerechtigkeitsliebende
Engländer und Engländerinnen
würden die Berechtigung dieses
Kampfes sicher erkennen.

Hitler war vielleicht nicht direkt
anglophil, aber er bewunderte das
Britische Weltreich. Daran erinnert
der britische Historiker Andrew
Roberts in seiner 2009 erschiene-
nen Studie *The Storm of War*. Er
zeigt darin auf, dass der deutsche
»Führer«, sogar während des
Frankreichfeldzugs, mit schmeich-
lerischen Worten von der »Zivilisation« sprach, die Großbritannien
der Welt gebracht habe. Der größte »Leichtsinn« am Invasionsplan
der Nazis habe nach Roberts darin

bestanden, dass Hitler einfach
nicht mit dem Herzen dabei gewesen sei, und deshalb sei der Seelöwe letztlich nicht geschwommen.

Die Vorbereitungen sollten bis
Mitte August abgeschlossen sein –
also innerhalb von vier Wochen. In
dieser Zeit müssten mehrere wichtige Bedingungen erfüllt werden:
a) Die englische Luftwaffe muss
physisch wie moralisch so weit
neutralisiert sein, dass sie der
deutschen Invasion keinen nen-
nenswerten Widerstand mehr
entgegensetzen kann.
b) Die Seewege müssen minenfrei
sein.
c) Beide Eingänge zur Straße von
Dover und der westliche Zugang
zum Kanal in einer Linie etwa
von Alderney bis Portland sind
durch Minen zu sperren.
d) Die Landungszonen müssen von
schwerer Artillerie an der konti-
nentalen Küste gedeckt werden.
e) Die Royal Navy sollte vor der
Invasion abgelenkt werden,

sowohl von der Kriegsmarine in der Nordsee als auch von der italienischen Flotte im Mittelmeer.

Alle diese Bedingungen liefen letztlich auf eines hinaus: Der Ärmelkanal musste für die deutschen Truppen zu einem Teich werden, den sie sicher und in großer Zahl überqueren konnten, und seine Küsten mussten unter deutscher Kontrolle stehen.

Das Landungsdilemma

Dies war umso wichtiger, als Deutschland keine tauglichen Landungsboote besaß: Hitler hoffte, die Invasion mit Kanal- und Flussschiffen bewerkstelligen zu kön-

nen. Von den gut 2000 Fahrzeugen, die seine Kriegsmarine in Deutschland und den eroberten Beneluxstaaten beschlagnahmen konnte, hatte nur etwa ein Drittel einen Antrieb – und diese Antriebe waren für den Einsatz in Binnengewässern gebaut. Der Rest würde von Schleppern über den Kanal gezogen werden müssen. Überdies würden sie nach Erreichen ihres Ziels gewissenhaft und genau in Position gebracht werden müssen, damit Mannschaften und Kriegsmaterial gefahrlos entladen werden konnten.

Derartige Manöver aber waren weder im Feuer noch bei schwerer See durchführbar. Nicht dass das Unternehmen Seelöwe ein Hirn-

SEELÖWEN-PLÄNE

Neben einem Vorstoß in den Südwesten mit einer im Wesentlichen zur Ablenkung gedachten Landung in der Lyme Bay in Dorset sollte sich der deutsche Angriff auf die Küsten von Kent und Sussex konzentrieren. Sobald dieser südöstliche Brückenkopf gesichert war, würde unmittelbar die Besetzung ganz Großbritanniens erfolgen.

Invasionstraining – doch Deutschland hatte kaum geeignete Landungsboote.

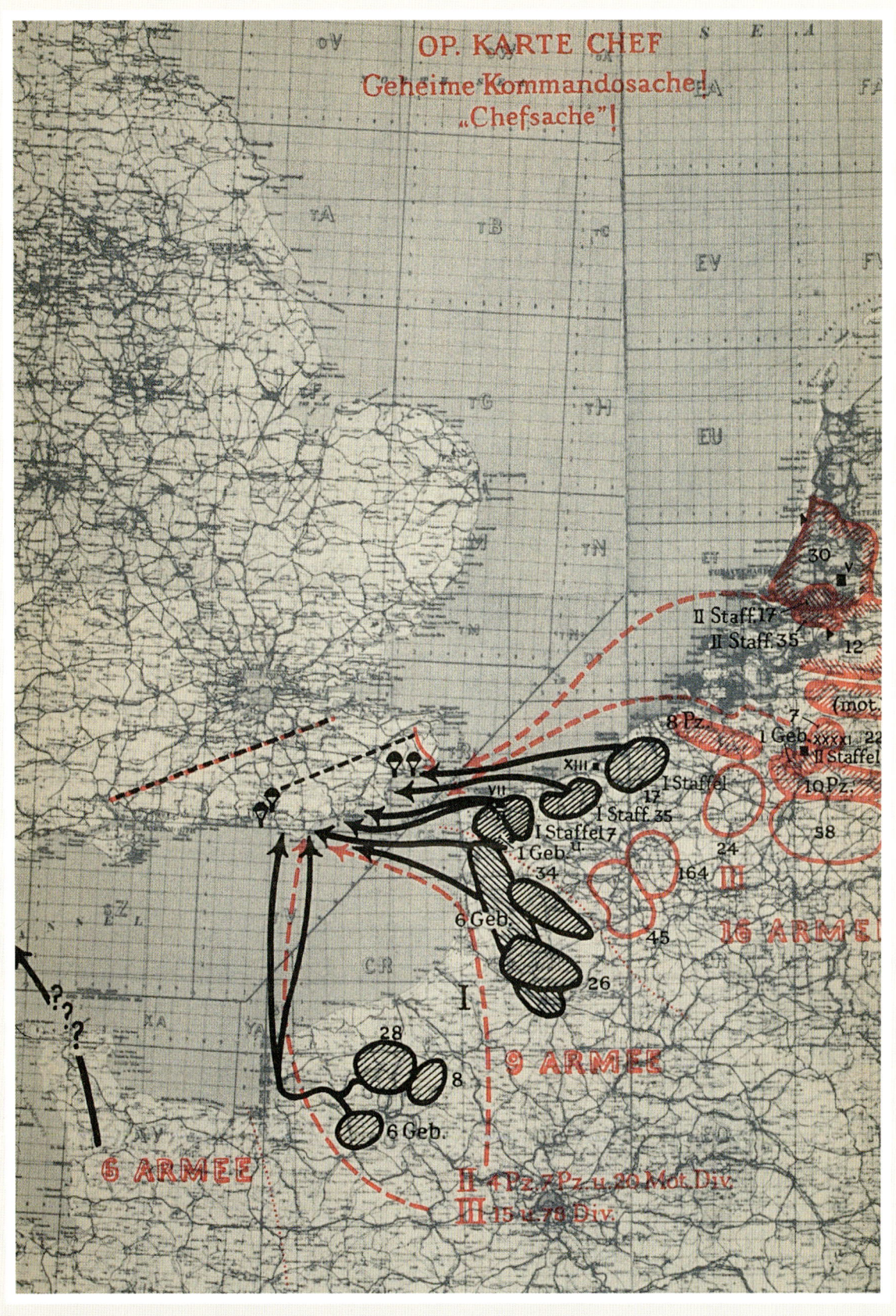

GEPLANTE LANDUNGEN

Das Unternehmen Seelöwe wurde so lange geplant, dass die Briten unweigerlich Wind davon bekommen mussten. Der Vergleich dieser Karte mit jener auf der vorherigen Seite zeigt, wie dicht sie den Planungen der Deutschen folgten. Was die deutschen Pläne null und nichtig machte, war letztlich der Umstand, dass die Royal Air Force nicht ausgeschaltet werden konnte.

● **Grenze zwischen 9. und 16. Armee**

● **wichtigster von 9. und 16. Armee zu errichtender Brückenkopf**

● **Landung der 7. Fallschirmjägerdivision**

● **Stoßrichtungen der einzelnen Divisionen**

Operation "Sea Lion": Projected Landing of the 1st Wave Divisions, mid-September 1940.

Legend

—— Boundary between 16 and 9 Armies

—— Main bridgehead to be won by 16 and 9 Armies

⊐⊐⊐⊐ Dropping zone for 7 Parachute Division.

- - - Direction of divisional thrusts.

Die Deutschen waren für die Kanalüber-querung auf Flussschiffe angewiesen.

gespinst gewesen wäre – unter den richtigen Umständen hätte es funktionieren können.

Die Probleme, die ihm entgegenstanden, waren bereits Ende 1939 erkannt worden, als die Armeechefs in dem Studiendokument *Nordwest* Pläne für eine amphibische Invasion Englands entwarfen. Sie hatten einen Startpunkt in Belgien und eine Landungsstelle wesentlich weiter nördlich, an der Küste von East Anglia, festgelegt, doch Reichsmarschall Hermann Göring hatte diesen Plan verworfen. Er hatte einer solchen amphibischen Invasion pessimistisch gegenübergestanden. Sie könne

»nur Schlusspunkt eines bereits siegreichen Krieges mit Großbritannien« sein. Jeder Widerstand, meinte er, würde für eine derart langsame, schwerfällige und wehrlose Seestreitmacht zum Fiasko.

Feuerkraft

Man sollte anerkennen, dass die Umstände die Deutschen in mancher Hinsicht tatsächlich begünstigten. Nun da sie die Küste des Pas-de-Calais in Nordfrankreich besetzt hatten, war es ein Leichtes für sie, große Geschütze heranzuführen, die britische Schiffe im Kanal unter Feuer nehmen konnten – und bis zu einem gewissen

Maß sogar die englische Südküste.
Das größte Eisenbahngeschütz, das
K12, hatte 21 Zentimeter Kaliber
und eine Reichweite von 115 Kilometern. Vier permanente Artillerie-
stellungen wurden so positioniert,
dass sie den Kanal beherrschten.
Auch mehrere mobile Geschütz-
batterien kamen zum Einsatz:
Deutsche Artilleristen konnten britische Schiffe mehr oder weniger
nach Belieben beschießen. Weitere
mobile Batterien wurden vorbereitet, um sofort nach erfolgreicher
Landung auf der englischen Seite
in Stellung gebracht zu werden.

Die »breite Front« verengte sich
rasch: Um an mehr als 190 Kilometern Küste schlagkräftige Einheiten anzulanden, wären 160 000
Mann notwendig gewesen. So
wurde beschlossen, dass sich das
Landungsgebiet nur noch von Rot-
tingdean östlich von Brighton bis
Hythe im Süden Kents erstrecken
sollte. Doch auch dazu hätte man
noch 67 000 Mann gebraucht.

Die Kriegsmarine würde ein
Geleitschiff stellen, doch im
Wesentlichen sollte sie die Royal
Navy in den Tagen vor dem
Angriff ablenken. Der Heftigkeit
des U-Boot-Krieges zum Trotz
waren die deutschen Überwasser-
streitkräfte schwach. Auf ein
direktes Kräftemessen mit der
Royal Navy konnten sie sich auf
keinen Fall einlassen. Also hoffte
man, dass es mit Ablenkungs
manövern der Art, wie sie der
Kreuzer *Admiral Hipper* im Nord-
atlantik zwischen Island und den
Färöern unternehmen sollte, gelin-
gen würde, die britischen Kriegsschiffe aus ihren Heimatgewässern
zu locken.

Von Jagdflugzeugen zurück-geschlagen

Man kann dem »Führer« dazu
gratulieren, dass er die Haupt-
schwäche seines eigenen Plans
erkannt hatte: Die Notwendigkeit,
die Royal Air Force zu neutralisie-
ren, war sein erstes Ziel gewesen.
Letzten Endes aber wurden die
Jagdstaffeln der RAF in jenem Juli
zum Retter Englands. Zeitweilig
stand die Royal Air Force am
Rande einer Niederlage, aber einige dramatische Wochen später
hatte sie sich gegen die Luftwaffe
behauptet. Der Rest ist Geschichte;
Unternehmen Seelöwe ist es nicht.
Es wurde Ende September still und
leise fallen gelassen.

**Da England trotz seiner
hoffnungslosen militäri-
schen Lage noch immer
keine Bereitschaft zu
einer Einigung zeigt, habe
ich beschlossen, ein
Landungsunternehmen
vorzubereiten und nöti-
genfalls durchzuführen.**

Adolf Hitler, 16. Juli 1940

Schwere Geschütze wie dieses nach Großbritannien zu schaffen, hätte einen immensen logistischen Aufwand erfordert.

Unternehmen Grün

Eire.

17. In her present attitude Eire constitutes a serious liability. Although the Government of Eire would probably call instantly for our help in the event of a German attack on Eire territory, they would undoubtedly resist any attempt on our part to land forces in Eire in advance of a German attack.

Irland rückte 1940 in den Brennpunkt der Strategen beider Seiten: Seine Möglichkeiten als Basis für einen Angriff auf England waren auch für Hitler nur zu offensichtlich.

Im Sommer 1940 stand der irische Freistaat im Fokus des englischen Argwohns. Das Gefühl des Verrats, das viele ob seiner Abspaltung hegten, wurde gekrönt von der Entscheidung des neuen Staates, den Krieg, den man dort als »the Emergency« (»die kritische Lage«) bezeichnete, nicht mitzumachen. Dies trug zu einer Stimmung öffentlicher Paranoia bei.

Irlands Chance?
Tatsächlich hatten jene Republikaner, die auf den Ersten Weltkrieg mit der Feststellung »Englands Problem ist Irlands Chance« reagiert hatten, die Chance, die der neue Krieg potenziell bot, nicht versäumen wollen. Da die sechs Counties im Norden noch aus der Union mit Großbritannien befreit werden mussten, blickten einige Elemente in der IRA in der Tat hilfesuchend nach Berlin, wenngleich bezweifelt werden darf, dass sie

dort Hilfe finden würden. Doch Irland war tatsächlich im Visier der Deutschen, wenn auch nur als denkbare Basis für Luftangriffe oder amphibische Operationen. Zumindest würde eine deutsche Präsenz auf der Grünen Insel britische Truppen in Ulster binden und sie damit von der Verteidigung der Hauptinsel abhalten.

Fakt oder Finte?
Man nimmt an, dass Feldmarschall Theodor von Bock im August 1940 den Plan für Unternehmen Grün vorlegte. Viele glauben, es sei nicht mehr als eine freie Erfindung gewesen, eine Finte, die die Briten vom Unternehmen Seelöwe ablenken sollte, und dass nie ernsthaft daran gedacht worden sei, es stattfinden zu lassen.

Realität und Realismus
Es scheint jedoch, dass Generalleutnant Leonhard Kaupitsch, Kommandant des 4. und 7. deutschen Armeekorps, tatsächlich den Auftrag erhielt, einen Plan für die Invasion Irlands zu entwerfen.

Die Vorbereitungen waren sehr gründlich. Ein Heer von Agenten erforschte alles von Wirtschafts-

Die waren sich über die Gefahr, die Irland darstellte, durchaus im Klaren: »Die derzeitige Haltung Irlands ist ein ernst zu nehmendes Problem. Wiewohl die irische Regierung im Falle eines deutschen Angriffs wahrscheinlich sofort nach unserer Hilfe verlangte, würde sie sich zweifellos jedem Versuch widersetzen, britische Truppen vor einem deutschen Angriff ins Land zu lassen.«

Theodor von Bock dürfte der geistige Vater von Unternehmen Grün sein.

zeitschriften bis zu Reiseführern und lieferte Material über mehr als 200 Städte und Ortschaften. Aufklärungsflugzeuge erkundeten das Land und fotografierten Häfen und Strände. Die Deutschen wollten mit 50 000 Mann von den französischen Häfen Lorient, St. Nazaire und Nantes aufbrechen und zwischen Dungarvan und Waterford an Land gehen. Als Erstes sollten Artillerie und Pioniereinheiten eintreffen, um die rasche Eroberung eines Landes in Gang zu setzen, die militärisch gesehen als unwesentlich galt.

Diese Beurteilung war vertretbar, aber dennoch stand Unternehmen Grün vor ernsten Herausforderungen, wie Großadmiral Raeder in seiner Revision aufzeigte. Die deutsche Flotte reichte schon für Unternehmen Seelöwe nicht aus. Wie sollte man da Zehntausende Soldaten auf die lange Reise über das offene Meer schicken oder um die Küste von Cornwall eskortieren? Und selbst wenn die Invasion gelang, würden danach Nachschub- und Verbindungswege gesichert werden müssen, wenn die deutschen Streitkräfte nicht auf dem Trockenen sitzen und zu einer leichten Beute werden sollten. Schließlich kam es so, dass mit dem Ende des Seelöwen auch Unternehmen Grün kein grünes Licht bekam.

Oben: Leonhard Kaupitsch wurde mit der Aufgabe betraut, Pläne für eine Invasion Irlands vorzubereiten.

Links: Deutsche Flugzeuge fotografierten systematisch irische Städte, Häfen und Landeplätze.

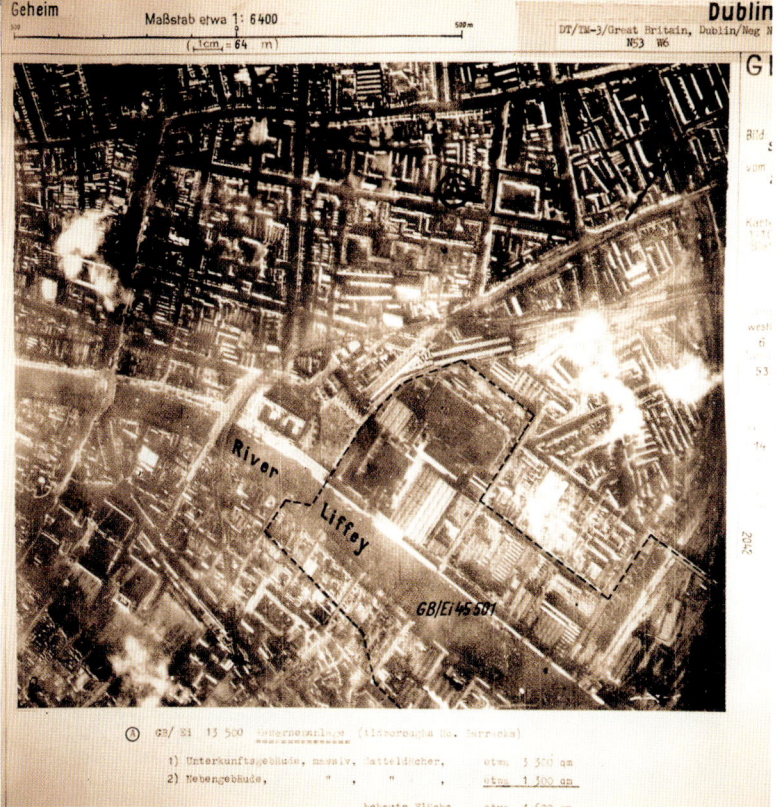

Irland … hat bekanntermaßen tief ziehende Wolken und somit sehr häufig feuchtes und nebliges Wetter.

Der deutsche Marinestab spricht sich gegen eine effektive Luftunterstützung für Unternehmen Grün aus.

Die USA und die Azoren

Die Befürchtungen der Vereinigten Staaten im Atlantik konzentrierten sich eine Zeitlang auf die Azoren – eine potenzielle Basis, von der aus Luftangriffe auf das amerikanische Festland hätten gestartet werden können.

Schon lange bevor Amerika in den Kampf eingriff – sogar lange vor Kriegsausbruch – bereiteten sich die USA darauf vor. 1939, als der globale Konflikt rasch Realität wurde, wurde eine Reihe farblich gekennzeichneter Dokumente, die die US-Geheimdienste seit den 1920er-Jahren angelegt hatten, zugunsten neuer »Regenbogenpläne« abgelegt.

Aber erst 1941 nahm Rainbow 5 von den Azoren Notiz – einer Inselgruppe fast 1500 Kilometer westlich von Portugal, wozu sie seit langem gehörte. 3900 Kilometer von der amerikanischen Ostküste entfernt würden sie kaum zum Kriegsschauplatz werden.

Mitten im Atlantik

Mit ihren nur wenigen hundert Quadratkilometern Fläche und ihrer geringen Bevölkerung waren sie auch sonst kein bedeutender Ort. Die wenigen Amerikaner, die von den Azoren gehört hatten, kannten sie lediglich als Zwischenstopp zum Ausruhen und Auftanken für Transatlantikdampfer und Flugboote.

Doch was ein Cunard Liner konnte, das konnte ein deutscher Kreuzer ebenso, und was für PanAm gut war, war auch für die Luftwaffe gut. Die Azoren hatten

Eine Zwischenstation für Flugboote, die Azoren 1930.

DIE WICHTIGEN ABSÄTZE

Wie dem Kriegskabinett bekannt ist, untersuchen wir seit einiger Zeit die Frage, strategische Punkte auf den Kapverdischen Inseln und den Azoren einzunehmen.

2. Das Ziel hierbei wäre folgendes:

(a) dem Feind ihre Nutzung unmöglich zu machen und die Telegrafenstationen zu sichern.

(b) uns auf den Azoren einen Luftwaffenstützpunkt und eine Auftankbasis zu sichern für den Fall, dass Gibraltar nicht mehr nutzbar sein sollte.

Vorteile einer Sicherung der Inseln für unseren eigenen Bedarf.

4. Sollte Gibraltar nicht mehr nutzbar sein, wäre es wünschenswert, uns eine Basis auf den Azoren zu sichern, da wir ansonsten zwischen Plymouth und Freetown keinen Stützpunkt mehr hätten. Von den Azoren auslaufende Marinestreitkräfte wären besser in der Lage, die Lücke in unserer Patrouillenlinie um Europa zu schließen, als wenn sie von Freetown oder Plymouth aus operieren würden. In ähnlicher Weise könnten Flugboote von diesen Inseln aus operieren, wenngleich es noch lange dauern wird, bis die erforderliche Anzahl zur Verfügung steht.

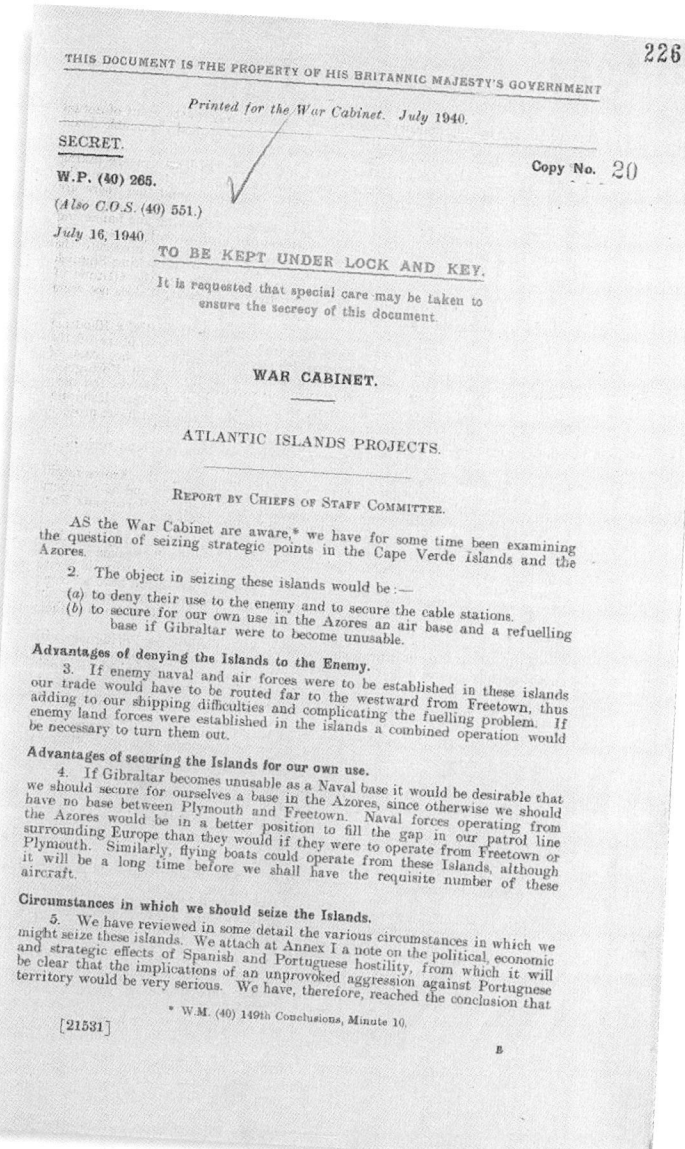

Sollten die Azoren und die Kapverdischen Inseln von Deutschland besetzt oder kontrolliert werden, so würde das direkt die Freiheit des Atlantiks und die physische Sicherheit Amerikas bedrohen … Der gesunde Menschenverstand verlangt nach einer Strategie, die verhindert, dass ein solcher Feind überhaupt dort Fuß fassen kann.

Doch eine solche Strategie war schwerer zu realisieren, als man erwartet hatte. Das US-Militär war noch keineswegs kriegsbereit, doch die Krisenpläne waren bereits in Durchführung, und so waren die logistischen Fähigkeiten bereits ausgeschöpft. Sobald die amerikanischen Besatzer an Land gegangen waren, würden sie für deutsche Angreifer von der spanischen Halbinsel und aus Afrika eine leichte Beute sein. Trotzdem wurden Pläne für eine Expedition der 1. Division und der 1. Marinedivision mit 28 000 Mann und 11 000 Reservisten entworfen.

Salazar sagt Ja

Doch der Präsident hörte auf seine Militärbetrater. Portugal warnte, es werde mit allen Mitteln Widerstand leisten – nicht nur aus Nationalstolz, sondern auch wegen der Soldaten und Zivilisten, die exponiert sein würden, wenn die Inseln zum Schlachtfeld würden. Letztendlich schien dieses schwierige Unternehmen also nicht der Mühe wert. Als Salazar auf ein amerikanisches Unterstützungsangebot für den Fall eines deutschen Angriffs positiv reagierte, akzeptierte man das als annehmbaren Kompromiss, und die Besatzungspläne verschwanden still in der Schublade.

das Potenzial zu einem strategisch wichtigen Stützpunkt. Und nicht nur das: Angesichts der allgemein steigenden Leistungen der Flugzeuge – und gewisser Andeutungen der deutschen Führung bezüglich eines Langstreckenbomber-Projekts (Projekt Amerika) – wurde es plötzlich vorstellbar, dass die Azoren zur Basis wurden, von der aus die Deutschen Luftangriffe auf die USA starten würden.

Drahtlose Warnung

Präsident Roosevelt persönlich warnte am 27. Mai 1941 in einer Radioansprache an das amerikanische Volk vor dieser Gefahr:

Unternehmen Felix

Spanien nahm im Zweiten Weltkrieg nur eine Zuschauerrolle ein und war für beide Seiten von marginalem Interesse. Anders verhielt es sich jedoch mit dem Felsen von Gibraltar an der Südspitze der Halbinsel.

Der »Führer« und der Generalissimo hatten weniger gemeinsam, als man meinen möchte – von ihrer gegenseitigen Geringschätzung abgesehen. »Dieser fette Polizei-meister«, urteilte Hitler über den spanischen Diktator Francisco Franco nach ihrer Konferenz im französischen Hendaye im Oktober 1940; Franco wiederum verglich ihn mit einem »Bühnenschauspieler«.

Wie auch immer. Obwohl prinzipiell Verbündete, hatten beide Staaten nicht viel miteinander zu tun. Franco war kein Vereinsmeier; er wollte aus Hitlers Krieg so viel herausholen, wie er konnte – vor allem Französisch-Marokko –, aber er war nicht bereit, sich dafür groß ins Zeug zu legen. Außerdem war Spanien durch seinen Bürgerkrieg völlig erschöpft.

Ziel Gibraltar
Bis zu einem gewissen Grad arbeiteten die beiden Diktatoren allerdings bereits zusammen – und sie taten dies schon seit Monaten über den Vorbereitungen eines Großangriffs zur Einnahme von Gibral-

Die HMS *Eagle*, der älteste Flugzeugträger der Royal Navy, patrouilliert vor Gibraltar.

tar. Obwohl nur ein Fleckchen auf der Karte, war der »Fels« strategisch schon immer bedeutsam gewesen, weil er die Kontrolle des Verkehrs in das und aus dem Mittelmeer ermöglichte.

In Hendaye bat Hitler Franco formell um die Erlaubnis für einen Angriff durch Spanien. Er werde den Felsen nach der Niederlage der Alliierten an Spanien übergeben. Franco blieb unverbindlich, doch Hitler war entschlossen, dieses Projekt zu verfolgen. Im November legte er in der *Führer-Direktive Nr. 18* seinen Plan für das Unternehmen Felix dar: General Ludwig Kübler würde ein Armeekorps über die Pyrenäen führen, die 2. Panzerarmee ihr den Rücken decken, Jagdflugzeuge und Sturzbomber sollten von spanischen Flugplätzen aus operieren.

Die Briten bedrängen
Die Schlacht um England war verloren, und Hitler erkannte, dass sich der Fokus des Kriegsgeschehens verlagerte. Wenn das Land

schon nicht eingenommen werden konnte, so konnte man ihm wenigstens hart zusetzen.

U-Boote wüteten bereits im Atlantik, und nun gedachte Hitler, die Schraube noch fester anzuziehen. In Nordafrika ging es weniger um Erdöl. Die Länder an der Südküste des Mittelmeers beherrschten die Zufahrten zum Suezkanal. Es gab bereits eine starke italienische Präsenz in der Region, und die Tatsache, dass Französisch-Marokko und Algerien nun unter der Kontrolle der Achsenmächte standen, ließ es möglich erscheinen, Großbritannien von seinem östlichen Imperium abzuschneiden.

Eine lauwarme Reaktion
Doch Franco setzte Hitlers Plänen erneut einen Dämpfer auf: Spanien, dessen Bevölkerung Not leide, sei schlichtweg nicht in der Lage, sich an einer militärischen Großoffensive zu beteiligen. Und

General Ludwig Kübler stand für Unternehmen Felix als Kommandeur der deutschen Invasionsstreitkräfte für Spanien bereit.

General Franco und Nazi-Funktionäre diskutieren Pläne für die *Blaue Division*, eine Truppe von spanischen Freiwilligen zur Unterstützung der Wehrmacht.

O P E R A T I O N   "F E L I X"

FOREWORD.

1.   The GERMAN documents on Operation "FELIX", sent to us
in photostatic form, appear to be a set of rough notes of
reconnaissances, reports of conferences, and appreciations
collected over a number of years – probably from about 1938
to 1941 – from which detailed operation orders might have
been written.

        A List of Dates against references is given in
Appendix "A" (attached) from which it will be seen that no
attempt has been made to put these documents in chronological
order.   There is no system of cross reference.

        The views in many of these documents conflict and, without
dates, it is difficult to know what the final decisions on
many points would have been.

2.   The most definite information as to INTENTION comes from
the High Command Operation Instruction at 1694/170, the Instruction
addressed to H.Q. 49th Army Corps at 1694/180, the Instructions
for Commander-in-Chief SIXTH ARMY at 1694/215 and "Instructions
for the Preparation and carrying out of the Operation "FELIX"
(presumably by Commander-in-Chief VI Army) at 1694/220.

        These give a good idea of the general Plan of Campaign and
from other documents an idea of the tactical plan for the attack
on GIBRALTAR may be gathered.

        There is a very comprehensive description of the ground from
the R. GUADIARO to TARIFA from the besieging artillery point of
view at extracts 1694/420 to 436.

3.   The information extracted from these documents has been dealt
with under the following headings:-

                                        /(a)..........

DIE WICHTIGEN ABSÄTZE

Links: Die deutschen Dokumente zum »Unternehmen Felix«, die uns als Fotokopien zugeschickt wurden, erscheinen als eine Reihe grober Skizzen von Erkundungen, Konferenzberichten und über mehrere Jahre gesammelten Einschätzungen – wahrscheinlich von etwa 1938–1941, nach denen womöglich detaillierte Operationsbefehle formuliert wurden.

Die präziseste Information im Hinblick auf das Vorhaben stammt aus den Befehlen des Oberkommandos der Wehrmacht, unter 1694/175, an das Hauptquartier des 49. Armeekorps unter 1694/180, an den Kommandeur der 6. Armee unter 1694/215 und »Instruktionen für die Vorbereitung und Durchführung von Unternehmen Felix« (vermutlich durch den Kommandeur der 6. Armee) unter 1694/220.

Rechts: Arsenal-Tunnel: Dieser führt zum Versorgungslager der Admiralität Nordfront-Stollen: Beschrieben als »werden Touristen gezeigt und mit Schutzraum für 16.000 Personen«. Tunnel von San Miguel: Beschrieben als geschützter Raum mit einer Zisterne.

wie könne er sicher sein, dass Hitler je in der Lage sein werde, ihm zu Gibraltar zu verhelfen? Franco war von einem deutschen Sieg keineswegs überzeugt.

Wochen verstrichen, und der spanische Diktator erteilte wiederholt Forderungen Deutschlands wie auch Italiens eine Abfuhr. Hit-

ler wollte nun seinen Plan ohne Francos Einwilligung weiterverfolgen – und die spanischen Kolonien in Nordafrika als Basen für seine U-Boote verwenden. Doch im Juni 1941 begann das Unternehmen Barbarossa, das die Prioritäten veränderte. Damit wurde Unternehmen Felix aufgegeben.

SECRET.

Subject :- Reliability of "FELIX" Information.

Appx "C"

(A) Tunnels.

"FELIX" Title	Reliability of Plot.	British Plot	Remarks.
1. ARSENAL TUNNEL	C	Ragged Staff Tunnel	This leads to Admiralty Magazine (see B)
2. North Front Galleries	A	North Front Galleries	Described as "being shown to tourists & with shelter for 16000 people!"
3. Store Tunnel – ½ half up the rock on the West side.	B	HAYES TUNNEL	Made in 40, might not yet have been cpl at time of this report. They were not aware that side passages led off from this to Little Boy Fort
4. Quarry Tunnel	A	Little Boy Tunnel	
5. Sandy Bay Tunnel	B	Admiralty Tunnel	
6. Unnamed	A	Napier Magazine	
7. "	A	Waterworks Tunnel	Not mentioned in text but shown on maps covering 1694/-398
8. Tunnel of San Miguel	B	St Michaels Cave	Described as protected room and as possessing cistern.

(B) MAGAZINES.

"FELIX" Title	Accuracy of Location.	British Title	Remarks.
1. "In Alameda Gardens"	NIL	Possibly VICTORIA BTY which was used as a PAD Store.	See (A) 1.?
2. Buena Vista Bks	B		

/3. "At ...

Operation Shrapnel

Der Plan einer Besetzung der Kapverdischen Inseln barg eine überraschend große Zahl an Risiken. Er wurde zum Glück nicht umgesetzt.

Weder Spanien noch Portugal zählten im Zweiten Weltkrieg zu den Kombattanten, was jedoch nicht heißt, sie hätten darin keine Rolle gespielt. Beide Seiten umwarben und bedrohten diese Länder – meist stillschweigend, denn niemand wollte sie ins Lager des jeweiligen Gegners treiben.

Amerikas Plan Rainbow 5 allerdings kam schnell zur Sache. Er sah eine Besetzung der Kapverdischen Inseln und der Azoren vor, wenngleich aus unterschiedlichen Gründen. Während sich die Azoren als Zwischenstopp für einen Angriff auf die USA anboten, waren die Kapverden – 570 Kilometer vor Cap Vert an der senegalesischen Küste gelegen – wichtig für die Kontrolle der Küsten des afrikanischen Festlands und der daran entlangführenden Schifffahrtswege.

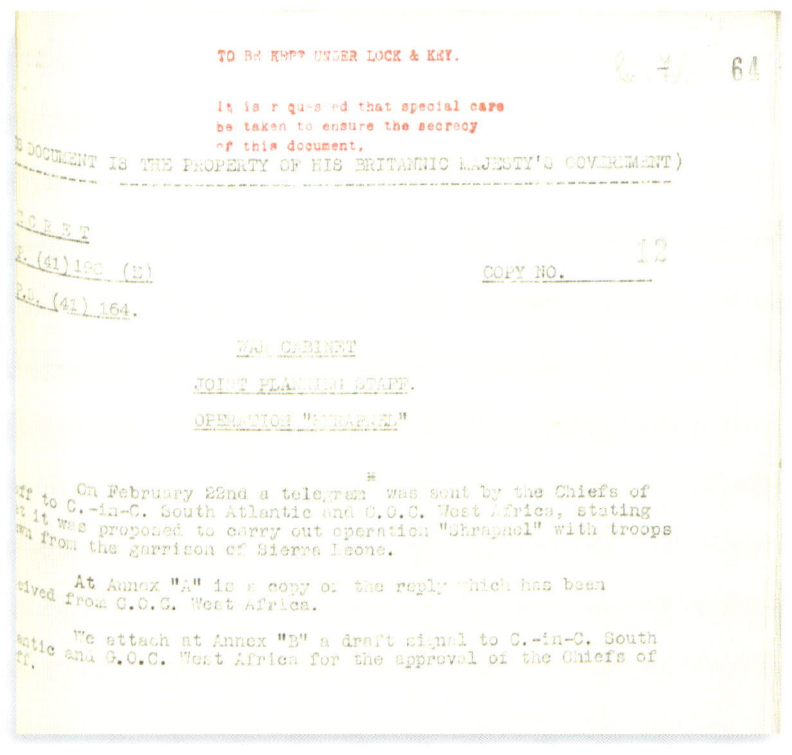

DIE WICHTIGEN ABSÄTZE

Links: Am 22. Februar schickten die Stabschefs ein Telegramm an C.-in-C. [Oberbefehlshaber] South Atlantic und G.O.C. [Kommandierender General] West Africa des Inhalts, man schlage vor, Operation Shrapnel mit Truppen aus der Garnison in Sierra Leone durchzuführen.

Rechts: 1. In Übereinstimmung mit den Instruktionen der Stabschefs wurde die Rückkehr der Force Shrapnel in dieses Land befohlen. 3. Eine Entscheidung ist erforderlich hinsichtlich der Frist, in der die Truppe auf Abruf gehalten werden soll, und bezüglich des Urlaubs, der gewährt werden kann. 4. Wir empfehlen: (a) dass die Truppe wie in Operation »Truck« binnen 96 Stunden mobilisiert werden sollte. (b) Dass 14 Tage Urlaub mit freier Bahnfahrt gewährt werden sollten, vorbehaltlich eines Signals zur Rückkehr binnen 24 Stunden. Die Möglichkeit, dass die Force während dieser Zeit nicht innerhalb von 96 Stunden auslaufen kann, sollte akzeptiert werden. (c) Dass das Transportministerium angehalten werden sollte, hinsichtlich der Schiffsbesatzungen ähnliche Arrangements zu treffen.

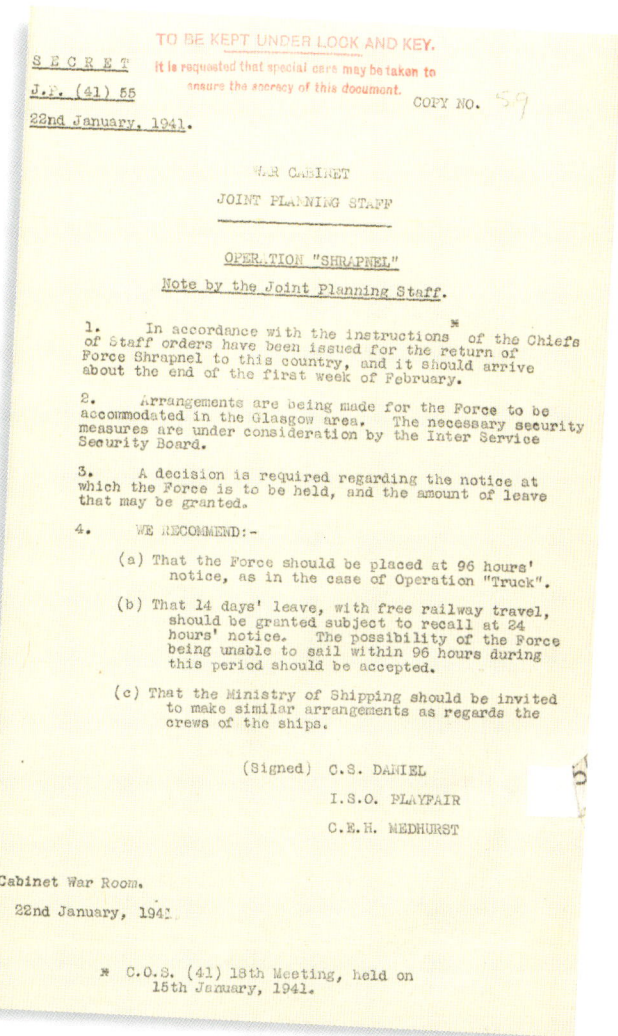

TO BE KEPT UNDER LOOK AND KEY.

It is requested that special care may be taken to
ensure the secrecy of this document.

S E C R E T
J.P. (41) 55
22nd January, 1941.
                                          COPY NO. 59

WAR CABINET

JOINT PLANNING STAFF

OPERATION "SHRAPNEL"
Note by the Joint Planning Staff.

1.   In accordance with the instructions of the Chiefs
of Staff orders have been issued for the return of
Force Shrapnel to this country, and it should arrive
about the end of the first week of February.

2.   Arrangements are being made for the Force to be
accommodated in the Glasgow area.   The necessary security
measures are under consideration by the Inter Service
Security Board.

3.   A decision is required regarding the notice at
which the Force is to be held, and the amount of leave
that may be granted.

4.   WE RECOMMEND:-

(a) That the Force should be placed at 96 hours'
notice, as in the case of Operation "Truck".

(b) That 14 days' leave, with free railway travel,
should be granted subject to recall at 24
hours' notice.   The possibility of the Force
being unable to sail within 96 hours during
this period should be accepted.

(c) That the Ministry of Shipping should be invited
to make similar arrangements as regards the
crews of the ships.

(Signed) C.S. DANIEL

I.S.O. PLAYFAIR

C.E.H. MEDHURST

Cabinet War Room.
22nd January, 1941.

*   C.O.S. (41) 18th Meeting, held on
15th January, 1941.

Kontrolle der Küsten

Angesichts der bedrohten Schifffahrtswege zum Suezkanal war die
Route um das Kap der Guten
Hoffnung von entscheidender
Bedeutung. Wer immer die Kapverden besetzte, kontrollierte den
Schiffsverkehr. Wenn die Alliierten
versuchten, Zeit zu gewinnen,
bestand die Gefahr, dass die Deutschen handelten. Geheimdienstberichte zufolge nutzten U-Boote
die Inseln als Sammelplatz.

Inselhüpfer

Hitler stieß ins gleiche Horn. Seine
Führer-Direktive Nr. 18 vom
12. November 1940 verfügte, dass
»Gibraltar einzunehmen und die
Straße zu schließen« sei.

Die Engländer … *müssen davon
abgehalten werden, auch nur einen
Fuß auf irgendeinen anderen
Punkt der Iberischen Halbinsel
oder die Iberischen Inseln setzen
zu können … Die atlantischen
Inseln (insbesondere die Kanaren*

*und die Kapverden) werden nach
den Unternehmen für Gibraltar
zusätzliche Bedeutung für die
Marine erlangen, sowohl für die
Briten als auch für uns …*

Trotz der besonderen Geheimhaltung dieser Pläne wurde Hitlers
fixe Idee bezüglich der atlantischen
Inseln Gesprächsthema seiner
Stabsoffiziere, die ihren »Führer«
als »Inselhüpfer« verspotteten.

War es also sinnvoll für die Alli-
ierten, die Inseln zu besetzen?
Churchill und die Amerikaner
waren davon überzeugt: Wenn sich
Spanien den Achsenmächten
anschloss oder wenn die Wehr-
macht dort einmarschierte, um
Gibraltar einzunehmen, dann
würde die Besetzung der Inseln
notwendig werden. Unter diesem
Aspekt wurde die Operation
Shrapnel geplant; sie sollte von
Truppen ausgeführt werden, die in
Sierra Leone stationiert waren.

Operation unratsam

Churchills Berater rieten allerdings
zur Vorsicht. Die Operation sollte
keinesfalls die Option erster Wahl
sein, warnten sie. Das war wahrscheinlich nicht die Beurteilung,
die sich die Führung vorstellte.
Und wenn, wie es unabwendbar
erschien, eine Invasion den portu-
giesischen und den spanischen
Diktator ins Lager der Achsenmächte trieb, dann würde man den
Deutschen die Kanaren überlassen.
Doch letztlich schritt die Zeit fort,
Spanien hielt sich aus dem Konflikt heraus, Deutschland fuhr sich
in Russland fest, und der geeignete
Augenblick verstrich. Anfang 1941
wurden die Truppen für Operation
Shrapnel zurückgerufen.

Unternehmen Isabella

Spaniens Status im Krieg war unklar. Einerseits hatte das Land zweifellos nur eine Zuschauerrolle, doch andererseits war es von enormer strategischer Bedeutung.

Während Europa im Verlauf des Sommers 1939 in den Krieg hineinschlitterte, blieb Spaniens Status rätselhaft. Die Sympathien des Landes schienen wie selbstverständlich bei den Achsenmächten zu liegen; schließlich war Franco ein Diktator und ein geschworener Feind des Kommunismus. Aber ungeachtet der Brutalität, mit der er seinen Herrschaftsanspruch durchsetzte – mit den weltverändernden totalitären Ideologien des faschistischen Italien oder Nazi-Deutschlands konnte er nichts anfangen. Als weltanschaulich schlicht strukturierter Mensch unterstützte er die alten Institutionen Kirche und Staat. Und auch in diplomatischer Hinsicht zog er seine eigenen Methoden vor.

Ein ärgerlicher Verbündeter

Franco mag ein Monster gewesen sein, aber er war niemandes Spielball. Deshalb war Hitler verärgert. Bei aller Sympathie für Deutschlands Ziele zweifelte Franco als erfahrener Soldat daran, dass Hitler fähig war, sie auch zu erreichen. Auch Spanien hatte viel zu verlieren, insbesondere die Kanarischen Inseln. Die britische Marine würde kurzen Prozess machen und sie einfach besetzen – deshalb sein

Zaudern und seine Versuche, Zeit zu gewinnen. Am Ende bestand Spaniens wesentlichster Beitrag in der Entsendung von einigen tausend Freiwilligen für die deutsche Sache. Viele Soldaten dieser *Blauen Division* fielen an der russischen Front. Als »Achsenpartner« war Franco eine Enttäuschung. Trotz aller freundlichen Worte, die er fand, bot er dem »Führer« nie die rückhaltlose Unterstützung, die dieser einforderte.

Eine iberische Irrelevanz?

Die Loyalität des spanischen Diktators war freilich nicht allzu bedeutend. Spaniens Zeiten als Supermacht waren seit Jahrhunderten vorüber, das Land war nach dem schrecklichen Bürgerkrieg zerrüttet. Seine hungernde Bevölkerung hatte keinerlei Kampfeswillen mehr; die Wirtschaft lag am Boden. Hitler selbst argwöhnte,

Rekruten der spanischen *Blauen Division* verabschieden sich. Nur wenige kehrten aus Russland zurück.

dass ihm dieser Verbündete weit mehr an Unterstützung abverlangen als bieten würde. Dennoch hatte er sich von Franco mehr Kooperation erhofft, als ihm dieser im Oktober 1940 zusagte.

Spanien war nach Hitlers Meinung nach wie vor wichtig – und zwar nicht nur, weil man von seinem Territorium aus die britische Bastion Gibraltar angreifen und so den Eingang ins Mittelmeer beherrschen konnte. Wie auch im Fall Irland sah das strategische Denken der Deutschen die Risiken der Defensive: Was, wenn die Alliierten in Spanien landeten und in Südfrankreich eine Südfront errichteten?

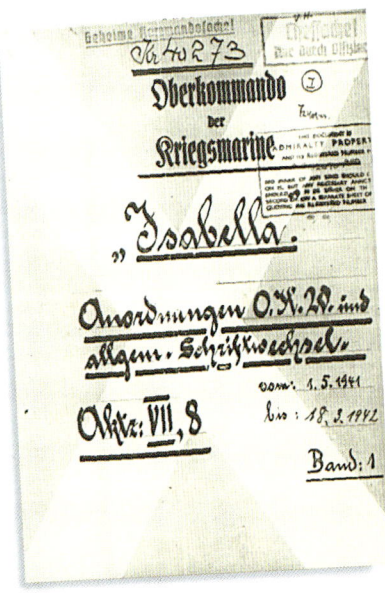

DIE WICHTIGEN ABSÄTZE

»Isabella« – Anordnungen
Begonnen: 1.5.1941
Geschlossen: 18.3.42
Kurzer Inhalt der einzelnen Abschnitte:
Angriffsvorbereitungen gegen die Iberische Halbinsel und Gibraltar Blatt 1–4.
(Instruktion Gr. West u. Adm. Frkr. Blatt 5–7.
Anordnungen für die Versorgung für Unternehmen »Isabella" Blatt 8–10.
Einsetzung Marineorganisation »Attila« für Isabella Blatt 11.
Küstenbefestigungen Portugal Blatt 28–35.
Desgleichen an Gr. West Blatt 41.
Batterie-Bereitstellung für »Isabella« Blatt 42.
Personalbereitstellung für Sonderunternehmen »Isabella« Blatt 47–48.
Keine Weisung über Ausbau Marineorganisation »Isabella« Blatt 53–55.

CHEF GE 44

Inhalts-Verzeichnis

zu den Akten: "Jsabella": Anordnungen OKW und allgem.Schriftwechsel.
Akts: VII,8 Band: 1.
√ = Briefbuchführer hat Kts.
Begonnen: 1. 5. 1941
Geschlossen: 18.3.42

Eigene B.Nr.:	Prf Nr.	Fremde B.Nr.	Kurzer Jnhalt:	Blatt:
585/41 Chefs E+Vfg.	3	OKW 44640	Angriffsvorbereitungen gegen die Iberische Halbinsel und Gibraltar.	1–4
			(Unterrichtung Gr.West u.Adm.Frkr.)	5–7
634/41 Chefs	4	OKH I/0486	Anordnungen für die Versorgung für das Unternehmen "Jsabella".	8–10
624/41 Chefs	E+ Vfg	Gr.West 1867	Einsetzung Marineorganistion "Attila für "Jsabella".	11
639/41 Chefs	E+ Vfg	" 1874	Unterrichtung über "Attila" und "Jsabella" an Gr.West.	12–16
11634/41 Gkds	E+ Vfg	H.Gr.A MVO	Entsendung Kapt.z.S.Wagner nach Bordeaux zur Besprechung	[illegible]
11804/41 Gkds	Vfg.	--	Desgleichen.	[illegible]
25459/41 Geh.	Vfg.	--	Desgleichen.	19
9417/41 Gkds	3	A.VI 2363	Seetransporte von Gro[illegible] nach Portugal oder Spanien	20
970/41 Chefs	2	AOK 7 J.42	Aktennotiz über Besprechung mit 7.AOK am 10.6.41	21–23
751/41 Chefs 3 Anl.	2	1.Skl. FM b	Küstenbefestigungen Portugal, Tejomündung (Lissabon) und bei Setubal (1 Filmstreifen).	24–27
				28–35
697/41 Chefs E+Vfg.	1	OKH 916	Stellungnahme zu einzelnen Punkten "Jsabella"-Unternehmen.	36–40
989/41 Chefs	Vfg.	-	Desgleichen an Gr. West.	41
12381/41 Gkds	4	Qu.AId 2950	Batterie-Bereitstellung f.Jsabella	42
970/41 Chefs	1	AOK 7 J.42	Aktennotiz über Besprechung mit 7.AOK am 10.6.41	43–46
970/41 Chefs	Vfg.		Personalbereitstellung für Sonderunternehmung "Jsabella".	47–48
992/41 Chefs	E+ Vfg.	Gr.West 1959	Eintreffen der Marine-Sondergruppen an den einzelnen Tagen.	49–50
1006/41 Chefs	-	Gr.West 1959	Vereinbarung über Einsatz der Marinegruppen mit AOK 7.	51–52
979/41 Chefs	E+ Vfg.	Gr.West 1961	Keine Weisung über Ausbau Marineorganisation Jsabella.	53–55
1063/41 Chefs	5	Qu.AII	Bereitstellung Marinesondergruppen Dora und Fritz u.Mar.Art.[illegible]	56–57
13200/41 Gkds	Vfg.		Bereitstellung eines [illegible] PKW für Kpt.z.S. Wagner [illegible] AOK.7	58

THIS DOCUMENT IS ADMIRALTY PROPERTY AND ITS REGISTERED NUMBER IS P G/32490 /NID
NO MARK OF ANY KIND SHOULD BE MADE ON IT. BUT ANY NECESSARY ANNOTATIONS SHOULD BE MADE EITHER ON THE WORK RECORD OR ON A SEPARATE SHEET OF PAPER.

THIS DOCUMENT IS ADMIRALTY PROPERTY AND ITS REGISTERED NUMBER IS P G/ /NID
NO MARK OF ANY KIND SHOULD BE MADE ON IT. BUT ANY NECESSARY ANNOTATIONS SHOULD BE MADE EITHER ON THE WORK RECORD OR ON A SEPARATE SHEET OF PAPER.

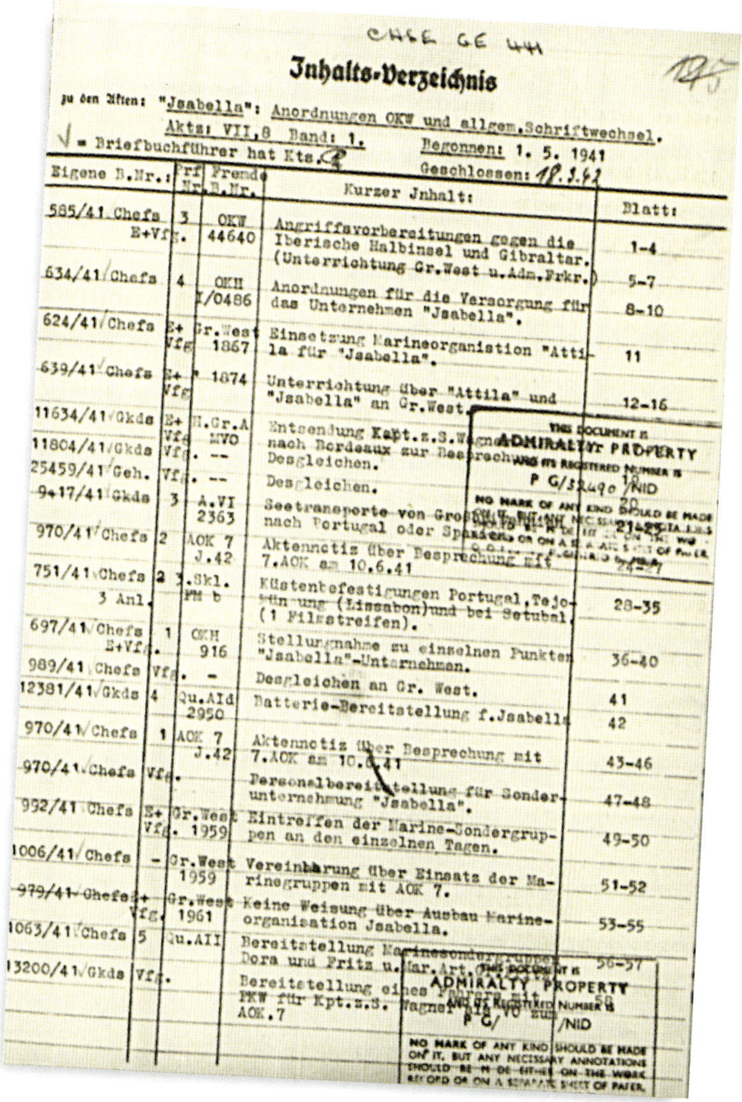

Skizzenhafte Strategie
Vom deutschen Standpunkt aus war Spanien also nicht so peripher, wie Franco glaubte. Die Ausflüchte des Caudillo bezüglich des Unternehmens Felix erzürnten Hitler, und er beschloss zu handeln – mit oder ohne Francos Zustimmung. Im Juni 1941 legte er seinen Plan für Unternehmen Isabella vor: äußerst knapp gefasst, nicht mehr als eine eilige Skizze – wiewohl Hitler dazu tendierte, selbst den gröbsten Entwurf als Gesetz zu betrachten. Er erkannte allerdings an, dass Isabella mit der bevorstehenden Eröffnung einer neuen Front in der Sowjetunion zurückgestellt werden musste.

Letztendlich wurde der Plan nicht weiterverfolgt, da das Unternehmen Barbarossa scheiterte.

Rizinregen

Ende 1941 ersannen die Briten einen ehrgeizigen, aber unrealistischen Plan, mit Millionen von Nadeln Tod über Deutschland zu säen.

»Wir fürchten, dass wir Ihre Anforderungen nicht verstehen«, hieß es in dem Brief der Nähmaschinenfabrik Singer vom Dezember 1941: »Ihren Bemerkungen nach zu schließen sind die Nadeln nicht für Nähmaschinen, sondern für einen anderen Zweck gedacht.«

Das konnte man so sagen. Das Ersuchen des britischen Chemical Defence Research Department, der Forschungsabteilung für chemische Verteidigung, war zwar vage formuliert, aber dafür sprach es von gigantischen Mengen. Die Abteilung arbeitete daran, Millionen von Nadeln mit Rizin (vielleicht auch Anthrax) vergiften und dann von Flugzeugen über den deutschen Armeen abwerfen zu lassen.

Aus großen Höhen abgeworfen würden die Nadeln schnell genug fallen, um mindestens zwei Schichten Kleidung zu durchstechen und in die Haut einzudringen. Dessen waren sich die Planer sicher, denn sie hatten auf einer geheimen Forschungsstation in Kanada glücklose Schafe und Ziegen in Feldanzüge gekleidet und den giftigen Pfeilen ausgesetzt, und die Resultate waren offenbar höchst befriedigend gewesen. Anstatt sie einfach vom Himmel regnen zu lassen, hätte man die Nadeln aber auch in Streubomben verpacken können – 30 000 Stück pro Bombe. Wenn diese explodierten, würden die Nadeln mit verheerender Durchschlagkraft in alle Richtungen schießen.

Eine biologische Keule

In dieser Phase des Krieges war die Bedrohung durch eine deutsche Invasion Großbritanniens zwar nicht vollkommen gebannt, aber in den Hintergrund getreten. Whitehall, das britische Verteidigungsministerium, und Porton Down, die Anlagen des Defence Science and Technology Laboratory, dachten eher darüber nach, die Kräfte des Feindes vor einem alliierten Angriff zu zermürben, denn die Kriegsmaschinerie der Nazis war noch immer erschreckend stark. Biologische Kriegführung war eine heikle Angelegenheit, aber biologische Gifte boten Möglichkeiten,

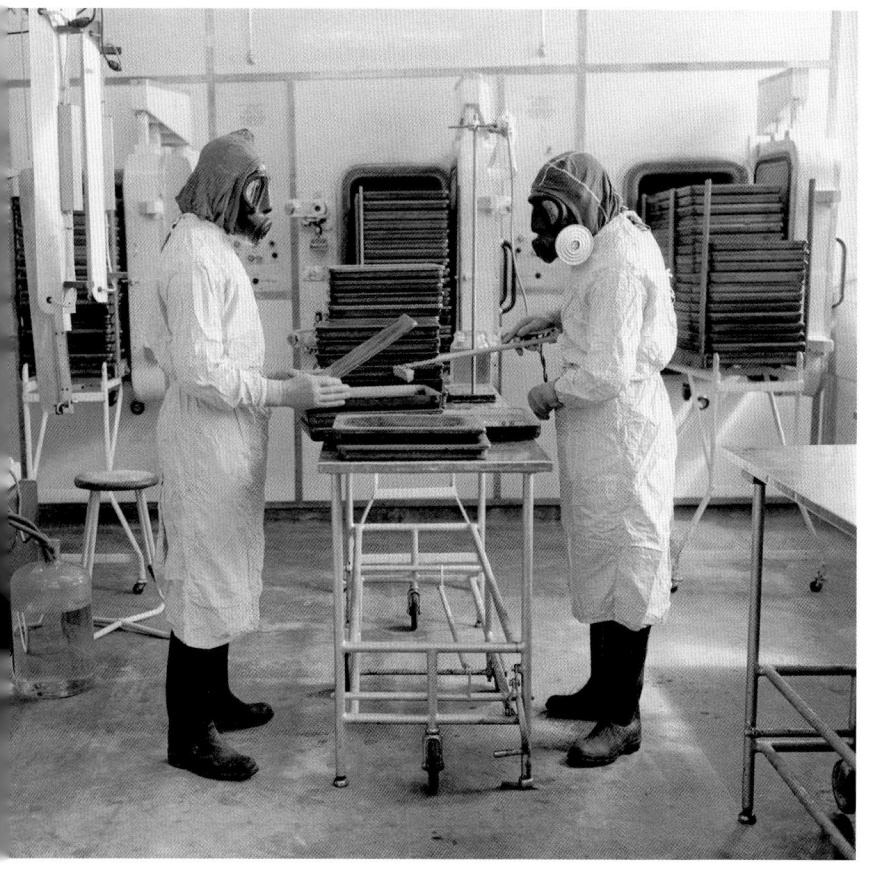

Wissenschaftler experimentieren mit tödlichen Giften: Anthrax ist nach wie vor eine immense Bedrohung.

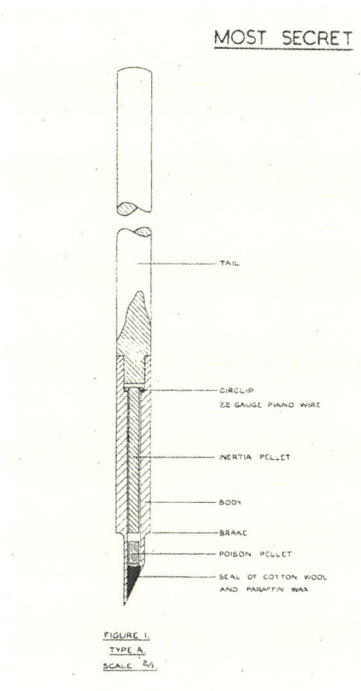

MOST SECRET

TAIL

CIRCLIP
22 GAUGE PIANO WIRE

INERTIA PELLET

BODY

BRAKE

POISON PELLET

SEAL OF COTTON WOOL
AND PARAFFIN WAX

FIGURE I.
TYPE A.
SCALE 2/1.

die man nicht einfach ignorieren konnte. Der kleinste Stich mit einer solchen vergifteten Nadel konnte bereits zu Kampfunfähigkeit führen; und wenn das Opfer den Giftpfeil nicht innerhalb von 30 Sekunden herauszog, war ein qualvoller Tod so gut wie unvermeidlich. Durchfall, Erbrechen und Anfälle sind nur einige der Symptome einer Rizinvergiftung. Derart spektakuläre Leiden würden die Opfer töten, die medizinische Versorgung lähmen und das Personal demoralisieren.

Menschen, nicht Material

Ein weiterer und noch umstrittenerer »Vorteil« einer derartigen Waffe war, dass sie – wie später die Neutronenbombe – Menschen töten würde, ohne Sachen zu zerstören. Man konnte sich also die

Es war geplant, solche Rizinpfeile millionenfach herzustellen und dem Feind damit schwer zuzusetzen.

Möglichkeit vorstellen, einen Streifen durch die deutschen Streitkräfte in Westeuropa zu »schneiden«, ohne die Städte zu zerbomben.

Doch dieser Vorteil zeigte auch sofort den offenkundigen Nachteil dieser Waffe auf: Jeder, der sich in einem Gebäude befand, würde von dem Giftregen verschont bleiben. Jeder Deutsche, der in einem Panzer oder Kraftwagen saß oder der vielleicht sogar nur hinter einer Wand Zuflucht suchte, würde geschützt sein – unter Umständen reichte sogar ein Helm aus. Deshalb ließ man die Nadelpfeile fallen – oder eben nicht: Die Briten entschieden, sie seien als Waffe »zu unökonomisch«. Das Projekt wurde, kaum entwickelt, wieder in die Schublade verbannt.

Porton Down in Wiltshire ist noch heute ein bedeutendes militärisches Forschungszentrum.

THE USE OF POISONED DARTS FROM THE AIR.

Reference Ptn. 3156 (U.2903) dated 9.3.44, Suffield's comments F.E.S. S.7011 dated 31.3.44, and your new appreciation of the subject, the writing of which was postponed in June owing to other committments.

Canada has been pursuing the problem actively in the meantime, and the following interim remarks have been forwarded for our information.   Since the problem is largely a C.W. one we feel that the appreciation should be delayed no longer since it will obviously have an effect on Canada's future programme of work. It is understood from Lord Stamp and Lt. Col. Flood that Canada is awaiting this appreciation.

MS 1.   "7 Sept. 1944. - Although the original design of dart withstood breakup on discharge from a cluster projectile, the straw tail was insufficiently strong.   A stronger tail and a more uniform dart has now been obtained although the original design is basically unchanged.   Mass production of this new unit is practical, at reasonable cost."

MS 2.   "7 Sept. 1944. - A ballistically stable cluster projectile which fits the British 500-lb. A/C stowage has been designed. This projectile holds a total of approximately 30,000 darts in 9 containers - over 95% of the darts fall stably, when declustering occurs.   Some difficulty has been experienced in getting all nine containers to open, but it is believed that this problem is now solved."

MS 3.   "7 Sept. 1944. - Recent work by the Toxicity Laboratories at the University of Chicago has shown that for larger animals, such as the goat, sheep and monkey, the compounds N-methyl urethane of m-diethylamino-phenol methiodide T.1123, (American code TL.1217) and the corresponding methochloride (TL.1299) are much more lethal than T.1708.   Subsequent examination of these two materials has shown that the overall performance, that is the effect on small and large animals, appears to be better than T.1708 in that there seems to be the less species variation.   Therefore, the work done up to the present has been chiefly on the compound T.1123, which was more available than TL.1299.

Some approximate LD 50 values are as follows:

Compound	Species	LD 50 (γ/Kg) (approx).
T.1123	goat	100) not vaccinated
T.1123	goat	60)
T.1123	Sheep	75
TL.1299	Sheep	70

On the basis of the above figures, darts have been coated with various quantities of T.1123-adhesive mixture representing 1, 2, 3, 4 LD 50 doses, inserted into goats for different periods of time, and the dart then removed.   The following is a brief summary of the results.

Dose	Time in Tissues	No. of Coats	% Mortality
1 x LD 50	left in	10	0
2 x "		9 *barely LD 50*	33
3 x "	2 min.	5	80
3 x "	1 min.	5	40
4 x "	1 min.	5	100
4 x "	30 secs.	10	100
4 x "	15 secs.	8	75
4 x "	10 secs.	10	60
4 x "	5 secs.	10	50

Another trial was carried out in which T.1123 was incorporated in a new type of paste and applied to the darts. These darts were inserted subcutaneously into sheep for different time intervals. In this experiment, the amount of toxic material on each dart was equivalent to 4 times the LD 50 dose, as was estimated by subcutaneous injection of T.1123 solutions.

No. of Sheep	Time in Tissues	% Mortality	Remarks
9	15 secs.	44	All collapsed.
9	10 secs.	44	" "
9	5 secs.	22	" "
9	momentarily	0	" "
9	"	0	8 LD 50 dose used, all collapsed.

Trials are being carried out to test the stability of T.1123 and TL.1899 when incorporated in a paste and placed on darts. The toxic material was made up as described in MS 4.

The following are the sets of conditions under which the coated darts are being tested, and the results obtained to date:

Test	Temp.(°C)	Relative Humidity(%)	Time (Days)	Remarks
1	25	20 - 30	72	Material still retains toxicity. LD 50 approximately 60 γ/Kg.
2	50	20 - 30	72	Material still retains toxicity. LD 50 approximately 60-65 γ/Kg.
3	25	90	1	Material runs off the dart in liquid form.
4	50	90	1	Material runs off the dart in liquid form.

Attempts are being made to overcome this property of the dart coatings and are still in progress.

The hygroscopic properties of several compounds similar to T.1708 are being investigated. To date the compounds most resistant to moisture are T.1708 and TL.1327 (American code).

The effect of high humidity on coatings made from all these compounds using two different adhesives has also been

2.

investigated. Results similar to those above were recorded.

The stability to heat of the compounds mentioned above is being investigated."

MS 4. "7 Sept. 1944. - Solvars 404 and 357 have been used as adhesives for the coating of MS 1 devices, with T.1708, and have been found to be superior to 545 in that the coating appears to be dissolved off more rapidly. The adhesive qualities are about the same.

When attempts were made to coat MS1 devices with T.1123 and TL.1899 (American code), using the Solvars 545, 404 and 357, the materials would not form a good paste which could be applied to the MS 1.

A mixture prepared using a procedure obtained from Capt. A. Ames of C.W. Laboratories appeared quite satisfactory and was used in subsequent work. It consists of the following ingredients:

8.14 gms.	T.1123	
1.0 "	Cellosize WS (Hydroxethyl cellulose 10% soln. in water).	
0.1 "	Carbowax 4000	
0.1 "	Citric acid.	

A machine has been constructed for coating the MS 1 devices semi-mechanically. It has been shown to be capable of coating an average of 10 MS 1 per minute. With an expert operator this rate could be increased. Essentially it is a spinning die (shaped to fit exactly about the MS 1 head) into which is fed the coating material under slight pressure (about 3-5 lbs/sq.in.). The method of coating simply involves inserting the MS 1 into the die and removing it coated. It is proposed to coat 70,000 MS 1 devices at Suffield."

MS 5. "7 Sept. 1944. - One successful trial has been carried out in which the new cluster projectile charged with 30,000 darts was released from 7000 ft. and declustered at 3500 ft. Penetrating hits were attained on 16 out of 36 goats and sheep disposed on the area. The contamination was remarkably uniform. Although only 7 out of the 9 containers in the cluster discharged their contents, 10,000 sq. yds. were contaminated to a density of about 2 sq. yds. and 7000 sq. yds. to a density of about one per two sq. yds. It is believed the problem of attaining complete opening of the dart containers has now been solved".

Why no toxic change in the darts?.

Biology Section,
Porton.
13th November, 1944.

3.

DIE WICHTIGEN ABSÄTZE

Diese Dokumente zeigen spätere kanadische Giftpfeilpläne:
1. Der Einsatz vergifteter Pfeile aus der Luft.
Obwohl der Originalentwurf des Pfeils dem Abschuss mit einem Streugeschoss standhielt, war die Spitze nicht stark genug. Nun wurden eine stärkere Spitze und ein homogenerer Pfeil entwickelt, obwohl der ursprüngliche Entwurf im Prinzip unverändert ist.
2. Ein weiterer Versuch wurde durchgeführt, bei dem der T.1123 ≈ mit einer neuen Art von Gift befüllt wurde. Diese Pfeile wurden über unterschiedlich lange Zeitspannen subkutan in Schafe eingebracht. Bei diesem Experiment entsprach die Menge des toxischen Materials in jedem Pfeil der vierfachen LD 50, wie sie bei subkutaner Injektion von T.1123-Lösungen angenommen wurde.
3. Ein erfolgreicher Versuch wurde durchgeführt, bei dem eine neue, mit 30 000 Pfeilen beschickte Streubombe aus einer Höhe von über 2000 Meter abgeworfen und bei 1000 Meter zur Explosion gebracht wurde. In 16 von 36 auf dem Gebiet verteilte Ziegen und Schafen drangen die Pfeile ein. Die Kontamination verlief bemerkenswert einheitlich. Obwohl nur 7 der 9 Container des Streugeschosses ihren Inhalt freisetzten, wurden acht Quadratkilometer kontaminiert mit einer Dichte von etwa zwei pro Quadratmeter, und sechs Quadratkilometer mit einer Dichte von etwa einem (Pfeil) pro Quadratmeter. Damit dürfte das Problem der vollständigen Öffnung der Pfeilcontainer nun gelöst sein.

Abteilung Biologie, Porton

Zweites Kapitel
1942

1942 sah der Krieg bereits erheblich anders aus. Die ursprünglichen Kombattanten konnten sich inzwischen gegenseitig einschätzen, auch Japan und die USA waren in den Krieg eingetreten, und die Russen leisteten der Wehrmacht erbitterten Widerstand.

Die große Herausforderung für Amerika hatte in den ersten Kriegs-monaten darin bestanden, nach dem Schock des japanischen Überfalls auf Pearl Harbor am 7. Dezember 1941 das Gleichge-wicht wiederzufinden.
Der Sieg in der Schlacht um Midway vom 4. bis 7. Juni 1942 gab den Amerikanern im Pazifik die Initiative in die Hand, während in den darauf folgenden Monaten die Briten Rommels Armee in der Zweiten Schlacht bei El Alamein besiegten und die Sowjets die Deutschen in Stalingrad aufhielten.

Im Osten versuchten die Alliierten verzweifelt, zur Offensive überzu-gehen – obwohl sie von Australien bis Madagaskar und Ceylon noch japanische Angriffe befürchteten. Im Westen wurde Druck gemacht, um zur Entlastung des hartnäckig insistierenden Stalin eine »Zweite Front« zu eröffnen; seine Rote Armee stand in Russland noch immer schwer unter Druck. Innerhalb des westlichen Oberkommandos war man wenn nicht geteilter Meinung, so zumindest uneins darüber, welche Maßnahme am ehesten Erfolg versprach: eine Invasion Frankreichs oder ein indirek-teres Vorgehen.

Der Konflikt breitete sich in landschaftlich unterschiedlichste Gebiete aus. Hier durch-queren Kameramänner eines Fernmelde-trupps einen Fluss im Regenwald von Neuguinea.

Operation Tulsa

MacArthur war nach Midway siegesgewiss und plante eine Blitzoffensive durch Neuguinea und die Salomon-Inseln bis zur japanischen Basis in Rabaul.

Dass der Triumph der US Navy bei den Midway-Inseln (Mai/Juni 1942) einen Wendepunkt im Pazifikkrieg darstellte, war sofort klar. Jedenfalls war das durch den Überfall auf Pearl Harbor so sehr ins Wanken geratene Selbstvertrauen wiederhergestellt. Die Vereinigten Staaten standen wieder fest auf dem Boden und waren bereit weiterzumarschieren.

Eine persönliche Angelegenheit

General Douglas MacArthur wollte vor allem deshalb auf Rabaul vorrücken, weil er in diesem japanischen Stützpunkt das Haupthin-dernis für seinen Vormarsch auf die Philippinen sah. Von dort war er einige Monate zuvor vertrieben worden, und er hatte versprochen zurückzukommen. Seiner Professionalität zum Trotz war MacArthur ein sehr emotionaler Mensch, der den Krieg persönlich nahm.

Operation Tulsa zur Besetzung von Rabaul war ein typisches Beispiel, denn sie begann mit einem Trugbild. Rabaul, die Hauptbasis der Japaner im Westpazifik, lag am östlichen Ende von Neubritannien, der größten Insel des Bismarck-Archipels. Hier waren ungefähr 60 Zero-Jäger und eine ähnliche Anzahl zweimotoriger Bomber sowie Aufklärungs-Wasserflugzeuge stationiert. Und es gab Lagerhäuser und Werkstätten.

Rabaul war ein wichtiger Luftwaffenstützpunkt gewesen, doch

Nach Midway machte General Douglas MacArthur sein persönliches Ziel klar – Rabaul oder Ruin.

Erst im November 1943 flogen die Amerikaner schwere Luftangriffe gegen Rabaul.

diese Zeit war bereits vorüber. Mit Sicherheit verfügte es nicht über die starken Befestigungen oder schweren Geschütze, die die Alliierten dort vermuteten. Und MacArthurs romantischem Vorsatz zum Trotz musste man es auch nicht erobern, bevor man die Philippinen angreifen konnte.

Ein ehrgeiziger Plan

Wie auch immer – sein Denken entsprach dem der Alliierten zu jener Zeit, wenngleich die Idee, man könne mit zwei Flügeln auf Rabaul vorrücken – einmal ostwärts entlang der Nordküste Neuguineas und einmal in nordwestlicher Richtung die Salomon-Inseln hinauf –, die seine war.

Unrealistisch war der Plan insbesondere angesichts fehlender adäquater Flugplätze für schwere Bomber, die nach MacArthurs Meinung den auf beiden Seiten vorrückenden Streitkräften Luftunterstützung leisten sollten. Zusätzlich zu seiner aus drei Divisionen bestehenden Armee wollte er noch eine Task Force mit zwei Flugzeugträgern und eine Division Marineinfanterie für den amphibischen Angriff auf Rabaul selbst.

Luftwaffenkommandeur George Brett bestand darauf, dass er allein in Neuguinea zwölf neue, für schwere Bomber geeignete Flugplätze brauche. Von besonderer Bedeutung sei dabei Buna an der Nordostküste der Insel.

Doch noch ehe das Pionierkorps organisiert war, hatten die Japaner Buna eingenommen. Stattdessen bauten die Amerikaner nun an der Milne Bay, doch ihre Pläne scheiterten an der Realität. Admiral

BU59: Die US Navy und das Marine Corps nahmen die Salomonen-Inseln eine nach der anderen ein.

Nimitz verhinderte das amphibische Showdown mit dem Argument, in den beengten Gewässern sei das Risiko einer Vernichtung der Flotte zu groß.

Verschwunden, nicht vergessen

Doch wenngleich es mit Operation Tulsa nie so recht vorwärts ging, wurde sie auch nie ganz aufgegeben: Die Grundzüge von MacArthurs Plan sind im Kriegsverlauf gut erkennbar. Während er mit seinen Männern nach Osten über Neuguinea vorstieß, »hüpften« Navy und Marines in einer Reihe separater Operationen, die qualvoll langwierig und furchtbar blutig waren, von Insel zu Insel die Salomonen hinauf – anstelle der schwungvollen Zangenbewegung, die MacArthur angedacht hatte.

> **Das Kräftegleichgewicht war in diesem Moment zu sensibel, um den Versuch der Eroberung einer Position, die so sehr einem feindlichen Gegenangriff ausgesetzt war, für klug zu erachten.**
>
> *Flottenadmiral Ernest Joseph King, Oberbefehlshaber der US-Flotte und Kommandeur der Marineunternehmen*

Unternehmen Herkules

Es sollte der Höhepunkt der zweijährigen Belagerung Maltas werden, doch der richtige Moment kam nie so recht, und der Unternehmungsgeist ging verloren.

Malta, eine bedeutende britische Militärbasis nur 97 Kilometer von der sizilianischen Küste entfernt, würde im Falle eines Krieges mit Italien immer umkämpft sein. Überraschenderweise war die Insel keineswegs entsprechend ihrer strategischen Bedeutung befestigt. Die Briten hatten es in den Vorkriegsjahren versäumt, die Verteidigungsanlagen zu verbessern in der Überzeugung, die kleine Mittelmeerinsel sei gegen einen entschlossenen Gegner ohnehin nicht zu halten.

Malta ist ein trockenes Stück Land im Mittelmeer, das vollständig auf eine Versorgung von außen angewiesen ist. Die Insel zur Festung auszubauen würde die Kapitulation der Verteidiger lediglich hinauszögern. Sie hätten keine echte Chance, eine entschlossene Belagerung zu überstehen. Es war bereits beschlossene Sache, dass die Briten im Kriegsfall die Insel bei einem Angriff aufgeben würden. Alexandria an der ägyptischen Küste würde sie als Hauptstützpunkt ersetzen.

Belagerte Inseln

Doch mit dem Beginn der Feindseligkeiten nahmen die Ereignisse einen völlig unerwarteten Verlauf. Der erwartete Angriff ließ nicht lange auf sich warten: Da sich die Royal Air Force auf die Luftschlacht um England konzentrieren musste, konnte sie nur wenige Flugzeuge und Piloten für Maltas Luftverteidigung abstellen, sodass Mussolinis Luftwaffe letztlich freie Hand hatte. Valetta mit seiner Marinewerft erlitt schwere Verluste. Die Insel wurde wochenlang ununterbrochen von italienischen Bombern bombardiert.

Die gute Nachricht für die Malteser war, dass den anhaltenden Luftangriffen kein Versuch eines amphibischen Angriffs folgte. In diesem Fall wäre ihre Insel sehr verwundbar gewesen, doch da Mussolini beschlossen hatte, den Großteil seiner Truppen auf die Invasion Griechenlands zu verwenden, blieb es beim Luftkrieg gegen die Insel. Dieser Art von Druck konnte Malta jedoch standhalten, solange seine Vorräte reichten. Denn wenn die Insel auch wenige Befestigungen hatte, so wies sie doch viele natürliche Zufluchtsorte auf in Form von Höhlen, die durch den weichen Sandstein, den sie durchzogen, gegen Erschütterun-

Die Briten waren entschlossen, Malta unter allen Umständen zu halten.

gen geschützt waren. Dementsprechend waren die Verluste unter der
Inselbevölkerung gering und die
Moral gut – selbst wenn die Aussichten längerfristig nicht ganz so
rosig waren.

Was immer die Prioritäten Italiens sein mochten, die Strategie
der Deutschen wurde durch die
Ereignisse auf einer anderen Insel
entschieden. Im November 1940
war die Luftschlacht um England
beendet. Die Luftwaffe hatte so
ziemlich alles, was sie hatte, der
Royal Air Force, dem britischen
Volk sowie der Industrie und der
Geschäftswelt des Vereinigten
Königreichs entgegengeworfen.
Die Briten hatten schwere Zeiten
überstanden und erlebten nun das,
was Winston Churchill ihre
»schönste Stunde« nannte. Die
Luftwaffe hatte bei dieser ersten
richtigen Prüfung ihrer Blitzkrieg-
taktik fast 2000 Flugzeuge verloren – einige hundert mehr als die
Royal Air Force. Die Deutschen
brachen die Schlacht ab, das Unternehmen Barbarossa stand bevor.

Nach Afrika hinein
Natürlich waren ihre Bemühungen, den britischen Widerstand zu
zerschlagen, noch nicht am Ende –
doch es war klar, dass sie einen
neuen Schlachtplan brauchten. Der
Fokus verlagerte sich jetzt nach
Süden: Hitlers Hoffnungen auf
eine Einnahme Gibraltars waren
Teil einer Strategie, die Briten von
ihrem Empire zu isolieren.

In diesem Kontext kam Malta
eine neue Bedeutung zu: Es war
Teil des Empire und hatte somit
eine historische Rolle als Zwischenstation auf der Route nach

Suez und in den Osten. Nordafrika
war in diesem Plan wichtig, denn
wer immer diese Küste besetzte,
konnte den Zugang zum Suezkanal beherrschen.

Spießrutenlaufen
Ägypten war seit dem 19. Jahrhundert eine informelle Kolonie Großbritanniens gewesen, doch der
restliche Maghreb war nun in der
Hand der Achsenmächte. Libyen
war 1934 nach einem Eroberungs-
feldzug dem faschistischen Italien
zugefallen. Andere Länder einschließlich Tunesiens, Algeriens
und des östlichen Marokko standen unter der Kontrolle der französischen Vichy-Regierung. Den
Westen Marokkos beherrschte
Spanien, und wiewohl Hitler seine
Probleme mit Franco gehabt haben

Die Malteser ertrugen ihr Schicksal so
stoisch, dass der Insel das Georgskreuz
verliehen wurde.

mag, war dieser doch sicher kein
Freund der Alliierten. Der britische
Schiffsverkehr im Mittelmeer
musste sich jetzt schon zwischen
den Streitkräften des von den Achsenmächten besetzten Südeuropa
einerseits und Nordafrika andererseits durchstehlen. Wenn die Achsenmächte nun noch Malta ein-
nähmen, würden sie die Briten im
Würgegriff haben.

Für Großbritannien sah es plötzlich so aus, als müsse Malta unter
allen Umständen gehalten werden;
für die Achsenmächte war die Insel
eine Beute, die genommen werden
musste. Beiden Seiten schien es

Ugo Cavallero im Gespräch mit Erwin Rommel

nicht nur wichtig, sie dem Gegner abspenstig zu machen, sondern auch die dort zur Verfügung stehenden Einrichtungen nutzen zu können. Aus britischer Perspektive ermöglichte der Besitz Maltas die Durchfahrt von Schiffen ins Mittelmeer, und es war die Plattform, von der aus man Flugzeuge und Schiffe der Achsenmächte angreifen konnte, die Nachschub nach Nordafrika brachten. Italiens Oberbefehlshaber Ugo Cavallero zweifelte nicht an Maltas strategischer Bedeutung:

Der Angriff auf Malta wird uns hohe Verluste bescheren, aber ich halte dies für die weitere Entwicklung des Krieges für wesentlich. Wenn wir Malta einnehmen, wird Libyen sicher sein.

Aus dem Mund des Fuchses

Feldmarschall Erwin Rommel hatte bei all seinen Feldherrnqualitäten, derentwegen er in die Geschichtsbücher eingegangen ist, auch einen guten Blick für die ganz profanen Dinge. Schon im Mai 1941 warnte der »Wüstenfuchs«, seine draufgängerischen Angriffe und das Heldentum seiner Männer würden umsonst sein, wenn er nicht die notwendige Ausrüstung und den nötigen Nachschub bekäme. »Ohne Malta«, erklärte er frei heraus, »werden die Achsenmächte die Kontrolle über Nordafrika verlieren.«

Kurt Student bespricht mit seinen Männern auf Kreta Fragen der Taktik; nach diesem schrecklichen Ringen hätte Malta eigentlich so gut wie kampflos an die Achsenmächte fallen sollen.

Ein bedeutendes Unternehmen

Feldmarschall Albert Kesselring hatte die Gesamtverantwortung für das Unternehmen Herkules, Generalmajor Kurt Student führte die Luftwaffe. Als Kommandeur bei der Schlacht von Kreta hatte er schmerzliche Erfahrungen bei Luftlandeunternehmen gesammelt. Doch dieses Mal hatte er Zeit, seine Hausaufgaben gründlich zu machen. Ihm standen etwa 500 Junkers Ju 52 Transportflugzeuge (plus etwa 200 Transporter der Regia Aeronautica) und 500 Lastensegler unterschiedlicher Größe zur Verfügung. Student und sein Stab legten fest, wo die Fallschirmjäger abzusetzen waren, wo jedes Flugzeug zu landen hatte und was 29 000 Mann Luftlandetruppen genau tun sollten.

Das Unternehmen sollte zum Teil auch amphibisch durchgeführt werden; jedoch sollte der Nachschub erst in Malta eintreffen, sobald die Luftlandetruppen einen Brückenkopf gebildet hatten. Italienische Streitkräfte sollten den Angriff in zwei Wellen ausführen: zuerst etwa 25 000 Mann Stoßtruppen – einschließlich Marineinfanterie und Kommandos – mit mobiler Artillerie und leichten Panzern; diesen sollten mehr als 30 000 Mann reguläre Truppen mit schweren Waffen folgen. Zur Vorbereitung bauten die Italiener etwa 50 spezielle Landungsfahrzeuge. Deutsche Fahrzeuge sollten dazukommen.

Der Moment verstreicht

Angesichts der Größe der Insel, die man einnehmen wollte, handelte es sich also um ein sehr großes Unternehmen mit riesigem Aufgebot an Truppen und Material. Doch so dramatisch, wie der militärische Wert Maltas seit dem ernsthaften Beginn des Nordafrika-Feldzugs gestiegen war, musste man mit erbittertem Widerstand rechnen.

Ironischerweise wurde Unternehmen Herkules gerade durch jenen Feldzug behindert, zu dessen Unterstützung es geplant worden war. Rommel, der so viel getan hatte, um einem skeptischen »Führer« das Unternehmen schmackhaft zu machen, kam mit seiner Libyenoffensive besser voran als gedacht: In Erwartung des Sieges wollte er unbedingt weiter bis Alexandria und Suez vorstoßen. Als immer mehr Truppen und Material auf seinen Feldzug verwendet wurden, erkannte Kesselring, dass die Chancen auf eine erfolgreiche Ausführung des Unternehmens rasch dahinschwanden. Hitler, der den Plan nie unterstützt hatte, war nun nicht mehr dafür zu gewinnen, und so wurde die ganze Idee im Frühjahr 1942 fallen gelassen.

Hitler beendete das Gespräch, indem er mich am Arm packte und mir in seinem österreichischen Dialekt erklärte: »Nur keine Aufregung, Feldmarschall Kesselring! Ich mache das schon.«

Albert Kesselring über seine Bemühungen, Unternehmen Herkules zu retten

Deutschland hatte zu wenige Landungsfahrzeuge, wie sie für amphibische Unternehmen nötig waren.

Anthrax auf dem Luftweg

Die Briten waren zu ehrgeizig, als sie beschlossen, diese biologische Waffe gegen die Deutschen einzusetzen. Und zwar nicht etwa, weil sie nicht, sondern weil sie im Fall eines Einsatzes wohl zu gut funktioniert hätte.

Gruinard liegt vor der schottischen Westküste und ist so schön wie alle anderen Hebriden-Inseln. Bis vor einiger Zeit hatte das Eiland allerdings den Beinamen »Typhus-Mary«. Denn hier begann die britische Regierung 1942 ihr Anthrax-Programm. Der Oxfordprofessor R.L. Vollum schuf eine besonders widerliche Abart des Milzbranderregers, die man zu seinen Ehren *Vollum 14578* nannte. Man verteilte ihn mittels kleiner Explosivkörper auf Schafe und filmte dann, wie sie im Verlauf der darauf folgenden Tage verendeten.

Einerseits …

Ermutigt von diesem Erfolg, bereiteten die Alliierten ein Projekt vor, das – makabere Ironie – die Bezeichnung »Operation Vegetarian« erhielt. Anthraxsporen sollten in fünf Millionen Leinkuchen verpackt und diese von Bombern über Deutschlands Weidegründen abgeworfen werden. Die Rinder würden sie fressen, und bald nachdem sie in den Nahrungskreislauf gekommen waren, würde das Land von einer Milzbrandepidemie heimgesucht werden.

Die Krankheit würde mit Geschwüren in Mund und Hals beginnen, gefolgt von Erbrechen und Fieber. Sobald der Bazillus den Verdauungstrakt befiel, würden Bauchschmerzen und blutige Durchfälle auftreten. Innerhalb

Gruinard galt nicht als wirklich sicher, bis die Insel in den 1990er-Jahren dekontaminiert wurde.

DIE WICHTIGEN ABSÄTZE

Anhang 1

Bombe A/C 4 Pfd., Typ F, mit N

Nach Feldversuchen und Experimenten mit Affen wird geschätzt, dass ein ungeschützter Mensch von einem Streugeschoss, das 106 4 Pfd. Typ-F-Bomben mit N enthält, über folgenden Arealen einem Todesrisiko von 50% ausgesetzt ist (+ 25% für Ineffektivität):

Leichte Anwendung im freien Gelände = 250 000 Square Yards (1000 bei Rückenwind).

Leichte Anwendung in bebautem Gelände = 50 000 Square Yards [ca. 42 000 Quadratmeter]

Für effektiven Einsatz und unter der Annahme, dass leichte Anwendung stattfindet, sind also in freiem Gelände 12 Streugeschosse pro Quadratmeile (640 Acres) nötig oder 60 Streugeschosse pro Quadratmeile in bebautem Gelände (plus in jedem Fall 25% für ineffektive Bomben).

Nach BW (44)30 kann die amerikanische Fabrik 500 000 4-Pfd.-Bomben pro Monat ausstoßen. Die 4 277 100 für sechs deutsche Städte erforderlichen Bomben könnten also in achteinhalb Monaten geliefert werden.

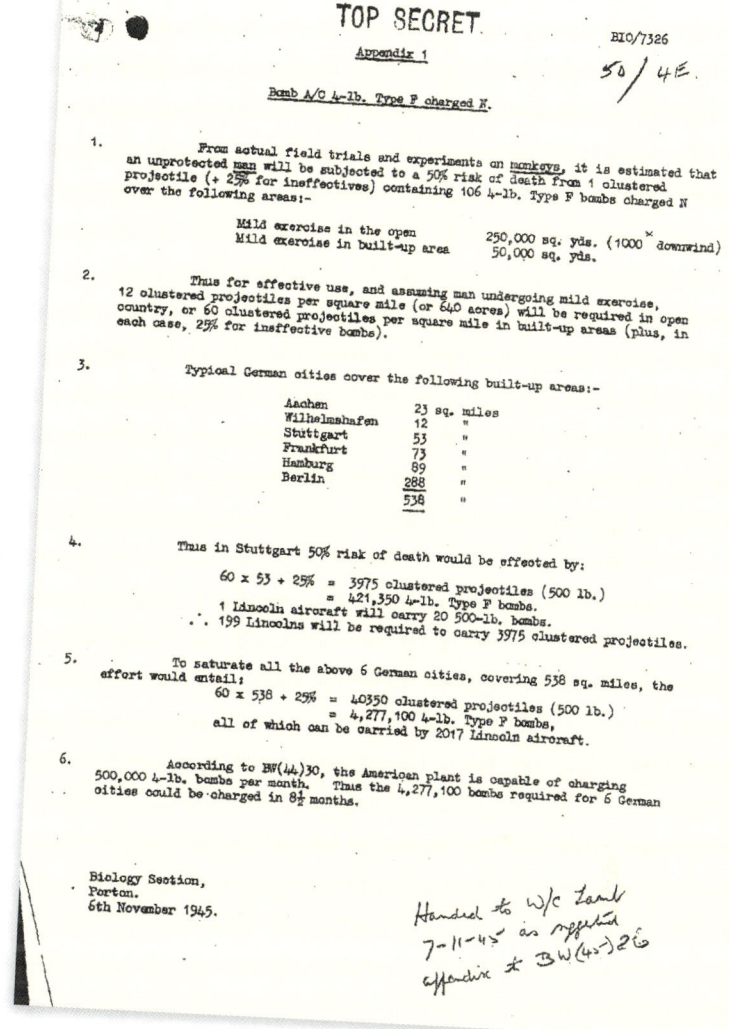

von vier oder fünf Tagen würde dann der Tod eintreten.

Währenddessen wären die nicht geschlachteten Rinder in Deutschland größtenteils der Krankheit erlegen, was außerdem zu einer Ernährungskrise führen würde.

Hochgradig tödlich

Ein Geheimlabor der Alliierten produzierte inzwischen massenhaft Anthrax für eine andere Operation. Dieser Großangriff würde das Rinderstadium auslassen: Bomben würden die Bakterien direkt über deutschen Städten ausstreuen. Die Techniker in Grosse Île, im St.-Lorenz-Golf unweit von Quebec in Kanada gelegen, schätzten, sie könnten 135 Kilogramm Sporen pro Woche produzieren, genug für 1500 Bomben. Man hoffte, schließlich auf insgesamt fünf Millionen Bomben zu kommen. Studi-

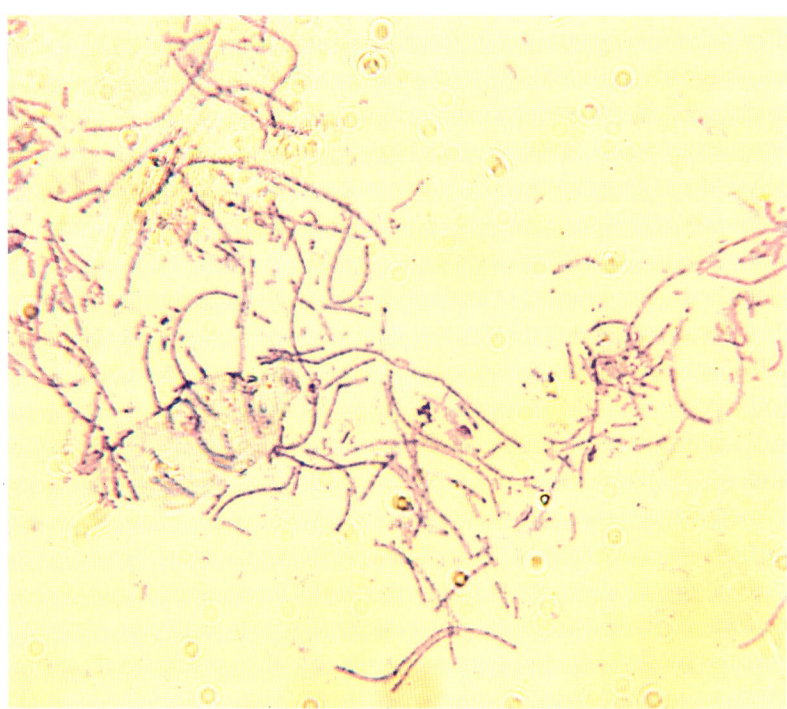

Anthraxsporen sind tödlich und beständig.

en zur notwendigen Bombendichte für eine Entvölkerung bestimmter Ballungsgebiete wurden unternommen – und die alliierten Planer waren offenbar so begeistert, dass diese Studien sogar nach Kriegsende noch weitergeführt wurden.

Overkill

Nach einer Reihe von Unfällen wurde das Zentrum Grosse Île geschlossen, doch bis dahin hatten seine Techniker bereits 70 Milliarden Dosen Anthrax hergestellt – genug, um die Menschheit mehr als 30-mal auszulöschen. Und ebendies war das Problem. Wie konnte man Anthrax beherrschen? Anthraxsporen sind auch erstaunlich beständig. Gruinard konnte erst in diesem Jahrhundert wieder für Menschen freigegeben werden

– Jahrzehnte nach den Experimenten und erst nach einer systematischen Dekontaminierung der Insel.

Eine 1944 in Porton Down erstellte Tabelle vergleicht die Wirkung von Anthrax (»N«) mit einem herkömmlicheren Giftgas CG (Phosgen). Was für Anthrax sprach, wurde mit schauerlich zwingender Logik dargelegt. Eine Kategorie ist jedoch sehr vielsagend: Bei »Verfügbarkeit des Terrains für Besitznahme nach Einsatz« heißt es einfach »keine«.

Wäre dieses Programm durchgeführt worden, hätte es vermutlich die Fähigkeit des deutschen Volkes zum Widerstand gebrochen. Aber was hätte man erreicht, wenn man dafür sorgte, dass Deutschland noch generationenlang unbewohnbar würde?

DIE WICHTIGEN ABSÄTZE

Es ist bekannt, dass der Feind vor dem Krieg mit Bomben experimentiert hat, die mit demselben Wirkstoff gefüllt waren, und wenn er ihn zu seiner Zufriedenheit entwickelt hat und gegen uns einsetzt, werden wir unter den bereits erwähnten Wirkungen zu leiden haben. Wir könnten nur mit derselben Waffe Vergeltung üben in der Hoffnung, dass unsere vereinten Ressourcen und Möglichkeiten größer sind als die des Feindes. Vergleich von N und CG.

Unmittelbare Wirkung:
N = Null.
CG = Tränenfluss und Husten.

Anhaltende Wirkung:
N = Todesfälle durch Sekundärinhalation. Verwundete und Todesfälle durch Hautkontakt, Wirkung kann je nach Terrain über Wochen, Monate oder Jahre anhalten.
CG = Null.

Herstellung:
N = nicht bestehend. Versuchsanlagen operieren erfolgreich.
CG: Bestehend.

Sofortige Erkennbarkeit:
N = unmöglich. CG = leicht.

Retaliation by the enemy.

22.

The enemy is known to have experimented before the war with bombs filled with the same agent, and if he has developed it satisfactorily and uses it against us we shall suffer from the effects already noted. We could only retaliate with the same weapon, hoping that united resources and opportunities were greater than those of the enemy.

On the other hand, if the enemy initiated B.W. with some other form of agent and we found it desirable to retaliate with the present project, the resources of Germany would be quite inadequate to develop a similar project in time to be effective in this war. This opinion is based on knowledge of the scale of the plans projected in U.S.A. and on the assumption that the economic resources of the enemy are already fully employed.

Scheme for comparison of N with CG.

23.

Although a comparison between the effect of this project and that of phosgene is not valid, the following scheme is given:-

	N	CG
Immediate effect:	Nil	Lachrymation and coughing.
Delayed effect:	2-7 days or sometimes later. Deaths.	About 6 hrs. Casualties with few deaths.
Persistent effect:	Secondary inhalation deaths. Cutaneous casualties and deaths persisting for weeks, months or years, according to terrain.	Nil
Manufacture:	Not established. Pilot plants now functioning successfully.	Established.
Supplies:	Limited for special operations.	Unlimited.
Stability:	Unproved over periods greater than 6 months in temperate climates. Probably limited in tropics.	Satisfactory.
Immediate recognition:	Impossible.	Easy
Protection (respirator)	Good, but only if worn continuously in presence of hostile aircraft.	Easy
Availability of terrain for occupation after use	None	Unlimited
Operational requirement to produce these effects over equal areas	1 A/C	20 A/C

Biology Section,
Porton.
March 25rd 1944.

P. FILDES.

Operation Sledgehammer

Eine für 1942 geplante Landung in der Normandie war in einem Konflikt, der noch immer rasend schnell außer Kontrolle zu geraten drohte, zu viel und zu früh und wurde deshalb rasch zu den Akten gelegt.

Im Rückblick erscheinen die Fronten des Zweiten Weltkriegs klar gezogen, doch in Wahrheit veränderten sie sich von Anfang an in schwindelerregendem Tempo. Die Sowjetunion hatte den Krieg als (wenngleich unbequemer) Verbündeter Nazi-Deutschlands

begonnen. Die Vereinigten Staaten waren zunächst gar nicht involviert gewesen. Frankreich wiederum hatte als die stärkste und standhafteste unter den alliierten Nationen gegolten: Selbst die deutschen Generäle scheinen besorgt gewesen zu sein, als sie in das Land einfielen.

Alles fließt

Innerhalb von Monaten hatte sich alles verändert. Frankreich war im Nu zusammengebrochen – offenbar weil die Geheimdienste nicht nur in Paris, sondern auch in Lon-

Wir treffen Vorbereitungen für eine Landung auf dem Kontinent im August oder September 1942 ... vorausgesetzt, sie erscheint solide und vernünftig.

Winston Churchill in einem Memorandum an Molotow, April 1942

Der Einfall in die Sowjetunion im Juli 1941 bedeutete, dass Deutschland nun einen Zweifrontenkrieg führte.

Britische Kriegsgefangene müssen durch die Straßen von Dieppe marschieren.

don total versagt hatten. Und am 22. Juni 1941 hatte Hitler bei der Sowjetunion, die er für marode hielt, »die Tür eingeschlagen«. Unternehmen Barbarossa hatte begonnen. Die Deutschen waren mit 4,5 Millionen Mann aufmarschiert – der angeblich größten Armee aller Zeiten. Die UdSSR kämpfte ums Überleben.

Für Großbritannien hingegen sah es inzwischen besser aus. Die Sowjets waren zwar kaum als Freunde zu bezeichnen, aber sie fungierten nun als Verbündete, und sie hatten es mit Sicherheit sehr schwer. Die Zahl der Opfer an der Ostfront, wo Hitlers Armeen sich in einem Rassenkrieg austobten und versuchten, die Steppe von Slawen zu »säubern«, war erschreckend hoch. Um die Wahrheit zu sagen: Die Sowjets erlitten schwere Verluste, aber – und das war aus der Perspektive der westlichen Alliierten bedeutender – sie banden eine enorme Menge des Drucks der Achsenmächte.

Nicht dass für die Deutschen alles optimal gelaufen wäre. Auch ihre Statistiken geben eine nicht gerade glückliche Geschichte wieder. Ihre Verluste waren zwar gering im Vergleich zu jenen der Sowjets, nach »normalen« Maßstäben aber waren auch sie hoch. Über 100 000 Mann waren gefallen, etwa 700 000 verwundet. Nicht weniger als 14 000 Soldaten der Achsenmächte mussten im Winter 1941/42 wegen Erfrierungen Gliedmaßen amputiert werden. Sie wurden zu einer weiteren Belastung für eine Armee, die sich bereits – wortwörtlich – im Feindesland festgefahren hatte. Die deutschen Spitzen standen im Oktober nur 150 Kilometer vor Moskau, als ihr Vormarsch durch das Einsetzen der Rasputitsa, der Herbstregen, gestoppt wurde.

Die Initiative wiedergewinnen
Ab Anfang 1942 standen die USA an der Seite Großbritanniens. Das Jahr konnte also mit etwas mehr

---

DIE OSTFRONT IN ZAHLEN

3 000 000 – Zahl der Soldaten (Deutsche, Rumänen, Ungarn), die am 22. Juni 1941 in die Sowjetunion einfielen.

2270 – Zahl der die Invasionsarmee begleitenden Flugzeuge.

3350 – Zahl der an der Invasion beteiligten Panzer (dazu noch 625 000 Pferde).

1200 – Zahl der in den Kämpfen der ersten Tage verlorenen sowjetischen Flugzeuge (die sowjetische Luftwaffe wurde fast vernichtet).

300 000 – Zahl der von den Deutschen nach der Schlacht bei Smolensk im Juli 1941 gefangengenommenen sowjetischen Soldaten.

3000 – Zahl der bei Smolensk verlorenen sowjetischen Panzer.

600.000 – Zahl der nach der Einnahme von Kiew Mitte September gefangengenommenen Soldaten.

3 000 000 – Zahl der bis Ende 1941 in Gefangenschaft geratenen Soldaten der Roten Armee.

650 000 – Zahl der bei der Schlacht um Moskau (Oktober 1941 bis Januar 1942) getöteten sowjetischen Soldaten.

2 663 000 – Gesamtzahl der Soldaten der Roten Armee, die bis Februar 1942 getötet wurden – man nimmt an, dass die Verluste 20-mal so hoch waren wie die der Achsenmächte.

90 000 000 – Zahl der nun in Feindesland befindlichen Zivilisten.

[C.O.S. (42) 192 (O).

June 30, 1942.]

ANNEX I.

Operation " Sledgehammer."

Note by Minister of War Transport.

AT a meeting* of the Chiefs of Staff Committee on the 24th June, I was invited to circulate a memorandum for consideration by the Chiefs of Staff on the 1st July showing the implications of taking up the shipping required for " Sledgehammer."

2. My Department has been informed orally that the " lift " required by C.C.O. is the same as that notified last May, namely—

(a) 100 medium and large coasters (for an average of 30 M.T. vehicles each).†
(b) 100 small coasters (for stores—total lift 20,000 tons).
(c) 30 ocean-going cargo ships (for an average of 100 M.T. vehicles each).
(d) 1,000 dumb-barges (for an average of 2½ M.T. vehicles each).
(e) 30 Cross-Channel type passenger vessels‡ (12 as Auxiliary Infantry Assault ships and 18 as personnel carriers—average 800 men each).
(f) 500 deep-draught towing craft.
(g) 250 shallow-draught towing craft.

3. With reference to requirement at 2 (b) above, although the demand is for 100 small coasters with a total lift of 20,000 tons, it is necessary for reasons of reliability of winches and engines that vessels of an average of 400 tons capacity should be allotted; 50 vessels of this type can lift 20,000 tons on the required draught. It is, therefore, suggested that if only 200 tons per ship can be discharged on one tide the vessels should remain on the beach for two tides; the eventual risk under these circumstances might be less than if a 100 vessels were used for one tide each.

4. The withdrawal of 30 ocean-going ships—paragraph 2 (c)—means in terms of imports a loss of about 500,000 tons per annum. For reasons of carrying efficiency, it would be necessary to employ—as part of these 30 ships—some 20 vessels now engaged in carrying war supplies from the United Kingdom and United States to overseas destinations; this would involve an annual reduction in the movement of these supplies of about 200,000 tons. Firm notice of the requirements for ocean-going ships must be given at least six weeks before the date of the operation, if wasteful delays are to be avoided.

5. The 1,000 dumb-barges—paragraph 2 (d)—have been taken up and are now being converted by the Admiralty.

6. The required number of cross-channel passenger ships—paragraph 2 (e)—can be made available, though some curtailment of the civilian sailings between the United Kingdom and the Isle of Man, Northern Ireland and Eire is inevitable. The 12 vessels required as Auxiliary Infantry Assault ships have already been taken up for conversion, and the 18 personnel carriers are earmarked.

7. It is understood that the Admiralty will provide the 500 deep-draught towing craft—paragraph 2 (f).

8. The Admiralty will also provide as many as possible of the 250 shallow-draught towing craft—paragraph 2 (g). We will furnish the remainder.

9. The effect of removing the 200 coasters required under 2 (a) and 2 (b) would be to throw upon internal transport 500,000 tons a month of additional freight, 70 per cent. of which would be coal. It is considered that inland transport could accept a large part of this burden during the summer but, in order to ease the strain (i) it would be necessary to make greater use of the East Coast

---

* C.O.S. (42). 168th Meeting, Minute 3.
† Originally 150 coasters for an average of 20 vehicles each.
‡ These are exclusive of 10 similar vessels already on C.C.O.'s service.

I.

ports (including London) for ocean-going vessels, and (ii) it might be necessary to use a certain number of ocean-going steamers on coastal service, with a consequent loss of imports at the rate of about 450,000 tons per annum. Meanwhile, suitable coasting vessels are being earmarked and action is being taken to improve the loading and discharging gear of those required to lift M.T. vehicles, as six weeks* will be required to prepare and move to their loading ports the full number of ships indicated.

The strain on internal transport will be increased by the concurrent demands of "Bolero." The continuance of the strain during the winter will create a serious deficiency of internal transport.

10. Although these initial demands can be met it is essential that careful consideration should be given to subsequent developments and to the shipping requirements they would involve. At present we are asked to assume that over a period of two or three weeks the wastage of merchant ships and craft employed may amount to 50 per cent. and that the remaining 50 per cent. would suffice for the maintenance of the Forces landed. If, however, the operation is to develop into a major invasion, it seems that indefinite and much greater liabilities upon our shipping resources would be entailed. I wish to press that fuller consideration should be given to this point at once.

11. It should also be borne in mind that if casualties to craft approximate to the figure given, cross-channel type passenger steamers could not be provided for a similar operation on the same scale either this year or next.

12. It is assumed that the Chief of Combined Operations has satisfied himself that beaching operations of the magnitude contemplated, and with commercial craft of the type to be employed, are, in fact, practicable under the conditions likely to be encountered. Certain trials have been held but not on a large scale, nor with loaded vehicles. Further trials with the new gear now being fitted in the coasters are essential. It is problematical whether cargoes of loaded M.T. vehicles could be successfully discharged and handled on the beach. In any event, the beaching of large ocean-going ships might well lead to the loss of the ships. It is considered that ships of this type should not be used until harbour facilities are available.

13. No insuperable difficulties are anticipated in regard to port facilities on the South Coast to provide for an operation of the size envisaged, provided that T.L.C.s and barges are all loaded at hards or on beaches and not at berths.

Great George Street, S.W. 1,
June 30, 1942.
<small>* Subject to delivery of blocks and trunnions.</small>

[C.O.S. (42) 194 (O)
June 30, 1942.]

ANNEX II.

CERTAIN IMPLICATIONS OF MOUNTING OPERATION "SLEDGEHAMMER."

Memorandum by Chief of Combined Operations.

IN accordance with C.O.S. (42) 61st meeting (O), Minute 2, I forward, for the information of the Chiefs of Staff Committee, the following notes on the implications of mounting operation "Sledgehammer."

Landing Craft Implications.

2. By hypothesis the operation would employ all the landing craft in the United Kingdom that are operationally fit. The movement to assemble these landing craft on the south coast must begin forthwith, and from now onwards they will have to be employed exclusively on training the "Sledgehammer" force, and subsequently on waiting at their final assembly positions for the operation.

2.

Effect on Army Training.

3. Since the troops to be employed on "Sledgehammer" must be chiefly drawn from units which have already completed preliminary combined operation training, it follows that the training programme for further units of Home Forces will come to a complete and immediate standstill. This interruption will continue until after the operation is carried out or cancelled, say, for a period of two to three months. Furthermore, the concentration of training efforts on the "Sledgehammer" force will occupy the time of all training instructors, &c., and thus delay the opening of the new C.T.C.s on which the combined operational training of the United States Forces largely depends when they arrive in this country.

Effect on Naval Training.

4. The effect on naval training will also be most unfavourable. Although a limited number of landing craft which are not operationally fit will be left up north, and could be used for the training of naval personnel, the need to employ instructors for the "Sledgehammer" force will prejudice their use for this purpose.

Effect on 1943 Operations.

5. The present training programme (*i.e.*, not allowing for "Sledgehammer") can only just meet the training requirements for "Round-Up" by the late spring of 1943. It therefore follows that the interruption referred to above cannot fail, either to delay the date by which the operation could be launched next year, or to reduce the size of the assault force, available by the present target date. While it is difficult to give precise figures, I estimate, very roughly, that the delay would amount to approximately three months, or, alternatively, that the operation would have to be launched with a trained assault force amounting only to 5 divisions, as opposed to the 8 at present visualised.

Shipping.

6. The effects of taking up the large volume of shipping required for "Sledgehammer" have already been brought to the notice of the Chiefs of Staff.

Effect on Raiding Operations.

7. It would obviously be impossible to mount any large-scale raid during the period we were preparing for "Sledgehammer" unless they could be carried out by switching a part of the "Sledgehammer" force some time out as an alternative. While this is a possibility which should not be excluded, there is very real danger that it would result in the raiding force being inadequately trained either for "Sledgehammer" or for the raid.

Conclusion.

8. It will be seen from the foregoing that the implications of mounting an operation on the scale of "Sledgehammer" at the present juncture would be most serious, and in my judgment they should not be accepted unless there is a firm intention of actually carrying out the operation.

(Signed)   LOUIS MOUNTBATTEN,
Chief of Combined Operations.

Great George Street, S.W. 1,
June 30, 1942.

3.

DIE WICHTIGEN ABSÄTZE

1. Bei einer Sitzung des Komitees der Stabschefs am 24. Juni wurde ich aufgefordert, bis zum 1. Juli ein Memorandum zur Erwägung durch die Stabschefs vorzulegen, in dem die Implikationen der für »Sledgehammer« erforderlichen Transportmaßnahmen aufgenommen werden. 2. Hypothetisch würde die Operation sämtliche Landungsfahrzeuge im Vereinigten Königreich in Anspruch nehmen, die einsatzfähig sind. Maßnahmen, diese Landefahrzeuge an der Südküste zu versammeln, sind umgehend einzuleiten, und sie sind ab sofort ausschließlich für die Ausbildung der Truppen für »Sledgehammer« zu verwenden und warten danach an ihren endgültigen Sammelräumen auf die Operation. 3. Auch die Auswirkung auf die Flottenausbildung wird höchst unvorteilhaft sein. Obwohl eine begrenzte Zahl nicht einsatzfähiger Landungsfahrzeuge im Norden verbleibt und zur Ausbildung von Flottenpersonal verwendet werden könnte, wird die Notwendigkeit, Ausbilder für die »Sledgehammer«-Truppen zu verwenden, ihren Einsatz für diesen Zweck beeinträchtigen. Schlussfolgerung: Aus Vorstehendem wird ersichtlich, dass die Folgen einer Operation der Größe von »Sledgehammer« augenblicklich sehr ernst wären und meinem Urteil nach nicht akzeptiert werden sollten, es sei denn, es besteht die feste Absicht, die Operation tatsächlich durchzuführen.

Louis Mountbatten, Chief of Combined Operations

Zuversicht angegangen werden. Doch das Land litt noch immer unter der Erfahrung von Dünkirchen. So stand Großbritannien der Operation Sledgehammer skeptisch gegenüber, konnte sie doch leicht zum Desaster werden wie der Einsatz British Expeditionary Force (BEF) in Frankreich.

Bei den »Wir können das«-Strategen der USA mochte die Aussicht, das Kampfgeschehen nach Deutschland zu tragen, mehr Anklang finden. Obwohl die Briten verächtlich auf die »naiven« Amerikaner herabsahen, gab es schon in dieser Phase des Krieges gute Gründe für eine Invasion Frankreichs.

Der erste und vielleicht wichtigste war, dass Stalin lautstark eine »zweite Front« im Westen forderte. Und man konnte nicht bestreiten, dass die Rote Armee Unterstützung dringend brauchte. Was würde geschehen, wenn der Widerstand der Roten Armee zusammenbrach? Oder wenn gar der unvorstellbare Fall eintrat, dass die Sowjets mit viel Glück siegten? Wie auch immer, für die westlichen Alliierten war es nötig, die Initiative wiederzugewinnen.

Ein positiver Präzedenzfall

Wenn die Briten die Idee zur Operation Sledgehammer nicht sofort verwarfen, dann hatte das auch mit ihrem unlängst errungenen Erfolg in St. Nazaire zu tun. Dieser Marinestützpunkt am Nordufer der Loiremündung in den Golf von Biscaya war bedeutsam wegen seiner Trockendocks und seiner befestigten U-Boot-Bunker. Drei Zerstörer machten sich mit einer kleinen Flottille auf den Weg. Einer davon, die HMS *Campbeltown*, hatte Sprengstoff geladen, und seine schwere Ausrüstung war entfernt worden, um den Tiefgang zu reduzieren, sodass das Schiff mithilfe einer ungewöhnlich hohen Springflut die Sandbänke in der Flussmündung passieren konnte. Zudem war der Bug speziell gepanzert. Damit konnte man es als Rammbock gegen die schweren Docktore einsetzen und den Weg für die Motorbarkassen und Patrouillenboote freimachen, die an die 700 Mann Kommandotruppen an Bord hatten.

Der Überfall auf St. Nazaire war eine ungewöhnliche Kombination von heroischem Wagemut und Erfolg.

Ein bedeutsames Treffen, in dem wir ihre Vorschläge für offensive Aktionen in Europa 1942 und 1943 akzeptierten.

Tagebuch von General Sir Alan Brooke nach einem Treffen mit den Amerikanern am 8. April 1942

Links: Truppen mit einem MG 34-Maschinengewehr in einem der Bunker des deutschen »Atlantikwalls«.

Unten: Der Überfall auf St. Nazaire verursachte beträchtliche Schäden an den U-Boot-Bunkern dieses Hafens.

Der anlaufende Konvoi wurde zwar gesichtet, aber er hatte den Vorteil der Überraschung – und des Mutes der Kommandos, die rasch die Kontrolle gewannen und wichtige Einrichtungen sprengten. Die *Campbeltown* rammte das Trockendock, bevor die Besatzung das Schiff verließ und die Sprengladungen zündete. Das Trockendock blieb bis in die Nachkriegszeit unbrauchbar. Doch obwohl sich die Kommandos geordnet zurückziehen konnten, hatte der Überfall viele Opfer gekostet.

Gemischte Gefühle

Ein derartiger Überfall auf einen wichtigen Hafen würde die Moral heben, meinten amerikanische Strategen, und an Stalin und seine Armee im Osten das richtige Signal senden – umso mehr, wenn sich eine Invasionstruppe dort längerfristig würde halten können. Cherbourg oder Brest könnten dann als Brückenkopf für den großen Sturm

auf das Festland dienen, die deutschen Eroberungen Zug um Zug zurückgewonnen werden.

Doch die Briten waren nicht so wild entschlossen. Sie hatten das Schicksal der BEF in Erinnerung und fragten sich, ob der »Holzhammer« nicht letztlich als Nuss enden und von deutschen Gegen-

angriffen zermalmt werden würde. Im Juli 1942 gewann ihr Unbehagen die Überhand. Mit dem Hinweis auf eine ungenügende Zahl von Landungsfahrzeugen überredeten sie die Amerikaner, die Idee aufzugeben. Stalin sollte seine zweite Front einige Monate später in Afrika bekommen.

Australien ... oder nicht?

Die Pläne für eine japanische Invasion in Australien wurden nie so konkret, dass die Operation einen Namen erhalten hätte, doch für eine gewisse Zeit wurden sie ernsthaft diskutiert.

Ein monotones Brummen störte am Morgen des 19. Februar 1942 den Frieden in Darwin. Es schwoll allmählich an und wurde zu einem durchdringenden Missklang, als Angriffswellen von Flugzeugen aus dem Himmel niederjaulten und nicht nur Schiffe attackierten, sondern auch Lagerhäuser und Büros,

Docks, Kräne und Kais. Der ersten Welle von etwa 180 Trägerflugzeugen folgten schwere Bomber, die auf Sulawesi in Indonesien aufgestiegen waren.

Der Wecker klingelt

Als sich der Rauch verzogen hatte, war es an der Zeit, die Schäden zu schätzen. Die Hafeneinrichtungen waren demoliert und acht Schiffe versenkt worden, darunter ein Zerstörer und ein US-amerikanischer Truppentransporter. Die Zahl der Todesopfer ist bis heute unklar. Schätzungen reichen von

240 bis 1100, aber ebenso schwer wog der Schaden an der Moral einer Nation, die angesichts der bloßen Möglichkeit einer japanischen Invasion plötzlich in Panik gestürzt wurde.

Häufig wird diese Angst als Hysterie abgetan, da es ja zu keiner Invasion kam. Damals aber

Rechts: Die Australier wussten, dass eine japanische Invasion eine reale – und entsetzliche – Gefahr war.

Unten: Der Luftangriff vom 19. Februar 1942 beschädigte Darwin schwer.

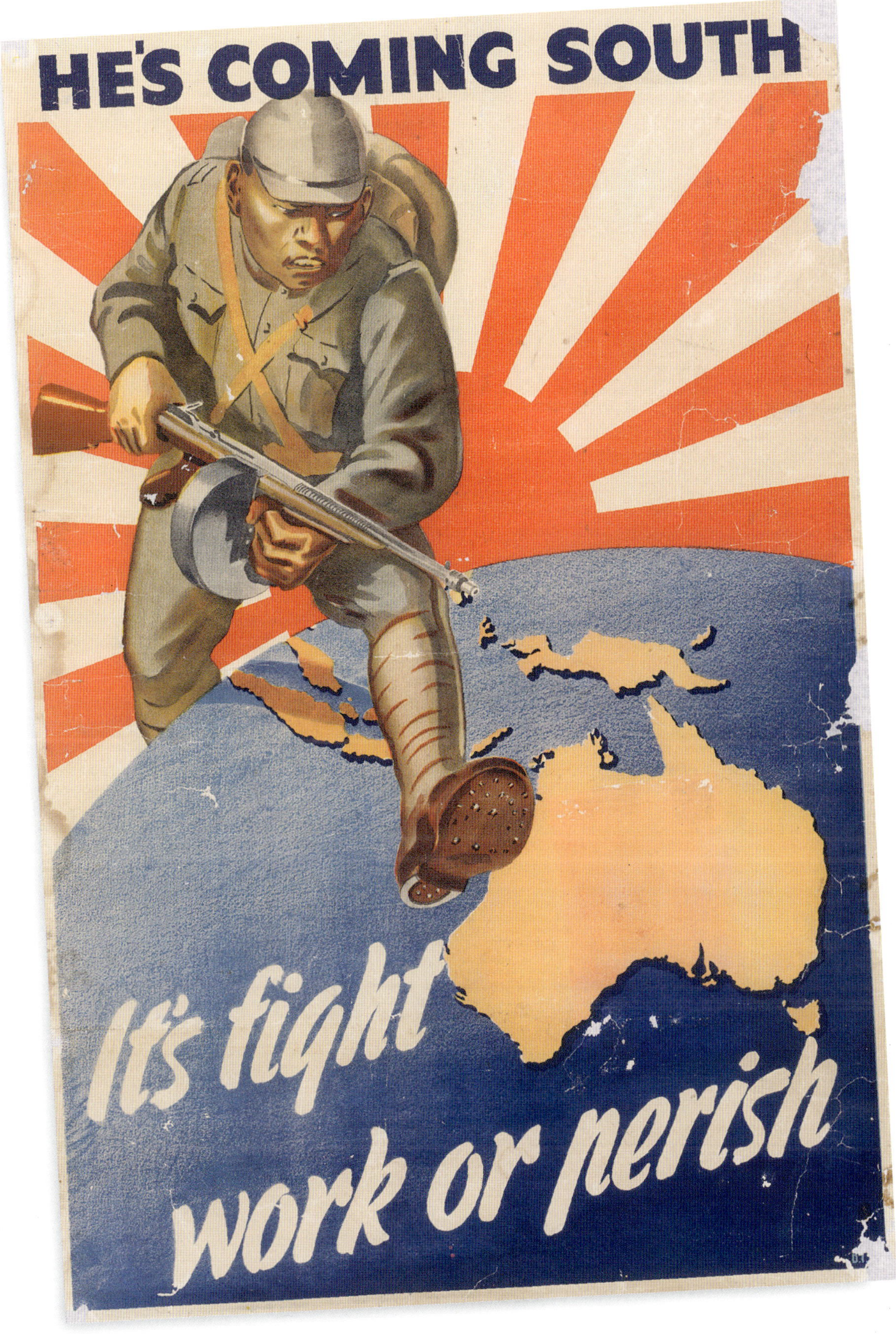
HE'S COMING SOUTH
It's fight
work or perish

DEPARTMENT OF DEFENCE CO-ORDINATION

MINUTE PAPER

SECRET

SUBJECT: JAPANESE PLAN FOR INVASION OF AUSTRALIA.

CHIEF OF THE NAVAL STAFF

CHIEF OF THE GENERAL STAFF

CHIEF OF THE AIR STAFF

        I refer to cablegram No.274 of 2nd October, 1942 from the Australian Legation, Chungking, a copy of which was forwarded to you on 5th October and a further copy of which is attached. Herewith are forwarded copies of a map illustrating the Japanese plan and commentary thereon by Chinese Intelligence together with a copy of memo from the Department of External Affairs in regard to this matter.

Douglas Chenza

Secretary
Defence Committee.

DEPARTMENT OF EXTERNAL AFFAIRS.

CABLEGRAM.   3391.

SECRET

Date sent: 1/10/42.
Time 1.30 p.m.
Date Recd.: 2/10/42.

DECYPHER FROM:-

AUSTRALIAN LEGATION,
CHUNGKING.

No.274.

        The Director of Intelligence on Japanese Affairs told Australian Journalists here that documents captured on Japanese soldiers show definitely that the intention last July was to invade Australia. Heavy attack was to be launched on September 15th, coupled with feint attack on Darwin. Losses in Midway and Coral Sea prevented this. I understand that Army Headquarters Melbourne received similar information from the British Military Attache here some time ago.

EGGLESTON.

Copy to - War Cabinet.
         Advisory War Council.
         Dept. of Defence.

2/10/42.

DIE WICHTIGEN ABSÄTZE

An die Chefs des Marinestabs, des Generalstabs und des Luftwaffenstabs. Ich beziehe mich auf Übersee-Telegramm Nr. 274 vom 2. Oktober 1942 der australischen Gesandtschaft in Chunking, von dem am 5. Oktober eine Kopie an Sie weitergeleitet wurde; eine weitere Kopie davon ist beigefügt. Hiermit sind Kopien einer Karte weitergeleitet, die den japanischen Plan zeigen, dazu Kommentare des chinesischen Geheimdienstes, zusammen mit der Kopie eines Memorandums des Außenministeriums zu dieser Angelegenheit.

Unten: Der Direktor des Geheimdienstes für japanische Angelegenheiten teilte australischen Journalisten mit, dass Dokumente, die gefangengenommene japanische Soldaten mit sich führten, definitiv zeigen, dass letzten Juli die Absicht bestand, in Australien einzumarschieren. Am 15. September sollte ein schwerer Angriff beginnen, verbunden mit einem Scheinangriff auf Darwin. Verluste bei Midway und in der Korallensee verhinderten dies. Meines Wissens erhielt das Armeehauptquartier in Melbourne ähnliche Informationen vom britischen Militärattaché.

war diese Sorge durchaus berechtigt. Japan musste nicht von der strategischen Bedeutung Australiens für den Widerstand der Alliierten überzeugt werden. Die Frage war nur, ob es sinnvoller war, eine Invasion zu versuchen, oder das Land einfach von seinen Hauptversorgungsquellen abzuschneiden.

Auf der einen Seite ...

Die japanische Marine trug bei einer Sitzung des Großen Hauptquartiers am 4. März 1942 Pläne für eine Invasion der Nordküste Australiens vor. Kommandeure der in Truk stationierten Vierten Flotte forderten für ein derartiges Unternehmen Infanterie an. Abgesehen davon, dass ein solcher Schritt den Krieg fernhielte, würde er auch den Zugang zu den Ressourcen Australiens bieten – von Wolle und Weizen bis hin zu Bodenschätzen. Die Armee hielt sofort dagegen, ein Land von der Größe eines ganzen Kontinents besetzen zu wollen, sei unrealistisch; die Befürworter des Plans konterten, dies sei sogar ein Vorteil. Man könne im tropischen Norden einen gesicherten Brückenkopf bilden, lange bevor im Süden Widerstand mobilisiert werden könne.

... und auf der anderen

Doch es sei nicht nur Australiens Größe, meinten die Generäle, es sei das Ausmaß, in dem eine Invasion das japanische Operationsgebiet im Pazifik ausdehnen würde – nämlich bis an die Zerreißgrenze. Sinnvoller sei es, die weiter nördlich liegenden Inseln zu besetzen und die Luft- und Seeverbindungen zwischen Australien und dem

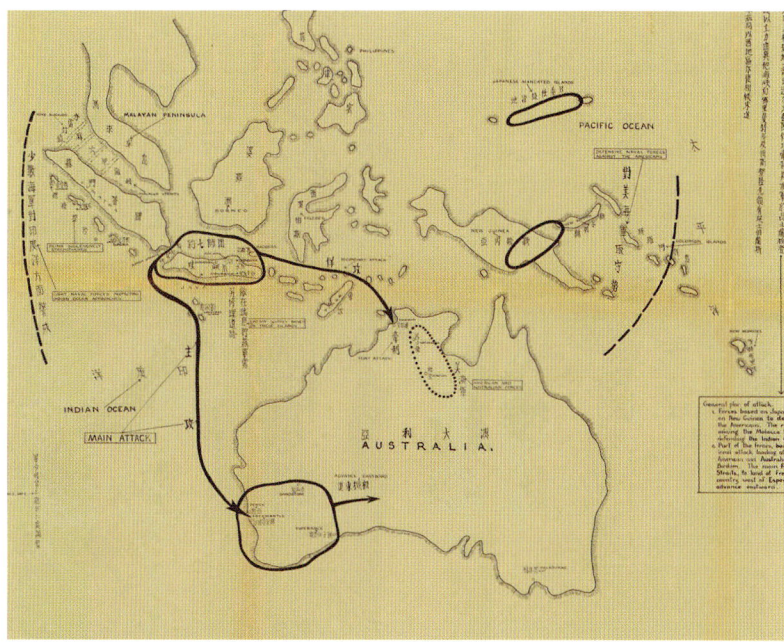

Ein Angriff im Norden wäre durch einen Schlag im Südwesten ergänzt worden.

Kriegsgebiet auf diese Weise abzuschneiden, während der Krieg gegen Amerika und seine Pazifikflotte fortgesetzt würde.

Letztlich tendierten die japanischen Militärs gegen eine Invasion. Stattdessen wurde Admiral Yamamoto Isorokus Plan eines Showdown bei Midway übernommen. Die Option einer Invasion Australiens blieb zwar theoretisch bestehen – war aber nach den Verlusten bei Midway unrealistisch.

Standpunkte

Baron Sadatoshi Tomioka, damals noch Kapitän, doch schon bald Konteradmiral, machte sich sehr für eine Invasion stark:

Wenn wir Australien jetzt einnehmen, schaffen wir es, Großbritannien zu besiegen. Mit nur einer symbolischen Streitmacht können wir unser Ziel erreichen!

Ein weiterer Befürworter war Admiral Takasumi Oka vom Generalstab in Tokio:

Wir müssen unsere Streitkräfte umgehend nach Australien und Hawaii schaffen, die Seestreitkräfte unseres Feindes vernichten und die Basis für einen Gegenangriff unseres Feindes verringern ...

Auch General Tomoyuki Yamashita hielt den Plan für sinnvoll, wie er sich später erinnerte:

Schon mit Sydney und Brisbane in meinen Händen wäre es relativ leicht gewesen, Australien zu unterwerfen. Ich habe aber nie daran gedacht, das Land vollständig zu besetzen.

Aber Oberst Takushiro Hattori, der für die Armee sprach, weigerte sich hartnäckig, »einen leichtsinnigen Angriff, der die Stärke Japans überfordern würde«, auch nur in Erwägung zu ziehen.

Operation Ceylon

Ein verheerender japanischer Angriff auf Ceylon wurde als Auftakt zu einer Invasion der Insel interpretiert, doch die tatsächlichen Pläne waren bei weitem bescheidener, und Britisch-Indien war gerettet.

Das heutige Sri Lanka war zwar ein Teil des britischen Empire, aber kaum jemandem in England bereitete sein Schicksal schlaflose Nächte. Eine Ausnahme gab es allerdings, und sie hätte kaum bedeutender sein können. Nach der Bombardierung der Inselhauptstadt Colombo durch die Japaner im April 1942 war Winston Churchill einer Panik so nahe wie noch nie. Dies sei »der gefährlichste Moment des Krieges«, erklärte er später vertraulich …

…und jener, der bei mir die größten Befürchtungen auslöste, war, als die japanische Flotte auf Ceylon und die dortige Marinebasis zuhielt. Die Einnahme Ceylons, die daraus folgende Herrschaft im Indischen Ozean und die Möglichkeit einer gleichzeitigen Eroberung Ägyptens durch die Deutschen hätte den Ring geschlossen. Dann wäre die Zukunft düster gewesen.

Österlicher Angriff
Am 5. April – Ostersonntag – starteten die Japaner einen Überraschungsangriff aus der Luft auf Colombo – ganz ähnlich wie etwa sechs Wochen zuvor auf Darwin. 125 Flugzeuge, »Val«-Sturzbomber und »Kate«-Torpedoflugzeuge,

HMS *Cornwall* (im Bild) und *Dorsetshire* erlitten innerhalb von zehn Minuten 48 Treffer.

unterstützt von Zero-Jägern, starteten von Flugzeugträgern vor der Küste aus. Oberstleutnant Mitsuo Fuchida führte den Angriff, während die Erste Flotte mit ihrer *Kido Butai*-Trägergruppe von Admiral Chuichi Nagumo befehligt wurde.

Die Sturzbomber stießen aus einer dichten Wolkendecke herab und begannen die Stadt zu bombardieren, obwohl die Docks größtenteils von Flak geschützt wurden. Britische Hurricane-Jagdflugzeuge konnten zwar die erste Angriffswelle etwas auseinanderbrechen, aber die zweite Welle, die einige Minuten später anflog, richtete in der Stadt massive Zerstörungen an.

Zerstreut … aber in Sicherheit
Die Bombardierung Colombos war nie mehr gewesen als ein zweitrangiges Ziel im Zuge eines Vorstoßes, der hauptsächlich der Vernichtung der britischen Eastern Fleet galt. Tatsächlich hatten die Briten einige herbe Verluste zu beklagen: die Kreuzer HMS *Cornwall* und *Dorsetshire* waren versenkt worden; der Flugzeugträger HMS *Hermes* wurde in einem Folgeangriff wenige Tage später in Brand geschossen.

Im Wesentlichen war die britische Flotte jedoch in Sicherheit, hatte sie sich doch bei den ersten Anzeichen eines bevorstehenden Angriffs auf die ostafrikanische

DIE WICHTIGEN ABSÄTZE

Am 16. Februar bat uns das Kriegskabinett, eine Einschätzung der Lage im Fernen Osten im Lichte der jüngsten Ereignisse vorzubereiten.

2. Japan muss erkennen, dass ein Sieg über Deutschland seine Chancen auf einen Endsieg schwer beeinträchtigen würde.

4. Sobald Japan effektiv die malaiische Barriere durchbrochen hat, hat es freien Zugang zum Indischen Ozean, wo wir in jeder Hinsicht gefährlich schwach sind. Durch Angriffe auf Ceylon und Indien könnte Japan schwerste Probleme der inneren Sicherheit in Indien auslösen und die indischen Streitkräfte an allen Kriegsschauplätzen destabilisieren. Durch eine Besetzung Ceylons würde uns Japan daran hindern, Burma zu verstärken, und eine Position erreichen, die zum Aufbau einer ernsthaften Bedrohung unserer Verbindungswege im Indischen Ozean geeignet wäre. Dies würde den japanischen Absichten weitgehend entsprechen, ferner eine Offensive gegen Burma begünstigen und durch die Bedrohung Indiens und des Nahen Ostens Deutschland entlasten.

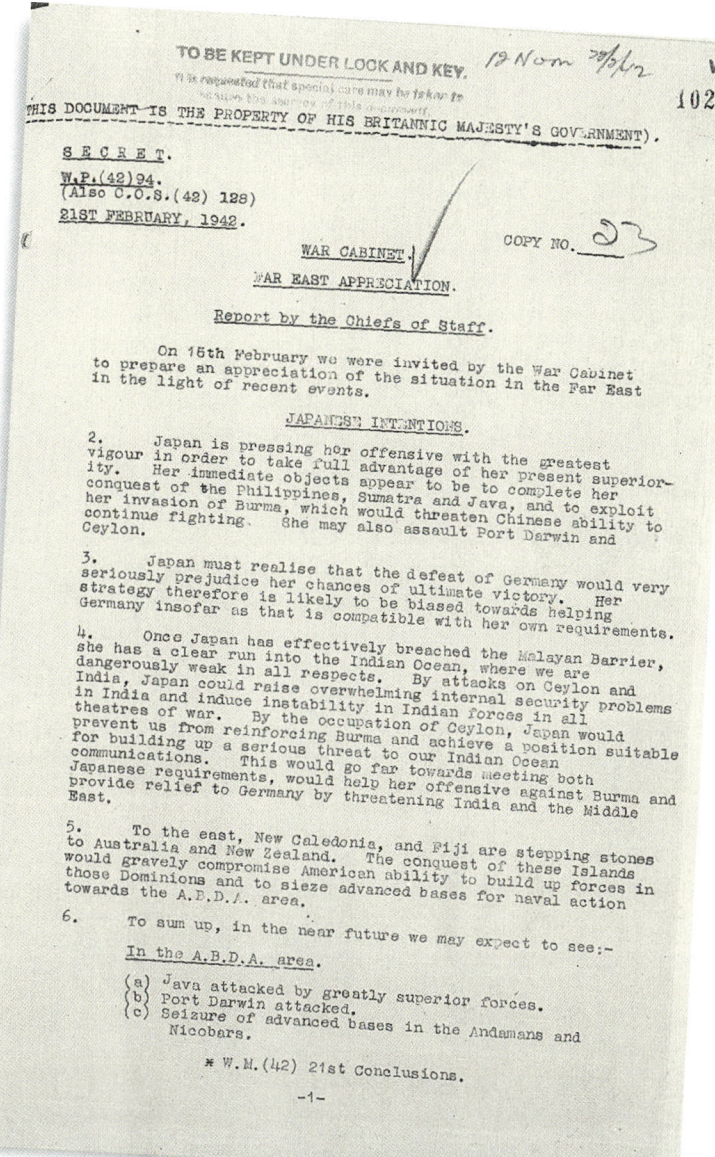

Küste zurückgezogen – in ihrer Ehre verletzt, aber intakt. Für Colombo war der Angriff zwar verheerend, aber sein eigentliches Ziel hatte er verfehlt. Nun mussten die Verantwortlichen es ertragen, dass ihre Verdienste geschmälert wurden. Alles drehte sich nun wieder um Australien. Doch die Armee weigerte sich, in einen nach Ansicht ihrer Generäle bombastischen Plan verwickelt zu werden, der ihre knappen Ressourcen überstrapazieren würde. Sie mussten die Eroberungen konsolidieren, die sie bereits gemacht hatten.

Operation Madagaskar

Der Indische Ozean war bereits ein prekärer Ort für die Schiffe der Alliierten. Doch wenn es die Japaner geschafft hätten, in Madagaskar U-Boot-Stützpunkte einzurichten, hätte alles sehr wahrscheinlich noch viel düsterer ausgesehen.

Diego Suarez, heute Antsiranana, an der Nordspitze Madagaskars, war schon mindestens seit dem 19. Jahrhundert eine Art Marinestützpunkt. Im Russisch-Japanischen Krieg von 1905 hatte das Zweite Russische Pazifikgeschwader auf dem Weg in die Schlacht von Tsushima dort Kohle gebunkert, bevor es in einem Gefecht, das als die bedeutendste Seeschlacht seit Trafalgar gilt, vernichtet wurde. Aus diesem Grund hatte das französische Protektorat in japanischen Ohren einen ausgesprochen guten Klang.

Ein strategischer Außenposten

Im April 1942 hatte Japans Interesse an Madagaskar jedoch damit zu tun, dass die Insel einen guten Stützpunkt für die Störung des Schiffsverkehrs im Indischen Ozean darstellte – vor allem nachdem man die Royal Navy aus Ceylon vertrieben hatte. Von Diego Suarez aus konnte man das Kommen und Gehen aus allen Häfen Ostafrikas sowie den Schiffsverkehr auf der Kaproute kontrollieren. Für eine Seemacht mit dem Anspruch, die Region zu dominieren, war es sinnvoll, dort präsent zu sein. Für Admiral Yamamoto bot sie sich vor allem als perfekte U-Boot-Basis an.

Zutritt verboten

Eigentlich hatte Japan kein Recht, begehrliche Blicke auf Madagaskar zu werfen. Der 70. Längengrad Ost war zur Grenze zwischen der

```
2.      Operation IRONCLAD is of high importance to
India because if Japanese by-pass Ceylon and
establish themselves there with French connivance as
they did in Indo-China, the whole of our communications
with you and M.E. would be imperilled if not cut.
There is of course the danger of our getting hung
up there and of the place becoming a burden and not
a help.  We hope to have minimized this risk by the
use of strong forces and severe, violent action.
As soon as D.S. is taken everything will be pushed
on to you as fast as possible.  We hope to garrison
IRONCLAD with two African Brigades and one from the
Belgian Congo or West Coast.  The two African Brigades
are already under orders and the first begins movement
on June 1.  They may just as well be in IRONCLAD as in
Africa.  The 5th Division moves on at once
independently.
```

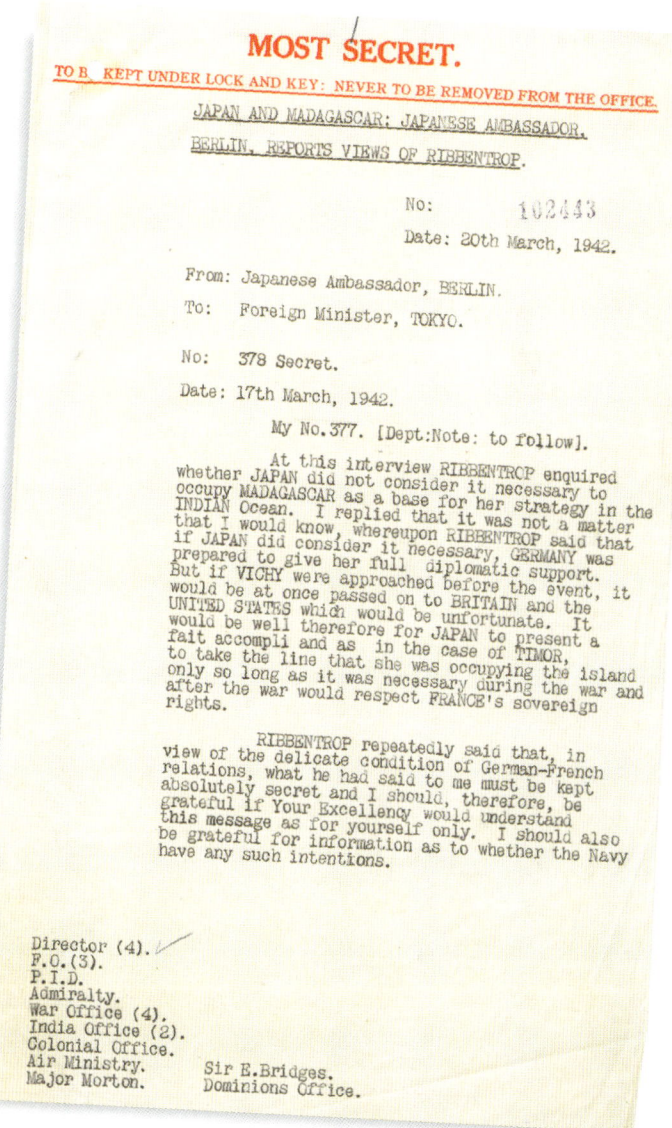

MOST SECRET.

TO B. KEPT UNDER LOCK AND KEY: NEVER TO BE REMOVED FROM THE OFFICE.

JAPAN AND MADAGASCAR: JAPANESE AMBASSADOR.
BERLIN. REPORTS VIEWS OF RIBBENTROP.

No: 102443

Date: 20th March, 1942.

From: Japanese Ambassador, BERLIN.

To: Foreign Minister, TOKYO.

No: 378 Secret.

Date: 17th March, 1942.

My No.377. [Dept:Note: to follow].

At this interview RIBBENTROP enquired
whether JAPAN did not consider it necessary to
occupy MADAGASCAR as a base for her strategy in the
INDIAN Ocean. I replied that it was not a matter
that I would know, whereupon RIBBENTROP said that
if JAPAN did consider it necessary, GERMANY was
prepared to give her full diplomatic support.
But if VICHY were approached before the event, it
would be at once passed on to BRITAIN and the
UNITED STATES which would be unfortunate. It
would be well therefore for JAPAN to present a
fait accompli and as in the case of TIMOR,
to take the line that she was occupying the island
only so long as it was necessary during the war and
after the war would respect FRANCE's sovereign
rights.

RIBBENTROP repeatedly said that, in
view of the delicate condition of German-French
relations, what he had said to me must be kept
absolutely secret and I should, therefore, be
grateful if Your Excellency would understand
this message as for yourself only. I should also
be grateful for information as to whether the Navy
have any such intentions.

Director (4).
F.O.(3).
P.I.D.
Admiralty.
War Office (4).
India Office (2).
Colonial Office.
Air Ministry.
Major Morton.   Sir E.Bridges.
                     Dominions Office.

deutschen und der japanischem Interessensphäre erklärt worden, und Madagaskar gehörte zu Vichy-Frankreich. Die japanischen Pläne bezüglich der Insel waren also in zweifacher Hinsicht ungehörig. Das japanische Oberkommando musste zwar keine Rücksicht auf die Gefühle Frankreichs nehmen, durfte aber Hitler nicht verärgern. Gerüchten zufolge drohte dieser damit, den Briten 20 Divisionen für den Kampf gegen Japan zu leihen – und damit hatte er höchstens einen halben Scherz gemacht.

Verstimmte Achsenmächte
Die Spannungen wegen Madagaskar unterstrichen die Instabilität der Achse, vor allem des Bündnisses zwischen Deutschland und Japan. Hatten die westlichen Alliierten ihre Probleme mit der Sowjetunion, so herrschten auch zwischen den Achsenmächten Argwohn und Zwist. Als Rassist wird Hitler die Asiaten kaum als Partner auf Augenhöhe angesehen haben. Sicherlich sah er keinen Grund, seinen fernöstlichen Verbündeten zu seinen wichtigen Entscheidungen zu konsultieren. Die Japaner, seit dem Krieg 1905 geschworene Feinde Russlands, waren entsetzt über den Pakt zwischen Nazis und Sowjets 1939, konnten sich mit dieser Vereinbarung aber immerhin so weit abfinden, dass sie im April 1941 selbst einen Nichtangriffspakt mit den Sowjets schlossen. Wenig später begann das Unternehmen Barbarossa, und Japan beschloss, sich in diesem Konflikt auf die Rolle des Zuschauers zu beschränken.

Hitlers Attitüde erscheint irrational: Es konnte ihm (und in der Tat auch Churchill) gleichgültig sein, welche der Achsenmächte die britischen Schiffe in der Straße von Mosambik unter Feuer nahm. Hingegen besteht kein Zweifel daran, dass diese Region für die Briten von größter strategischer Bedeutung war, und zwar nicht nur für die Eastern Fleet im Indischen Ozean, sondern auch als eine Art Schleichweg zur Versorgung der Achten Armee in Nordafrika. Deshalb forderte Churchill, nachdem die japanischen Absichten bekannt geworden waren, dringend einen präventiven amphibischen Angriff. Operation Ironclad wurde unverzüglich befohlen, und im November war Madagaskar ein britischer Stützpunkt.

Amerikabomber

Wäre dieses Programm zum Abschluss gebracht worden, so hätte es den Krieg direkt in die USA getragen. Doch die Ressourcen – und Hitlers Geduld – waren zu früh am Ende.

Im Juli 1938 – mehr als ein Jahr vor Kriegsbeginn und über drei Jahre vor dem Kriegseintritt der Vereinigten Staaten – dachte Hermann Göring laut über die Notwendigkeit eines Interkontinentalbombers nach. Der Chef des Reichsluftfahrtministeriums hatte sich schon immer sehr für Details von Planung und Entwicklung interessiert. Es war also nicht allzu überraschend, dass er von einem derartigen Projekt fasziniert war. Ob es diplomatisch war, dass er seine Gedanken so publik machte, sei dahingestellt: Die Drohung an die USA war unmissverständlich.

Amerikas Widerstreben, sich vor Pearl Harbor an den Feindseligkeiten zu beteiligen, ist bereits viel debattiert und viel kritisiert worden. Dabei wird leicht übersehen, dass die Vereinigten Staaten aus deutscher Sicht durchaus nicht neutral gewesen waren, sondern mit den Alliierten nicht nur sympathisierten, sondern diese auch tatkräftig unterstützten. Die Briten wiederum mochten beanstanden,

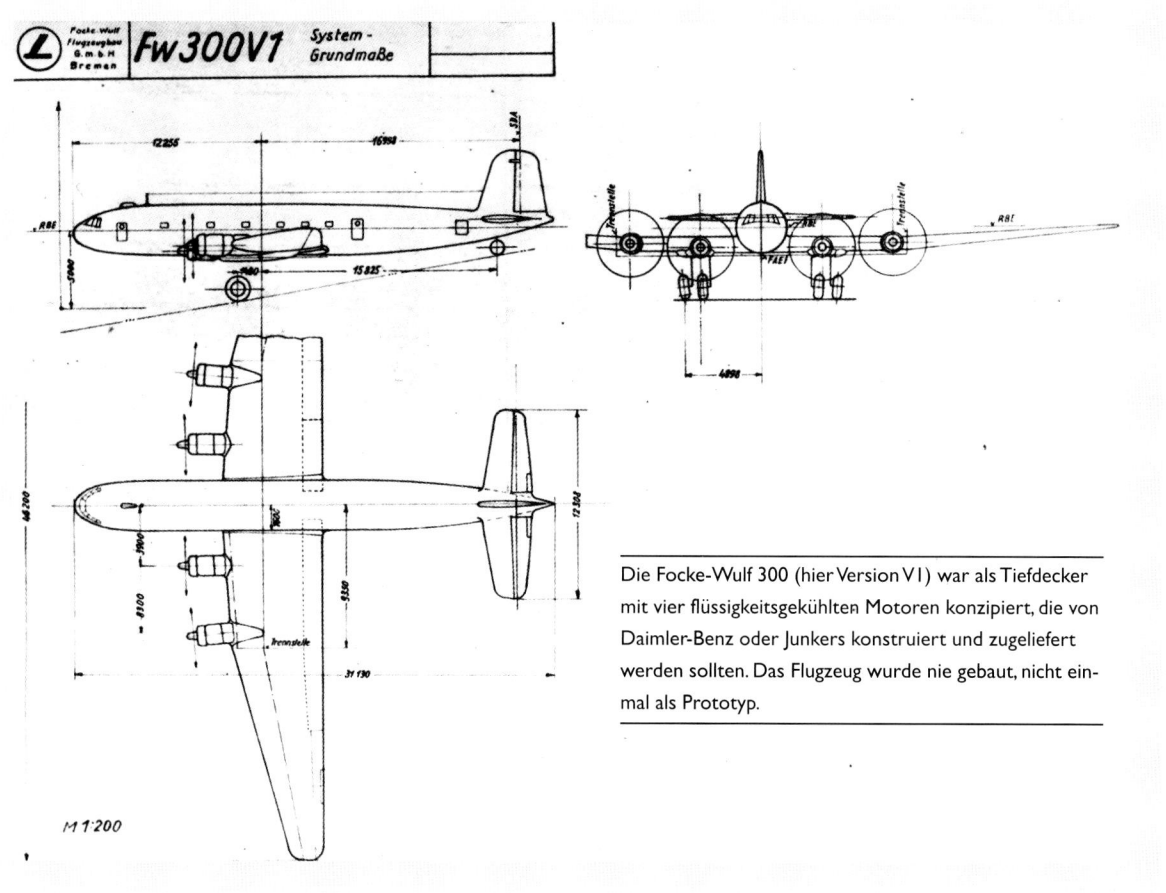

Die Focke-Wulf 300 (hier Version V1) war als Tiefdecker mit vier flüssigkeitsgekühlten Motoren konzipiert, die von Daimler-Benz oder Junkers konstruiert und zugeliefert werden sollten. Das Flugzeug wurde nie gebaut, nicht einmal als Prototyp.

dass die Zusage der USA, der Royal Navy im September 1940 im Rahmen des Leih-und Pacht-gesetzes 50 Zerstörer zu liefern, an territoriale Zugeständnisse, hauptsächlich in Form von Stützpunkten geknüpft war. Aber 50 Kriegsschiffe waren eben 50 Kriegsschiffe.

Atlantische Arena

Wenig später brachte Göring das Langstreckenbomberprojekt formell auf den Weg. Und er nahm kein Blatt vor den Mund, als es galt, ihm einen Namen zu geben: »Amerikabomber«. Der »Reichs-marschall« beauftragte Deutschlands fünf führende Flugzeughersteller, Pläne für eine Maschine zu entwickeln, die die fast 11 000 Kilometer von Deutschland in die USA und zurück überwinden konnte. Damit hatte das »Reich« den Atlantik zum Kriegsschauplatz erklärt, aber das war er ohnehin. Deutsche U-Boote fügten der alliierten Handelsschifffahrt schwere Verluste zu, doch der Luftraum über dem Ozean war kriegsfrei, und in Amerika selbst saßen die Menschen sicher zu Hause und mussten nicht wie die Briten schwere Bombardements ertragen.

Der Amerikabomber würde eine gigantische Maschine sein. Zusammen mit dem Treibstoff für eine so lange Strecke würde sie eine Nutzlast von sechseinhalb Tonnen oder mehr zu tragen haben – schwere Bomben, damit der Aufwand lohnte. Als Ziel wurde New York ins Auge gefasst, aber wenn, wie Hitler zeitweilig hoffte, der portugiesische Diktator António de Oliveira Salazar Luftstützpunkte auf den Azoren zur Verfügung stellen sollte, würden sie bis weit ins Landesinnere vordringen können.

Luftangriff

Während Junkers, Heinkel, Messerschmidt, Focke-Wulf und Horten daran gingen, ihre Pläne für den Amerikabomber auszuarbeiten, entwickelte Görings Stab bereits solche für den Einsatz. Bei dem umfangreichen Dokument,

Aus der Weiterentwicklung dieses Me 264 Langstreckenbombers hätte durchaus ein Amerikabomber entstehen können.

Hermann Göring als Chef des Reichsluftfahrtministeriums. Er liebte den pompösen Auftritt, aber seine großspurigen Versprechungen konnten von der Luftwaffe nur selten erfüllt werden.

das für den Reichsluftfahrtminister vorbereitet wurde, ist eines sofort klar: Die Absicht des Projekts war, Luftmacht mit Luftmacht zu vernichten. Von den 19 potenziellen Zielen in den USA, die identifiziert wurden, hatten die meisten eine Verbindung zur Luftfahrtindustrie: Neben Flugzeug- und Motorenwerken (einschließlich Pratt & Whitney in Connecticut und Wright Aeronautical in New Jersey) waren auch aluminiumverarbeitende Betriebe, Instrumentenbauer und optische Spezialbetriebe dabei. Zu berücksichtigende Faktoren waren nicht nur die Schäden,

die Langstreckenbomber Industrie und Militär zufügen würden, sondern auch die verheerende Wirkung auf die Moral der Bevölkerung und die Kosten für den Aufbau einer Luftverteidigung.

Eine technische Herausforderung
Das Projekt war eine gewaltige Herausforderung für Technik und Ingenieurskunst, und die verschiedenen Hersteller reagierten auf unterschiedliche Weise. Die meisten, etwa Messerschmidt mit der Me 264, Junkers mit der Ju 390 und Heinkel mit der He 277, präsentierten vergrößerte Versionen

vorhandener oder zumindest konventioneller Flugzeuge. Der Schein trog jedoch: Die Anforderungen, die an Flugwerke und Motoren gestellt werden mussten, machten eine enorme Zahl von Modifikationen notwendig – vor allem an den Motoren, damit sie derart lange Flüge unter härtesten Bedingungen durchstehen würden.

Sorgfältige Berechnungen mussten angestellt werden, um einen Kompromiss aus Motorenleistung und Kraftstoffverbrauch zu finden, der es erlaubte, dass das Flugzeug nicht nur mit ausreichender Nutzlast nach Amerika, sondern auch

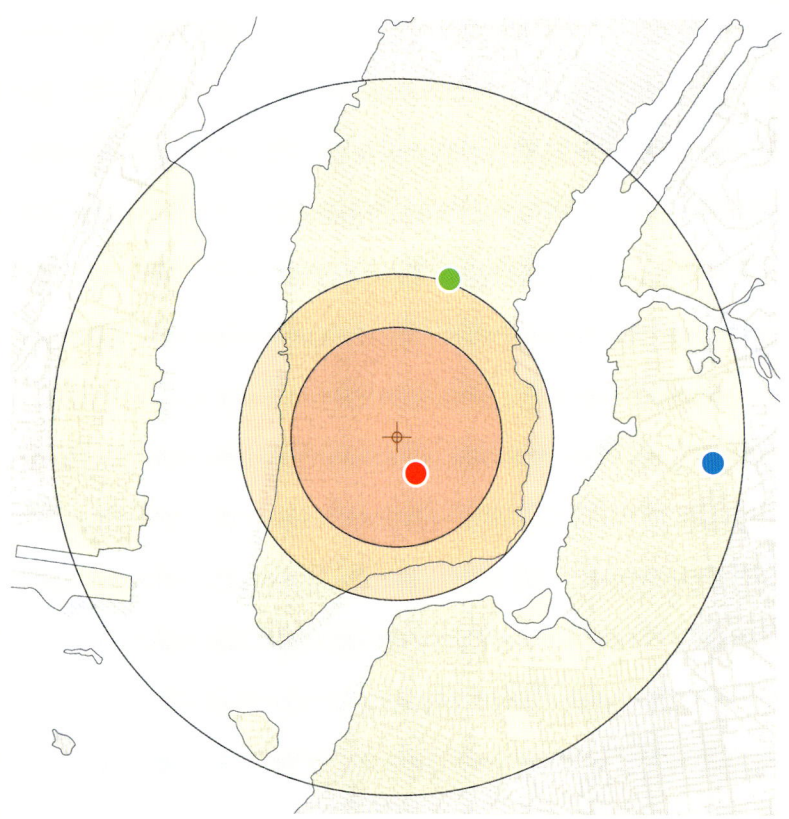

ZIEL NYC

Manhattan sollte das bevorzugte Ziel des Amerikabombers der Nazis sein: Eine Atombombe hätte Tausende getötet, die Wirtschaft der USA schwer getroffen und der Moral einen verheerenden Schlag versetzt. Die Zerstörung um das Epizentrum hätte bis nach Midtown gereicht, Brooklyn und New Jersey wären schwer beschädigt worden. Diese Karte beruht auf einem von einer Studiengruppe der Luftwaffe erstellten Original aus dem Jahr 1943.

LEGENDE

🔴 **Alle Gebäude zerstört**

🟢 **Schwere Zerstörungen**

🔵 **Erhebliche Schäden**

wieder zurück fliegen konnte. Focke-Wulf schlug schließlich zwei mögliche Konzepte vor: die viermotorige Fw 300 und die noch größere sechsmotorige Focke-Wulf Ta 400.

Verzweigungen

Auch unter der totalitären Nazi-Diktatur gab es einen gewissen Spielraum für Außenseiter und Querdenker. Zu diesen gehörten die Brüder Reimar und Walter Horten, die kurz vor Kriegsende eine Nurflügelkonstruktion präsentierten, die von damals bereits verfügbaren Strahlturbinen angetrieben wurde. Im Aussehen erinnert sie entfernt an einen Stealth-Bomber von heute. In der Tat war das Flugzeug so konzipiert, dass es unentdeckt die britische Radarüberwachung unterfliegen konnte. Die Horten-Brüder verwendeten dazu eine Mischung aus Kohlenstaub und Leim, die Radarstrahlen absorbieren sollte.

Göring war begeistert, zumal da sich die Horten H IX bei einem Vergleichsfliegen dem ersten Düsenjäger der Welt, der Me 262, überlegen gezeigt haben soll.

Huckepack-Flugzeug

Ein weiterer Vorschlag war die Konstruktion eines zusammengesetzten Flugobjekts. Dabei sollte ein mittlerer Bomber vom Typ Do 217 auf einen Heinkel He 177 Langstreckenbomber montiert werden. Dieser würde das kleinere Flugzeug bis an die Grenzen seiner Reichweite auf den Atlantik hinaus tragen. Dort würde die Trägermaschine umkehren und die Do 217 mit eigener Kraft zum Ziel

fliegen. Natürlich hatte die Do 217 nicht die Reichweite, um nach Deutschland zurückzufliegen. Sie sollte nach erfüllter Mission auf dem Meer wassern, die Besatzung von einem wartenden U-Boot aufgenommen werden.

Zur Unzeit und ohne Kraftstoff

Doch all diese Ideen hielten der Einmischung des »Führers« und seiner begrenzten Aufmerksamkeitsdauer nicht stand; Hitler bestand darauf, involviert zu werden, wandte sich aber permanent immer noch fantastischeren Projekten zu. Und mit der zunehmenden Verschlechterung der Kriegslage setzten Probleme in der Material- und Treibstoffversorgung den Möglichkeiten zur Realisierung immer engere Grenzen.

Die Horten Ho IX war ein strahlgetriebenes Nurflügelflugzeug mit Merkmalen eines frühen »Tarnkappenbombers«.

Ich habe Hitler nie mehr außer sich erlebt, als wenn er sich und uns wie im Delirium den Untergang New Yorks in Feuerstürmen ausmalte.

Notiz in Albert Speers Tagebuch, 18. November 1947

Projekt Z

Japans Äquivalent zum Amerika-bomber entstand aus ähnlichen Frustrationen heraus: Wie konnte man den Kampf zum Feind tragen?

Der japanische Überfall auf Pearl Harbor 1941 hatte den Vereinigten Staaten einen Schock versetzt. Doch von da an war es mit dem Überraschungsmoment vorbei: Die Amerikaner warfen sich mit einer Verve in den Krieg, die erkennen ließ, dass sie die Japaner durch ihre schiere Größe und Produktivität langfristig überwältigen würden. Wie konnte man Amerika erneut aus dem Konzept bringen?

Ebenso wie die Deutschen kamen auch die Japaner zu dem Schluss, dass sie einen Langstreckenbomber brauchten, der Ziele auf dem Festland der USA angreifen konnte. Eine derartige Waffe würde sie ferner in die Lage verset-

Pearl Harbor war ein Triumph gewesen – aber wie konnte er wiederholt werden?

zen, ihren deutschen Verbündeten durch die Zerstörung von Bergwerken und Industrieanlagen im Osten der Sowjetunion zu helfen.

Die Deutschen hatten bereits festgestellt, dass die technischen

Probleme beachtlich waren. Doch in der Nakajima Corporation war man unverzagt. Ein derart großer Bomber würde sechs Motoren brauchen, kalkulierte man. Seine Reichweite musste mit einer Nutzlast von 22 Tonnen mindestens 8450 Kilometer betragen. Selbst bei einer Flughöhe von über 11 580 Metern, außer Reichweite von Bodenfeuer, würde der Bomber Z ein Ziel für feindliche Jagdflugzeuge sein: Er würde also schnell genug sein müssen, um ihnen zu entkommen. Nakajima räumte Zweifel ein, dass die Materialien, um derartige Ansprüche zu erfüllen, verfügbar seien, doch wurde Projekt Z weiterverfolgt.

Die Mitsubishi G4M »Betty« war das Trägerflugzeug für die Ohka-Raketenbombe, die für Kamikaze-Einsätze gebaut war.

Alle(s) auf See

Tatsächlich betrachtete man bei Nakajima mit zunehmender Intensivierung des Krieges den Z-Bomber als die Geheimwaffe, die allein die Niederlage der US-Flotte herbeiführen könne. Kritikern, die meinten, ein derart großes Ziel sei durch Flakfeuer wirksam zu bekämpfen, vor allem wenn der Bomber im Tiefflug feindliche Schiffe angriff, begegnete man mit dem Hinweis auf eine Abwehrbewaffnung, die jedes bisher gekannte Maß überstieg. Denn der Z-Bomber würde vor seinem Bombardement mit den an seinen Tragflächen montierten Maschinengewehren jegliches militärische Personal vernichten, das Anstalten machte, ihn zu beschießen. Nicht weniger als 400 in Reihen und Stufen angeordnete und maximal 250 Millimeter auseinanderstehende MGs würden die Decks der feindlichen Flugzeugträger mit einem mörderischen Kugelhagel leerfegen. 15 in Formation fliegende Z-Bomber würden ein Gebiet von 45 Kilometern Breite und zehn Kilometern Länge mit ihren Geschossen bestreichen und mindestens 20, vielleicht sogar bis zu 40 feindliche Schiffe erwischen.

Wir reden heute gern von einem »Kugelhagel«, doch die Seeleute der US-Navy sollten offenbar ein Inferno erleben, das diesen Begriff rechtfertigte.

Mit der Zeit aber wendete sich das Blatt. Ein bitterer Realismus überkam die japanischen Militärs, und Projekt Z erschien mehr und mehr als bloße Fantasie, geboren aus der Torheit eines Ingenieurs.

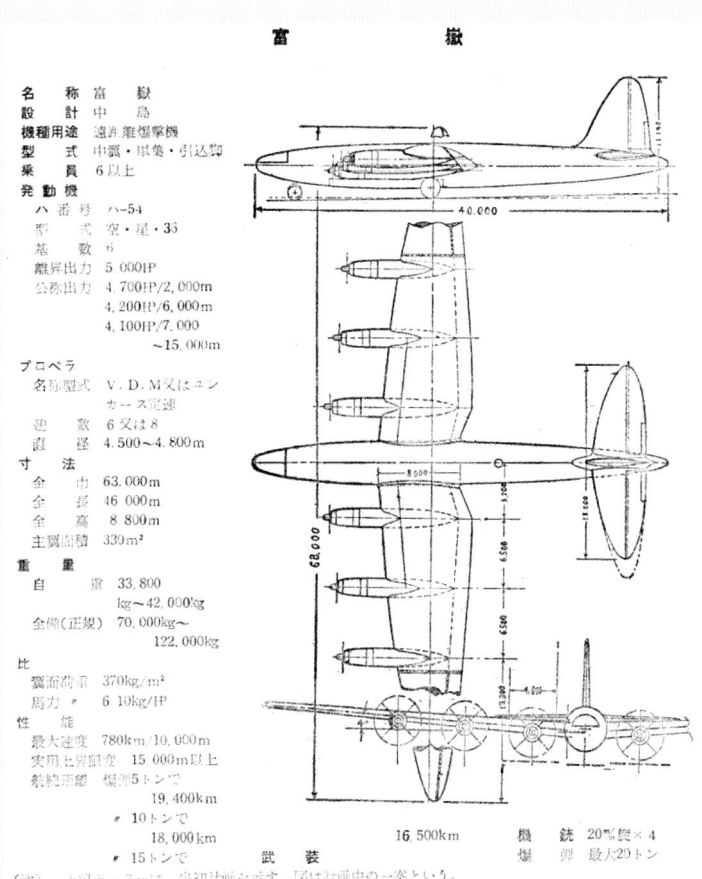

Nakajimas Pläne für seinen sechsmotorigen Z-Bomber gediehen relativ weit, doch kurz vor einem ernsthaft entwickelten und bis ins Detail ausgearbeiteten Entwurf blieben sie hängen. Letztlich lief für diesen enorm (und vielleicht unmöglich) ehrgeizigen Plan die Zeit aus.

Unternehmen Fischadler

Irland geriet erneut ins Feld der deutschen militärischen Abwehr, als der deutsche Geheimdienst Maßnahmen gegen eine mögliche Invasion der Republik durch im Norden stationierte US-Truppen plante.

Abwehrchef Wilhelm Canaris hatte schon vor der Aufgabe des Unternehmens Walfisch kein Interesse mehr an allem, was irisch war, doch die strategischen Möglichkeiten der Grünen Insel schienen noch immer zu groß, um sie zu ignorieren. Zugegeben, angesichts der Herrschaft der Royal Navy zur See und der Royal Air Force in der Luft war die Entfernung untragbar. Zudem zweifelte man an der Loyalität der Regierung des Freistaats und wusste um die Unzuverlässigkeit und Unfähigkeit) der IRA. Doch die Insel war praktisch ein unsinkbarer Flugzeugträger im Ostatlantik, die perfekte Plattform für Angriffe auf England.

Herabgesetzte Erwartungen

1942 waren sämtliche Invasionspläne zurückgestellt; sogar eine Erneuerung des Blitzkriegs schien für die nächste Zeit unwahrscheinlich. Deshalb war Hitler besorgt, als er hörte, in Belfast seien mehrere tausend US-Soldaten stationiert worden, dass sie von dort in den Freistaat eindringen und Stützpunkte errichten würden. Nicht dass es seine eigenen Pläne einer Invasion Irlands als Sprungbrett für die Eroberung Großbritanniens

Walter Schellenberg wurde Chef des Auslandsgeheimdiensts der SS. Damit lag Unternehmen Fischadler in fähigen Händen.

> Sir John Maffey teilte Mr De Valera gestern mit, dass amerikanische Truppen im Anrücken seien. Wie er erwartete, fand er den Premierminister … beunruhigt und verärgert.
>
> *Ein Mitarbeiter des Stabs des britischen Hochkommissars, Januar 1942*

Unten: US-Truppen warten – auf alles gefasst – an einem irischen Strand.

durchkreuzt hätte, aber Stützpunkte für alliierte Schiffe an der Westküste Irlands würden das Gleichgewicht in der Atlantikschlacht verschieben, die gerade auf ihrem Höhepunkt war.

Hundert Helden

SS-Brigadeführer Walter Schellenberg wurde die Verantwortung für das Unternehmen Fischadler übertragen. Der Plan war, Freiwillige für Elitekommandos zu rekrutieren. Fast 100 junge Männer meldeten sich. Sie waren bereits hervorragende Soldaten und erhielten nun zahlreiche Zusatzausbildungen von Sabotage bis hin zu Sprachkenntnissen. Sie sollten nach Irland eingeschleust werden und dort für den Fall einer alliierten Invasion bei der Organisation

des Widerstands helfen. Besondere Aufmerksamkeit galt der Handhabung britischer Waffen, mit denen die irischen Partisanen voraussichtlich ausgerüstet sein würden. Denn diese sollten aus der regulären Armee des Freistaats ebenso rekrutiert werden wie aus der IRA.

Die Leitung selbst übernehmen

Die Konzeption des Unternehmens Fischadler unterscheidet sich signifikant von jener seiner Vorläufer, der Unternehmen Walfisch und Seeadler. Nun wollten die Deutschen die Leitung des Widerstands selbst übernehmen, anstatt sie an die Iren zu delegieren. Einige in Irland geborene Kriegsgefangene aus dem Lager Friesack in Brandenburg sollten die Expedition begleiten, dabei aber eine unter-

geordnete Rolle spielen. Dieser Umstand war ausschlaggebend für die enttäuschenden Resultate des Unternehmens. Die Männer aus Friesack waren Iren, die sich zuerst den Briten angeschlossen hatten und dann zu den Deutschen übergelaufen waren – zweifache Überläufer also. Ohne allzu kritisch zu sein, kann man davon ausgehen, dass sie wohl nicht jene extreme Motivation und Aufopferungsgabe mitbrachten, die ein hoch riskantes Unternehmen wie dieses erforderte. Letzten Endes marschierten die Amerikaner nie im Freistaat Irland ein, und so musste Unternehmen Fischadler nie in die Tat umgesetzt werden.

US-Truppen üben mit einem General-Lee-Panzer in Irland.

Unternehmen Pastorius

So unfähig umgesetzt wie kühn erdacht scheiterte dieser Plan, den Krieg an die amerikanische Heimatfront zu bringen, bereits im Vorfeld.

Großes Drama oder Farce? Am 13. Juni 1942 traf John C. Cullen von der amerikanischen Küstenwache am Strand von Amagansett auf Long Island auf einige Männer, die sich verstohlen in den Dünen zusammendrückten. Wäre er ein paar Minuten früher gekommen, so hätte er noch das U-Boot gesehen, das diese Möchtegern-Saboteure in die USA gebracht hatte; es war nur 180 Meter vom Ufer entfernt auf eine Sandbank aufgelaufen. Nach verzweifeltem Kampf hatte es sein Kommandant geschafft, das Boot wieder frei zu bekommen, gerade als oben auf der Atlantic Avenue die ersten Pendler zur Arbeit fuhren.

Spitzgekriegt
Cullen musste sich nur darüber klar werden, dass vier Männer aus deutschen Wehrmachtsuniformen und in amerikanische Zivilkleidung schlüpften. Das erscheint unglaublich, macht aber Sinn unter dem Aspekt, dass Männer in Uniform, die vor Betreten des Fest-

Oben: John Cullens (links) prompte Aktion vereitelte die Pläne der Saboteure.

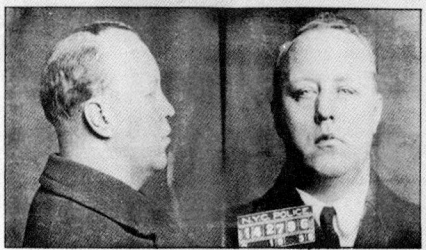

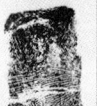

Rechts: WANTED: Walter Kappe vom deutschen Militärgeheimdienst, Vordenker des Unternehmens Pastorius

lands gefangengenommen worden wären, als Kriegsgefangene hätten behandelt werden müssen.

Cullen war verblüfft, und als Einzelner ohnehin unterlegen blieb er wie angewurzelt stehen. Als einer der Männer ihm ein Bündel Geldscheine (260 Dollar) in die Hand drückte, offenbar ein Bestechungsversuch, warf er kaum einen Blick darauf, sondern lief zur Station der Küstenwache zurück und berichtete, was er gesehen hatte. Bis eine bewaffnete Patrouille die Dünen erreichte, hatten die Deutschen einen Frühzug nach New York City genommen. Aber nun war bekannt, dass sie hier waren, und ihr Unternehmen hatte einen schlechten Start.

Industriesaboteure

Operation Pastorius, benannt nach Francis Daniel Pastorius, dem Gründer von Amerikas erster deutscher Siedlergemeinschaft, war von Leutnant Walter Kappe vom deutschen Militärgeheimdienst erdacht worden. Ein ehrgeiziges Zweijahresprogramm war geplant. Der Fokus sollte auf Sabotageakten an Wasserkraftwerken und Aluminiumwerken liegen. Man hatte ein Kraftwerk in der Nähe der Niagarafälle ausgesucht, ferner Hüttenwerke in Illinois und im Tennesseetal, dazu wichtige Schleusen bei Louisville, Kentucky.

Kappe rekrutierte seine Agenten aus den vielen, die dem Aufruf (und großzügigen Zuwendungen) des Auslandsinstituts gefolgt waren, das deutsche Emigranten zum Aufbau des Vaterlands in die Heimat zurückrief. Ernst Burger und Herbert Haupt vom Pastorius-

Team waren US-Bürger, und der Erstere hatte sogar in der Nationalgarde gedient. Alle anderen hatten in den USA gearbeitet. Neben einer beträchtlichen Menge an Sprengstoff hatten sie für ihre Kampagne auch 175 000 Dollar bekommen.

Zerschlagene Hoffnungen

Georg John Dasch sollte sich als das schwächste Glied der Kette erweisen. Der Mann, der in Amagansett in Panik geraten war und versucht hatte, John Cullen zu bestechen, gab nur eine Woche darauf in Washington, D.C. auf. Beim Verhör verriet er nicht nur seine Kameraden, die mit ihm auf Long Island an Land gegangen waren, sondern auch vier weitere Agenten, die – dieses Mal unbemerkt – bei Jacksonville in Florida von einem zweiten U-Boot abgesetzt worden waren.

> **Du hast doch eine Mutter und einen Vater, nicht wahr? Möchtest du die nicht wiedersehen? ... Nimm das und lass es dir gut gehen. Und vergiss, was du hier gesehen hast.**
>
> *Georg Dasch versucht Coastguard John Cullen zuerst zu drohen und dann zu bestechen.*

Polizeifotos von Saboteuren, aufgenommen von den Behörden in New York City, 1942

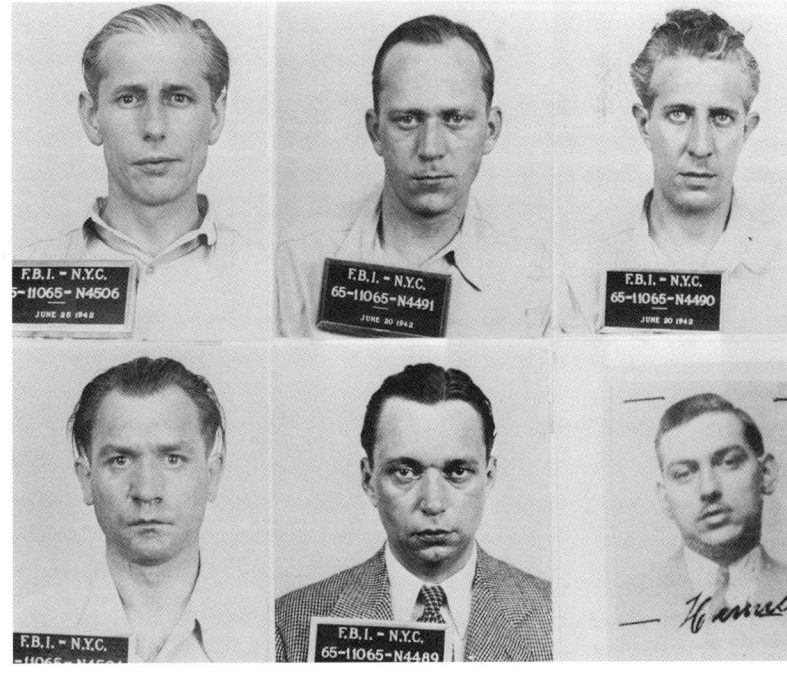

Unternehmen Schamil

Als die Wehrmacht 1942 nach Osten vorrückte, befürchtete man, die Sowjets könnten ihre Ölraffinerien zerstören. Unternehmen Schamil sollte dies verhindern.

Ein Jahr nach Beginn ihres Russlandabenteuers machten die Deutschen weitere Fortschritte, wenngleich langsamer als erwartet – nicht nur wegen des hartnäckigen Widerstands der Roten Armee, sondern auch deshalb, weil der Kriegsschauplatz einfach so immens ausgedehnt war. Der Strategieplan für den Sommerfeldzug 1942 erhielt den Decknamen »Fall Blau«. Die Ziele im Krieg gegen die Sowjets waren in den Worten von Hitlers *Führer-Direktive Nr. 41*, »sie so weit als möglich von den wichtigsten Zentren ihrer Kriegsindustrie abzuschneiden«.

Die kaukasische Krux
Für die Heeresgruppe A im Süden unter dem Kommando von Generalfeldmarschall Wilhelm List bedeutete dies, dass die strategisch wichtigen Ölfelder des Kaukasus zu besetzen waren. Zunächst aber musste der lange und extrem anstrengende Weg über die südlichen Ebenen der Ukraine und weiter durch die dichten Wälder und zerklüfteten Berge des Kaukasus gefunden werden. Hitler, der sich stets schwer damit tat anzuerkennen, wie schwierig dieser Kriegsschauplatz war, verlor schon bald die Geduld mit List.

Die Deutschen befürchteten zu diesem Zeitpunkt noch keineswegs, dass sich das Blatt gegen sie wenden könnte, und doch war bereits erkennbar, dass sie bis zu einem gewissen Grad die Initiative eingebüßt hatten. Das galt vor allem hier unten im Süden, wo zusehends klar wurde, dass die Infrastruktur sogar nach sowjetischen Standards erbärmlich war; es gab kaum Straßen und Bahnlinien und wenn, waren sie in einem schrecklichen Zustand.

Es war eine Sache, in ebenem Gelände mit blitzschnellen Panzervorstößen auf ganzer Linie siegreich zu sein, wie es bislang der Fall gewesen war, aber eine andere, in jenem Schneckentempo voranzukommen, an das man sich nunmehr gewöhnen musste. Jetzt erst begannen die Deutschen wirklich

Die großen Ölraffinerien des Kaukasus standen in Flammen, bevor die Deutschen dort eintrafen.

zu begreifen, was ihre Landkarten aussagten. Die Landschaft im Kaukasus war mit Begriffen wie wild und zerklüftet nur unzulänglich zu beschreiben; sie war übersät mit gezackten Gipfeln und durchzogen von unüberwindlichen Schluchten und Steilabbrüchen. Die Erste Panzerarmee sollte eigentlich den Vormarsch anführen, doch tatsächlich hielt sie alle auf, als sie, bar jeglicher Würde, Meter für Meter vorwärtskroch.

Präventivschlag

Niemand zweifelte daran, dass List und seine Armee sich durchkämpfen und die Städte Maikop, Grosny und Baku einnehmen konnten – aber was würde von den wichtigen Ölförderanlagen übrig sein, wenn sie dort ankamen? Die Sowjets würden sie sicher eher zerstören, als dem Feind in die Hände fallen zu lassen – und das »Tempo« des Vormarschs ließ ihnen dazu reichlich Zeit.

Dies würde eine Aufgabe für das Lehrregiment Brandenburg zBV 800 werden, das zwei Jahre zuvor gegründet worden war, um Kommandounternehmen auszuführen. In Form einer Luftlandeoperation sollte es die wichtigen Ölfelder sichern, bevor sie der Zerstörung anheimfielen.

Letztlich wurde das Unternehmen aber nicht gebraucht: Maikop, ziemlich im Westen von Adygeja an den nördlichen Ausläufern des Kaukasus gelegen, wurde beim Vormarsch der Heeresgruppe A problemlos eingenommen. Doch was Grosny und Baku anbelangte, wurde bald klar, dass die Deutschen noch nicht einmal in die

Das Lehrregiment Brandenburg zBV 800 war eine Elite-Kommandotruppe.

Nähe dieser Städte kommen würden. Die Berge des Kaukasus erwiesen sich als nahezu unüberwindliche Barriere. Der Vormarsch blieb stecken, und Generalfeldmarschall List wurde von einem höchst ungnädigen Hitler entlassen.

> Wir brauchen das Getreide der Ukraine. Die Industrieregion Donezk muss für uns arbeiten, nicht für Stalin. Die russischen Öllager des Kaukasus müssen abgeschnitten werden.
>
> *Hitler, August 1941*

Wilhelm List (links) konnte keine Wunder vollbringen. Der von ihm geführte Vormarsch in den Kaukasus kam schon bald ins Stocken.

Unternehmen Bernhard

Die Nazis hatten geplant, die britische Wirtschaft mit Falschgeld zu überschwemmen und so in die Knie zu zwingen. Doch dann sahen sie sich gezwungen, sich mit kleineren Tricks zu begnügen.

Unternehmen Bernhard wurde der britischen Öffentlichkeit 1981 durch die Fernsehserie *Private Schultz* bekannt. Bezeichnenderweise handelte es sich dabei eher um eine Komödie als um einen Thriller. Nach dem Drehbuch von Jack Pulman entfernte sich die Handlung in vielen Details von ihrer historischen Grundlage – obwohl man kaum behaupten kann, dass sie unwahrscheinlicher ist, als es das denkwürdige Unternehmen war.

Einen Bernhard gab es wirklich: Bernhard Krüger, einen SS-Sturm-

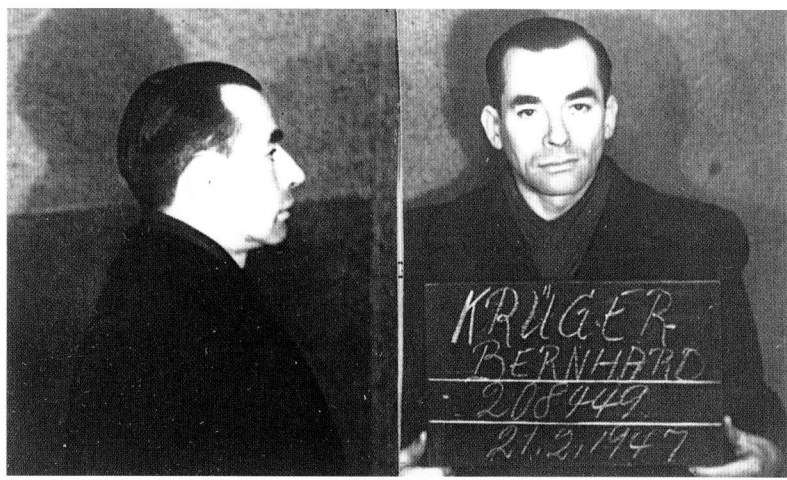

Bernhard Krüger erdachte einen kühnen und findigen, letztlich aber nutzlosen Plan.

bannführer, der in Friedenszeiten als Ingenieur in der Textilindustrie gearbeitet hatte. Ab 1942 durchkämmte er im Auftrag Himmlers die Konzentrationslager des Reichs und fischte sich jene Insassen mit

den Talenten heraus, die in seinem Fälscherteam benötigt wurden. Bis zu 140 Mann arbeiteten im KZ Sachsenhausen in Brandenburg, wo sie schon 1939 begonnen hatten, sich nicht nur die fantastisch komplexen Gravierkünste anzueignen, die ein guter Fälscher braucht, sondern etwa auch spezielle Arten der Papierherstellung (einschließlich echt aussehender Wasserzeichen) und das Drucken.

Allmähliche Fortschritte
Auch das Entziffern von Codes war wichtig, denn Krüger wollte mit seinen Fälschungen nicht nur kleine Ladeninhaber, Kellner und Taxifahrer täuschen, sondern auch Bankangestellte – im Idealfall sogar die Finanzbehörden. Schließ-

Das KZ Sachsenhausen lieferte Krügers erste »Mitarbeiter« und wurde zur Basis für Unternehmen Bernhard.

lich verfolgte er mit seinem unheil-
stiftenden Tun ein ehrgeiziges Ziel,
das weit darüber hinausging,
unglückliche Einzelpersonen übers
Ohr zu hauen: Er hoffte darauf,
die britische Wirtschaft zum Kollaps zu bringen. Betrug dieser Art
und dieser Größenordnung ließ
sich aber nur durch perfekte optische Übereinstimmung und einen
glaubwürdigen Satz an Seriennum-
mern inszenieren.

Mitte 1942 war sein Team in
dieser Hinsicht sehr erfolgreich,
und im Verlauf der nächsten zwei-
einhalb Jahre produzierte es mehr
als acht Millionen Banknoten mit
den Nennwerten fünf, zehn, zwanzig und fünfzig britische Pfund und
einem Gesamt-»wert« von 132
Millionen Pfund. Das war mehr als
die Reserve der Bank of England
und soll etwa 15 Prozent aller in
Großbritannien in Umlauf befindlichen Banknoten entsprochen
haben.

Pounds aus dem Himmel

Ursprünglich wollte man dieses
Geld wortwörtlich vom Himmel
fallen lassen. Bomber sollten es
abwerfen, und die Planer gingen
davon aus, dass Passanten es finden, ausgeben und dadurch Chaos
auslösen würden. Doch bis das
Geld in ausreichender Qualität
und Menge zur Verfügung stand,
war es schwieriger geworden, es
ans Ziel zu bringen. Deutschland
hatte die Luftschlacht um England
abgebrochen, und da seine Streitkräfte an der Ostfront unter star-
kem Druck standen, konnte es
nicht die Bomber erübrigen, die
dazu erforderlich gewesen wären.
Letztlich musste das Geld ver-

gleichsweise sparsam zur Finanzierung besonderer Unternehmen und
für Geheimkäufe auf dem Schwarz-
markt verwendet werden – sinnvoll genug, allerdings nur ein
Nadelstich für die Alliierten, ver-
glichen mit der finanziellen Katastrophe, die damit intendiert gewesen war.

Anfang 1945 hatte Krügers
Team seine Aufmerksamkeit dem
US-Dollar zugewandt. Alles lief

Bernhard-Banknoten waren Meisterwerke
der Fälscherkunst, auf die sogar Experten
hereinfielen.

bestens, doch dann war der Krieg
zu Ende. Ein großes Kontingent
noch unverteilter Banknoten fiel
dem jüdischen Untergrund in
Palästina in die Hände und wurde
zur Finanzierung von dessen Kampagne gegen die Briten verwendet.

Unternehmen Gertrude

Hitlers Plan, die Türkei zu besetzen, bevor sich diese mit den Aserbaidschanern verbünden konnte, musste angesichts des sowjetischen Vormarschs aufgegeben werden.

»Wer erinnert sich denn heute noch an die Armenier?«, fragte Hitler am 22. August 1939. Er tat es, denn der an ihnen verübte Völkermord im Ersten Weltkrieg hatte ihn zur »Endlösung der Judenfrage« inspiriert. Ironischerweise sollte er sich im Sommer 1942 wieder an sie erinnern, doch nun hatte er ein anderes Ziel im Blick.

Vorwärts, Armenien

Hitler plante ein Großarmenien im Kaukasus. Das war jahrzehntelang der Traum armenischer Irredentisten gewesen, die darauf hofften, die seit 1919 verlorenen Gebiete wiederzuerlangen. Bedeutende Minderheiten von Armeniern lebten nun in Georgien und – vom deutschen Standpunkt aus noch wichtiger – im Iran und in Aserbaidschan. Was Hitler antrieb, war weniger der Wunsch, die nationalen Ambitionen der Armenier zu unterstützen, sondern vielmehr seine Entschlossenheit, jene der Türken zu dämpfen.

Anfang des 20. Jahrhunderts war die Idee entstanden, ein neues panturkistisches Vaterland zu schaffen, das von Istanbul über Armenien bis Aserbaidschan und Persien reichen sollte. »Turan«, wie seine Befürworter es nannten, hatte zwar keine historischen Vorbilder, aber derartige Träume gehörten zum Zeitgeist. Die unterschiedlichen, durch sprachliches und kulturelles Erbe verbundenen Turkvölker waren in Wellen westwärts gewandert und hatten sich nur durch sehr lose und wechselnde Allianzen aneinander gebunden.

Hitler ging es um den Zugang zu den reichen Ölreserven von Aserbaidschan. Wie die Felder der Ukraine ein expandierendes Reich ernähren sollten, würden die Ölfelder von Baku den Blitzkrieg mit Treibstoff versorgen.

Alles nur wegen Öl?

Es wäre zwar falsch zu behaupten, der Zweite Weltkrieg sei um des Erdöls willen geführt worden. Dennoch trug der Bedarf an Treibstoff viel zur Entwicklung des Krieges bei. Den Nachschub zu sichern, war essenziell für die hoch mechanisierte deutsche Kriegsmaschinerie, die sich auf Benzin und höherwertige Treibstoffe für ihre Kraftfahrzeuge und Flugzeuge und auf schwereres Öl für ihre Fabriken und Schiffe stützte. Nordafrika hatte eine strategische Bedeutung, die über seine Ölfelder hinausging, doch Baku wurde einfach als Ölquelle betrachtet.

Deutschlands Macht über Nordafrikas Öllager schien bereits Mitte 1942 nicht mehr sicher.

Baku, dessen Ölindustrie sich in den 1930er-Jahren entwickelt hatte, war nun eine bedeutende Kriegsbeute.

Die Frage ist, wer Baku besitzt, Feldmarschall! Wenn wir das Öl von Baku nicht kriegen, ist der Krieg verloren.

Hitler an Feldmarschall Erich von Manstein, 1942.

Das Fell des Bären ...

Der Angriff war für Ende 1942 geplant, und er sollte in etwa fünf Wochen sein Ziel erreicht haben. Vier Infanteriedivisionen würden von Dänemark herangeschafft, wo sie nicht mehr gebraucht wurden, begleitet von einer Artilleriebrigade. Der Hauptangriff würde sich auf den Norden konzentrieren, wo eine Flotte von 27 Schiffen in der Ägäis und im Dodekanes Nachschub bereitstellen sollte.

Einige Einheiten sollten aus Kavala in Nordgriechenland kommen, andere über das Schwarze Meer von der bulgarischen Küste. Man wollte die Türkei einkreisen: Zwei Verbände sollten von Syrien aus (von Aleppo und Deir-ez-Zor)

nach Norden vorrücken, weitere von Kirkuk im Nordirak und von Jerewan in Armenien. Und schließlich würden noch Soldaten von Batumi in Adjara in Südwestgeorgien kommen. Dort stationierte Bomber würden dann die türkische Armee angreifen, wenn sie nach Osten marschierte, um diesen Bedrohungen zu begegnen.

Ein guter Plan, vielleicht, doch er war abhängig von der Kontrolle über den Kaukasus und der Gebiete nördlich davon. Und als die Zeit kam, ihn umzusetzen, war der deutsche Angriff in Stalingrad ins Stocken geraten, die Rote Armee drang rasch nach Süden vor, und Rommel hatte die Zweite Schlacht von El Alamein verloren.

Drittes Kapitel
1943

Anfang 1943 tobte der Krieg zwar unvermindert heftig – aber es gab bereits erste Anzeichen von Licht am Ende des alliierten Tunnels. Rückblickend fällt diese Sichtweise leicht; damals aber waren die Anzeichen nur schwer zu erkennen.

Der Krieg wütete weiter – wie auch Stalin, der nach seiner »zweiten Front« schrie. Hitzig war auch der Disput zwischen Amerikanern und Briten über ein direktes Vorgehen (eine Invasion Frankreichs) oder ein indirektes (Vorrücken durch Nordafrika und Südeuropa).

Und obwohl die westlichen Alliierten im Pazifik (und in geringerem Ausmaß auch auf dem asiatischen Festland) eindeutig die Initiative ergriffen hatten, stand ihnen noch ein langer und blutiger Weg bevor. Verständlicherweise lassen die in diesem Jahr erdachten Operationen eine Sehnsucht nach einer überraschenden oder unkonventionellen Lösung erkennen, mit der man das Kampfgeschehen abkürzen konnte. So wurden Pläne geschmiedet, die bedeutenden Kriegsführer zu ermorden oder gar Papst Pius XII. zu entführen. Ein Flugzeugträger aus Eis, ein Panzer, der zu schwer und zu groß war, um den Weg in die Schlacht zu schaffen – verzweifelte Zeiten riefen nach ebensolchen Ideen.

Die Führer der Achsenmächte, Hitler und Mussolini, begannen den Druck zu spüren. Vor allem die Tage des Duce waren bereits gezählt.

Operation Roundup

Wie versessen die Amerikaner darauf waren, den Krieg nach Deutschland zu tragen, wird ersichtlich aus ihren Plänen für Operation Roundup – ein weiterer Vorschlag einer Invasion in der Normandie.

»Überbezahlt, unersättlich und jetzt bei uns«, erklärte der zynischere Teil der britischen Öffentlichkeit, als Amerikas GIs, Flieger und Matrosen dort auftauchten. Sie hätten noch »übertrieben selbstbewusst« hinzufügen können. Die Amerikaner gingen in den Krieg in Europa mit einem Selbstvertrauen, das sich stark vom müden Sarkasmus ihrer britischen Verbündeten abhob. Ihr Optimismus zeigt sich in dem Eifer, mit dem sie die Idee einer groß angelegten Invasion in Nordfrankreich verfolgten.

Die Argumente für ein solches Vorhaben waren das ganze Frühjahr hindurch bis in den Sommer 1942 hinein wiederholt worden, als Operation Sledgehammer diskutiert wurde. Dass für die Briten die Argumente dagegen überwältigend waren, war klar, deshalb fertigten die Amerikaner einen Krisenplan an. Auch dieser fasste ein groß angelegtes Landemanöver und die Errichtung eines Brückenkopfs in Nordfrankreich ins Auge. Weshalb fanden die Amerikaner das so wünschenswert?

Geschäftig tun

Ihre erste Priorität war in der Tat demonstrativer Aktionismus. Stalins Forderungen nach einer zweiten Front waren mittlerweile so stereotyp wie verständlich. »Der Präsident hatte den Stabschefs der Vereinigten Staaten definitiv befohlen, 1942 in der europäischen Zone eine Bodenoffensive zu beginnen«, erinnerte sich Dwight D. Eisenhower später. War dies eine Aufforderung seitens der Bürokraten, »sich geschäftig zu geben«? Diese Interpretation von Roosevelts Ruf nach Taten – nach irgendeiner Tat, die geeignet war, die Sowjets versöhnlich zu stimmen –, mag zynisch erscheinen, aber tatsächlich schien es ziemlich gleichgültig zu sein, was die westlichen Alliierten 1942/43 unternahmen, solange sie nur etwas taten. Alles, was den Druck auf die Rote Armee mindern würde, galt als lohnend.

Die Optionen prüfen

Eisenhower zufolge forderte der Präsident die Stabschefs auf, mögliche Strategien der offensiven Kriegführung ab der zweiten Hälfte des Jahres 1942 zu entwickeln, und diese erarbeiteten drei Optionen. Die erste war die direkte Verstärkung der britischen Armeen im Nahen Osten über die Route um das Kap der Guten Hoffnung mit dem Ziel, Rommels Afrikakorps

DIE WICHTIGEN ABSÄTZE

Kopie eines Briefes vom 30. Oktober 1942 von General Eisenhower an General Ismay:

(a) Die vereinigten Stabschefs sollten sofort eingehend die wichtigsten Faktoren der derzeitigen weltweiten strategischen Lage dahin gehend überprüfen, ob das Konzept von Roundup vollständig aufgegeben werden sollte oder nicht oder ob es weiterverfolgt und mit einem geeigneten Zieldatum, womöglich Frühjahr 1944, offensiv vorangetrieben werden soll.

(b) Falls entschieden wird, die Vorbereitungen für eine eventuelle Operation Roundup fortzusetzen, kommt der Frage nach der effektivsten Methode zur Weiterführung dieser Planung hohe Bedeutung zu.
(c) Mein Vorschlag ist, dass ein umfassender Plan mit wesentlichen Punkten wie etwa dem allgemeinen Gebiet und der Richtung des Angriffs, der Aufteilung der Streitkräfte und Ressourcen, einem annähernden Zeitrahmen und einem Katalog von Zielen vom gemeinsamen Planungsstab ausgearbeitet werden sollte.

C.O.S.(42) 370 (0).

1ST NOVEMBER, 1942.

WAR CABINET

CHIEFS OF STAFF COMMITTEE

OPERATION "ROUNDUP" - PLANNING

Copy of a letter dated 30th October, 1942,
from General Eisenhower to General Ismay.

*   *   *

Because of my impending departure from the United
Kingdom, I think it proper to present to the British Chiefs
of Staff the following views with respect to "Roundup" planning
which has been relegated, by the American Forces, to a position
of secondary importance, during the last few months, due to
preoccupation in the "Torch" project.

(a) There should be an immediate and searching review by
the Combined Chiefs of Staff of the principal
factors now applying to the world strategic situation,
with the purpose of determining whether or not the
"Roundup" conception should be abandoned completely
or whether it should be continued and pushed forward
aggressively with an appropriate target date, possibly
the spring of 1944.

(b) If decision is made to continue preparations for an
eventual "Roundup", the question of the most effective
method for carrying on this planning becomes highly
important.

(c) My own suggestion is that an outline plan, including
such major features as the general area and direction
of attack, allocation of forces and resources, should be
approximate timing and broad objectives, should be
developed by Joint Planning Staffs and approved by the
Combined Chiefs of Staff.

(d) Operational planning under such a broad directive must,
for some months to come, be confined largely to
complete examination of resources, resulting in
appropriate recommendations to the Chiefs of Staff.

-1-

...ly of the world strategic
... keep abreast of the
...uccessful execution of the
...is work, in my opinion,
...ed, under the Chiefs of Staff,
...ne man. The system heretofore
...o do this through a committee
...Commanders-in-Chief is, in my
... I have previously suggested
...s of Combined Operations be
...liminary work in this regard,
...is staff not only comprises
...ral British services but
...of the American Army. While
..., divesting myself of all
...erations of U.S. forces in the
...ll direct General Hartle, who
...se duties, to co-operate in
...officers of suitable
...Joint Planning Staff or to any
...h may be suggested as
...ther method of conducting this
...ted by the Combined Chiefs of
...ill be equally ready to
...presentation. I do, however,
...l that the method adopted be
...ands of one man the duty of
...the Combined Chiefs of Staff
...lanning and who will
...e instructions for
...f such plans.

...British Chiefs of Staff
...tion was based upon
...ce to attack the Western
...here the main German forces
...an front and with the
...rn Europe approximately
...s existing in the summer
...s the original
...d merely a readiness to
...nt that a crack in
...ment an emergency

...to the attention of the
...arly progress in
...which might possibly
...a Russian collapse or
...ed since it appears
...of the United Kingdom,
troops. ...tory level ...in the air, must be restored to a
...level by the transfer here of suitable American

*   *   *

(Sgd.) DWIGHT D. EISENHOWER.

Great George Street, S.W.1.

1st November, 1942.

-2-

zu vernichten und durch die Einnahme Tripolitaniens, des nordwestlichen Teils von Libyen, eine sichere Herrschaft über das Mittelmeer zu erlangen.

Die zweite war, Nordwestafrika mit amphibischen Streitkräften einzunehmen und von dort Operationen nach Osten zu unternehmen, um Rommel mit einem Zangengriff zu fassen und schließlich ebenfalls das Mittelmeer für die Alliierten zu öffnen.

Die dritte war eine begrenzte Operation an der Nordwestküste Frankreichs mit dem Ziel, einen Brückenkopf zu erobern, der gegen deutsche Angriffe gehalten werden und später als Basis für eine große Invasion dienen konnte.

DIE WICHTIGEN ABSÄTZE

Der Chef der Combined Operations (vereinte Operationen) hat auch eine Note vorgelegt, in der er aufzeigt, dass das Training der Combined Operations aller Einheiten der im Heimatland stationierten Streitkräfte, die nicht an Sledgehammer teilnehmen, und auch der in diesem Land eintreffenden US-Streitkräfte zu einem vollständigen und sofortigen Stillstand kommt, sobald wir mit Sledgehammer beginnen. Die Folge wird sein, dass Operation Roundup um zwei oder drei Monate verschoben wird.

Es ist korrekt, dass Sledgehammer gewisse militärische Vorteile mit sich bringt, wenngleich eine Durchführung nicht wahrscheinlich ist. Erstens müssen unsere Vorbereitungen die Deutschen im Ungewissen lassen. Sie dürfen sie nicht zwingen, Truppen von ihrer Ostfront abzuziehen, doch sie werden wahrscheinlich ihre Westfront nicht schwächen, vor allem nicht die Luftstreitkräfte. Zweitens wird Sledgehammer eine nützliche Generalprobe für Roundup sein, insbesondere für die Kommandeure und Stäbe.

2

4. The Chief of Combined Operations has also submitted a note (Annex II) in which he shows that the Combined Operation training of all units of the Home Forces which are not employed in "Sledgehammer," and also of the United States forces arriving in this country, will come to a complete and immediate standstill as soon as we start mounting "Sledgehammer." The effect of this will be to postpone operation "Round-up," for two or three months.

5. At the War Cabinet meeting on the 11th June, the Prime Minister laid down, and the War Cabinet generally approved, that operations in 1942 should be governed by the following two principles :—

(i) No substantial landing in France in 1942 unless we are going to stay: and

(ii) No substantial landing in France unless the Germans are demoralised by failure against Russia.

It seems to us that the above conditions are unlikely to be fulfilled and that, therefore, the chances of launching operation "Sledgehammer" this year are remote.

6. It is true that there are certain military advantages in mounting "Sledgehammer," even though it is unlikely to be launched. In the first place, our preparations are bound to keep the Germans guessing. They may not force them to withdraw troops from their Eastern Front, but they are unlikely to weaken their Western Front, particularly in air forces. Secondly, the mounting of "Sledgehammer" will be a useful dress-rehearsal for "Round-up," especially for Commanders and Staffs.

7. There can be no doubt that the disadvantages mentioned in paragraphs 3 and 4 outweigh the advantages in paragraph 6. If we were free agents, we could not recommend that the operation should be mounted.

8. We have, however, given or subscribed to certain undertakings. In the first place, the following is an extract from the Aide-Mémoire which the Prime Minister handed to M. Molotov just before he returned to Russia :—

" We are making preparations for a landing on the Continent in August or September 1942. As already explained, the main limiting factor to the size of the landing force is the availability of special landing craft. Clearly, however, it would not further either the Russian cause or that of the Allies as a whole if, for the sake of action at any price, we embarked on some operation which ended in disaster and gave the enemy an opportunity for glorification at our discomfiture. It is impossible to say in advance whether the situation will be such as to make this operation feasible when the time comes. We can therefore give no promise in the matter, but, provided that it appears sound and sensible, we shall not hesitate to put our plans into effect."

If we do not make active and serious preparations for "Sledgehammer," the Russians are almost bound to know very soon that we are not fulfilling our promise that we would do so.

9. Secondly, the following are extracts from the conclusions of a meeting recently held in Washington between the President and the Prime Minister, and attended by General Marshall and the Chief of the Imperial General Staff :—

(i) Plans and preparations for the "Bolero" Operation in 1943 on as large a scale as possible are to be pushed forward with all speed and energy. It is, however, essential that the United States and Great Britain should be prepared to act offensively in 1942.

(ii) Operations in France or the Low Countries in 1942 would, if successful, yield greater political and strategic gains than operations in any other theatre. Plans and preparations for the operations in this theatre are to be pressed forward with all possible speed, energy and ingenuity. The most resolute efforts must be made to overcome the obvious dangers and difficulties of the enterprise. If a sound and sensible plan can be contrived, we should not hesitate to give effect to it. If, on the other hand, detailed examination shows that, despite all efforts, success is improbable, we must be ready with an alternative.

Operation Torch war ein Erfolg für Churchills Vision des Sieges. Im November 1942 marschierten die Alliierten in Nordafrika ein.

Gemischte Gefühle

Großbritannien war zweifelsohne vorsichtig; und angesichts der Umstände des Kriegsverlaufs 1942 ist diese Vorsicht verständlich. Die Luftschlacht um England mochte gewonnen sein, doch zahlreiche Städte waren von wochen- und monatelangen Luftangriffen schwer mitgenommen. Und bei aller Euphorie konnte doch niemand ernsthaft daran glauben, dass die britische Luftwaffe den Krieg ohne Hilfe würde gewinnen können. Man scheute den Gedanken an eine große Invasion Frankreichs aus denselben Gründen, aus denen auch Hitler schließlich von einem Großangriff in die andere Richtung abgekommen war: Die Logistik war angesichts des zu erwartenden Widerstandes unvorstellbar komplex. Deshalb die britische Reserviertheit auch gegenüber der Operation Roundup, die von der Konzeption her der Operation Sledgehammer ähnlich, aber eben für fast zwölf Monate später, also die erste Hälfte (vielleicht Mai) des Jahres 1943, geplant war.

Die Engländer waren der Überzeugung, man solle die Achsenmächte an Europas »Schwachstellen«, wie Churchill es nannte, angreifen, nachdem man sie zuvor durch verlustreiche Kämpfe in Nordafrika und im Mittelmeer geschwächt hatte. Natürlich hat sich der britische Premier am Ende durchgesetzt: Operation Gymnast – später umbenannt in Torch – fand im November des Jahres statt, und Churchills Plan funktionierte: Nach einem entschlossen geführten Feldzug in Nordafrika wurde der Krieg über Sizilien auf das italienische Festland und von dort nach Norden bis in die Mitte Deutschlands getragen.

Der bessere Heldenmut

Anstatt von einer Großoffensive sprach der britische Premier lieber von einem »Ring«, einer »Schlinge«, die die Alliierten den Deutschen um den Hals legten und die in den kommenden Monaten immer weiter zugezogen werden sollte. In vagen, bildhaften Ausdrücken sah er erwartungsvoll dem Sieg in der Atlantikschlacht (der noch keineswegs sicher war, sondern bestenfalls eine ferne Aussicht) und der Sicherung der Luft- und Seemacht im Mittelmeerraum (die kaum begonnen hatte) entgegen und stellte sich eine langsame, unerbittliche Umzingelung vor, die am Ende zum Sieg führen würde.

General Brooke (rechts) erklärt Churchill (links) und General Montgomery seinen Standpunkt.

Langsam, aber sicher

Dieses Vorgehen nach der Methode »Langsam, aber sicher« brachte Churchill den Erfolg. Alan Brooke, Generalstabschef der Armee, sprach offener über die Nervosität, die dahintersteckte. Er fürchtete »in erster Linie eine verfrühte und erfolglose Rückkehr auf das europäische Festland«, sagte er seinem Biografen Sir Arthur Bryant:

Mir war vollkommen klar, dass der Moment, eine Front im Westen zu eröffnen, noch nicht gekommen war und sich auch im Verlauf des Jahres 1943 nicht einstellen würde. Meiner Meinung nach mussten wir an meiner ursprünglichen Taktik festhalten ... mit der Eroberung Nordafrikas beginnen, um das Mittelmeer wieder für uns zugänglich zu machen, durch Vermeidung der Kaproute eine Million Tonnen an Schiffsbestand wieder einsetzen, dann Italien eliminieren, die Türkei ins Spiel bringen, Südeuropa bedrohen und schließlich Frankreich befreien.

Bezeichnenderweise steht die Befreiung Frankreichs erst ganz am Ende der Liste. Die Briten hatten es nicht eilig, eine weitere Armee über den Kanal zu schicken.

Präzedenzfälle, Möglichkeiten

Im Nachhinein weiß man natürlich immer alles besser, und man muss einräumen, dass sich diese Sicht Churchills bestätigte, doch in den 1940er-Jahren konnte man auch völlig andere Schlüsse ziehen. Als Erster Lord der Admiralität 1914/15 war Churchill für die Katastrophe des Dardanellen-Feldzugs verantwortlich. Auch dies sollte ein indirekter Angriff auf Deutschland und die Mittelmächte in Form eines Schlages gegen ihren osmanischen Verbündeten werden, doch er endete im Gemetzel der Schlacht von Gallipoli. Die Vorteile der indirekten Methode waren also keineswegs offensichtlich.

Die Amerikaner waren jedenfalls nicht überzeugt. Sie favorisierten die direkte Methode. Ihr Wahlspruch hieß »Berlin oder Niederlage«, und je eher sie sich aufmachten, desto besser – eine Haltung, die durch die Ereignisse letztlich bestätigt wurde, war es doch die Invasion in der Normandie, die den Krieg im Westen entschied, nur – wäre sie ein Jahr oder noch früher) ähnlich erfolgreich gewesen?

Eine mögliche Antwort auf diese Frage wäre »ein katastrophales Scheitern«. Die alliierte Landung war die größte amphibische Operation der Geschichte – und sie hätte leicht scheitern können. Die Deutschen hatten 1943 sechs Infanteriedivisionen und eine Panzerdivision bereitstehen, um Invasoren zu empfangen, und weitere in Reserve. Der Erfolg hing also nicht nur davon ab, dass man Truppen an Land brachte, so schwierig und blutig dies war. Vielmehr mussten die Invasoren dann auch jene starken Streitkräfte schlagen, die sie erwarteten, bevor sie daran denken konnten, auf Deutschland vorzurücken. Und 1943 hatten die westlichen Alliierten noch nicht jene überwältigende Luftherrschaft, auf die die Invasoren 1944 angewiesen waren.

Doch eine solche Diskussion ist rein theoretisch. Eisenhowers Erinnerungen zufolge wurde rasch klar, dass die direkte Methode keine Chance hatte. An dem profunden Pessimismus der Briten bezüglich der Aussichten eines Großangriffs in dieser Phase des Krieges führte kein Weg vorbei:

Eine andere Vorgehensweise erschien im Augenblick nicht möglich. Die Diskussionen waren lang und erschöpfend. Ein bedeutsamer

Faktor im amerikanischen Denken jener Zeit war ein lebhafter Verdacht, dass die Briten das vereinbarte Konzept des Übersetzens über den Kanal mit Abneigung betrachteten und dem Gedanken, dass eine große Invasion Nordwesteuropas jemals durchführbar würde, sehr reserviert gegenüberstanden.

Befürchtungen

»Jemals« ist ein großes Wort. Letztendlich fand die »große Invasion« ja statt. Doch zu dieser Zeit hatte sich das Kriegsglück unwiderruflich den Alliierten zugewandt. Und da Amerika bezahlte, bestimmte es auch.

Es gibt jedoch Hinweise darauf, dass sich Großbritannien sehr lange sträubte. Noch im Oktober 1943 berichtet Alan Brooke von

Noten, die er bei Sitzungen des Generalstabs von Churchill erhielt, in denen dieser ihn drängte, »die Strategie vom Kanal wieder auf das Mittelmeer umzulenken«. Er machte auch klar, dass er die Vorbereitungen für Operation Overlord als Beschwichtigung für die Amerikaner betrachtete, eine unwillkommene Ablenkung von einer »Strategie der Schwachstellen«, die womöglich »den Balkan in Brand gesteckt« hätte und mit der »der ganze Krieg 1943 beendet« gewesen wäre.

Zwei gegensätzliche Strategien traten hier in Wettstreit, die beide infrage gestellt wurden – und die offenbar beide letztlich nur durch den Verlauf der Dinge gerechtfertigt werden konnten. Solche Diskrepanzen machen es so schwer, einen Krieg zu gewinnen.

Ein bedeutsamer Faktor im amerikanischen Denken jener Zeit war ein lebhafter Verdacht, dass die Briten das vereinbarte Konzept des Übersetzens über den Kanal mit Abneigung und beträchtlicher Reserviertheit betrachteten.

General Eisenhower über Operation Roundup 1942

D-Day, der Tag der alliierten Landung in der Normandie, zeigte, dass die direkte Methode funktionieren konnte – allerdings gegen ein bereits stark geschwächtes Deutschland.

THIS DOCUMENT IS THE PROPERTY OF HIS BRITANNIC MAJESTY'S GOVERNMENT

66

Printed for the War Cabinet. October 1942.

MOST SECRET.   Copy No. 14

W.P. (42) 483.

October 24, 1942.

TO BE KEPT UNDER LOCK AND KEY.

It is requested that special care may be taken to
ensure the secrecy of this document.

WAR CABINET.

POLICY FOR THE CONDUCT OF THE WAR.

Memorandum by the Minister of Defence.

1. Pearl Harbour and the entry of the United States into the war on one side, while Japan broke out upon us on the other, opened an entirely new phase of the war. I proceeded with professional advisers to Washington in order to concert future action with President Roosevelt. We were all agreed that the overthrow of Hitler was the prime objective, both in magnitude and in time, and that Japan must be held as far as possible until the defeat of Germany and Italy enabled our whole force to be turned upon her.

2. At this time the President showed himself already deeply interested in the plan for American intervention in French North Africa by landings at Casablanca or Tangier. This operation was called "Gymnast." General Auchinleck was then advancing towards Benghazi and Agedabia and we had the hope that his operation, called "Crusader," would be followed by "Acrobat," namely the advance of our Desert Army to Tripoli. "Gymnast" was explored at Washington but before any definite decision could be taken General Auchinleck's forces were thrown back to the Gazala position. All prospects of "Acrobat" were closed and "Gymnast" faded a good deal. However, both the President and I continued to regard it as the main and most attractive form of the first American impact upon the Western theatre of war.

[24533]

3. In April 1942, General Marshall came over to England with a plan for a mass invasion of the Continent by Anglo-American forces in April 1943. The Defence Committee were in complete agreement with this conception of a great campaign for the liberation of Europe. For this there were solid arguments. The British Isles are the best assembly point for a great mass of American troops and have already a considerable British Army. The Pas de Calais is the only place where the whole power of the British Metropolitan Air Force, which must in any case be located here with any American accessions, can be thrown immediately and directly into the conflict. On the other hand, the enemy know this, and have concentrated very strong air and ground forces in this area, and fortified it with the utmost care. The tides and beaches are unfavourable, the ports shallow and mined or destroyed. General Marshall's plan also contemplated a landing from England into Northern France in 1942 while Germany was busy in Russia. The shortage of landing craft in 1942 made this smaller operation extremely doubtful. Nevertheless, we agreed with General Marshall that we should proceed with plans for the seizing in 1942 of bridgeheads ("Sledgehammer") as a preliminary for 1943, and anyhow for a great assault on the Continent in 1943. The name of the main operation is "Roundup," and the administrative preparation, which is vast in extent, is called "Bolero."

4. It soon became apparent that the 1942 operation would have little chances of success, unless the Germans were completely demoralised and virtually in collapse, observing that it would have to be either an assault on the Pas de Calais, where the enemy is strongest and conditions are most adverse, or, alternatively, an opposed landing at some point outside air cover. Personally I was sure that the newly raised United States formations, as well as our own somewhat more matured forces, could not establish themselves on the French coast, still less advance far inland, in the teeth of well-organised German opposition.

5. Accordingly, I went to Washington in June 1942 and expressed these doubts to the President and General Marshall. I also enlarged on the possibilities of "Gymnast" and pressed that it should be explored carefully and conscientiously. In deference to the American reluctance to abandon "Sledgehammer," it was agreed that further resolute efforts should be made to overcome the obvious dangers and difficulties of the enterprise, and that, if a sound and sensible plan could be contrived, we should not hesitate to give effect to it. It was also agreed that, as an alternative for 1942, the "Gymnast" plan should be completed in all details as soon as possible. In the above, I was guided by the advice of our expert authorities, and sustained by the opinion of my colleagues in the War Cabinet.

6. On my return to England our further studies convinced us that "Sledgehammer" held out no prospects of success. Accordingly, General Marshall and Admiral King came to London at our invitation towards the end of July for the second London Conference. We all unitedly dissuaded them from "Sledgehammer" in 1942 (about which they were beginning to feel uneasy).

1.   2.

DIE WICHTIGEN ABSÄTZE

Kriegführungstaktik von Winston Churchill, 24. Oktober 1942
1. Pearl Harbor und der Kriegseintritt der Vereinigten Staaten auf der einen Seite, während auf der anderen Japan gegen uns losschlug, eröffneten eine völlig neue Phase des Krieges. Ich reiste mit meinen Ratgebern nach Washington, um mit Präsident Roosevelt das künftige Vorgehen zu besprechen. Alle stimmten darin überein, dass der Sturz Hitlers sowohl der Größenordnung als auch der Zeit nach das oberste Ziel sei und dass Japan so weit wie möglich zurückgehalten werden muss, bis die Niederlage Deutschlands und Italiens uns in die Lage versetzen, unsere ganze Kraft auf Japan zu konzentrieren.
2/3. Nach meiner Rückkehr nach England überzeugen uns unsere weiteren Studien, dass Sledgehammer keine Aussicht auf Erfolg hatte. Dementsprechend kamen gegen Ende Juli auf unsere Einladung hin General Marshall und Admiral King zur zweiten Konferenz nach London. Wir rieten ihnen geschlossen von Sledgehammer für 1942 ab (was bei ihnen Unbehagen auslöste) und drangen darauf, dass die allgemeine Vorbereitung in großem Maßstab für Roundup fortgesetzt werden solle ... seither sind die Vorbereitungen stetig weiter vorangetrieben worden, sowohl für Gymnast als auch für den Aufbau von Roundup, wenngleich für ein wesentlich späteres Datum als April 1943.

6
. .

3

while urging that general preparation on a large scale for "Roundup" should continue. As an alternative to "Sledgehammer," we begged them to throw their whole weight into an enlarged "Gymnast" as our 1942 operation. After long discussions, which are in my colleagues' memory, complete agreement was reached between all authorities, British and American, political and military. Since then preparations have gone forward without ceasing, both for "Gymnast," which was rechristened "Torch," and through "Bolero," for the building up of "Roundup," though at a much later date in 1943 than April.

7. The Russians meanwhile, completely ignorant of amphibious warfare and wilfully closing their eyes to the German strength on the French northern coast, continued to clamour for "a second front in Europe." On this we have protected ourselves by written declarations from all reproach of breach of faith. M. Molotov knew when he returned to Russia in June exactly how we stood about invading Northern France.

8. In order to convince our Russian ally that we had in no way broken faith to him, and to persuade him of the virtues of "Torch" (which now included action *inside* the Mediterranean), I went to Moscow in the middle of August where everything was plainly and even brutally explained. M. Stalin, while expressing dissatisfaction at the aid we were giving to Russia, was in my opinion convinced of what he called "the military correctness" of "Torch." So much for the past.

9. People say there ought to be a comprehensive plan of the war as a whole, and that all the United Nations ought to participate in it. There has always been on our part, since the United States entry, a perfectly clear view. I have never varied on the main points. We have at length got a large measure of agreement and co-operation from the United States. Everything is now moving forward into action. Our plan is in the first place "Torch," with its forerunner "Lightfoot." The success of these operations will dictate our main action in 1943. Not only shall we open a route under air protection through the Mediterranean, but we shall also be in a position to attack the under-belly of the Axis at whatever may be the softest point, i.e., Sicily, Southern Italy or perhaps Sardinia; or again, if circumstances warrant, or as they may do, compel, the French Riviera or perhaps even, with Turkish aid, the Balkans. However this may turn out, and it is silly to try to peer too far ahead, our war from now on till the summer of 1943 will be waged in the Mediterranean theatre.

10. It will still be necessary to maintain a strong Army in Great Britain and to insist upon adequate United States reinforcements being assembled here. "Bolero" must continue at full blast, and we must persuade the Americans not to discard "Roundup," albeit much retarded. Thus we shall have in Great Britain ample troops to defend the Island against a German invasion and to pin down large forces on the northern coast of France. We shall also be ready to take advantage of a German collapse. In any case we should have a mass of troops in Great Britain ready to move to the Mediterranean theatre, or even possibly to the Arctic ("Jupiter").

4

11. All these matters have been sedulously thrashed out by the Chiefs of Staff, the Defence Committee and the War Cabinet, and I have heard of no difference in principle amongst them.

12. There preys upon us as the greatest danger to the United Nations, and particularly to our Island, the U-boat attack. The Navy call for greater assistance from the Air. I am proposing to my colleagues that we try for the present to obtain this extra assistance mainly from the United States, and that we encroach as little as possible upon our Bomber effort against Germany, which is of peculiar importance during these winter months. I have, on the contrary, asked for an increase in the Bomber effort, rising to 50 squadrons by the end of the year. Thereafter our bombing power will increase through the maturing of production. It may be that early in 1943 we shall have to damp down the Bomber offensive against Germany in order to meet the stress and peril of the U-boat war. I hope and trust not, but by then it will be possible at any rate to peg our bomber offensive at a higher level than at present. The issue is not one of principle, but of emphasis. At present, in spite of U-boat losses, the Bomber offensive should have first place in our air effort.

13. To sum up, our policy remains unaltered. Germany is the prime objective and Japan must be held. Our tasks are these :—

(1) To preserve the United Kingdom and our communications.
(2) "Lightfoot" and "Torch," and their exploitation.
(3) "Bolero," for a retarded but still paramount "Roundup."
(4) The Bomber offensive against Germany, minus any inroads that may have to be made upon it next year in order to meet the U-boat menace.
(5) Supplies to Russia by the Arctic route, with the possibility of "Jupiter" always borne in mind should the Russians offer a major contribution to it.
(6) The gathering of air and land forces south of Turkey and the Caspian, capable of either sustaining the Southern Russian flank and/or influencing Turkey, or, alternatively, if things go badly, defending Persia, Syria, Iraq and Palestine.
(7) Subject to prior claims, preparing for an attack on the Japanese communications via the Burma Road, by the recovery of Burma.

14. There are many minor but still important matters which should be mentioned in any complete review. But what is set down here is surely quite enough.

W. S. C.

October 24, 1942.

3.

4.

---

4. Grundsätzlich bleibt unsere Politik unverändert. Deutschland ist das Hauptziel, und Japan muss nachrangig bekämpft werden. Unsere Aufgaben sind folgende:
(1) Das Vereinigte Königreich und unsere Nachschublinien zu erhalten.
(2) Lightfoot und Torch und ihre Auswertung.
(3) Bolero für eine verzögerte, aber immer noch vorrangige Operation Roundup.
(4) Die Bomberoffensive gegen Deutschland minus etwaige Einschränkungen, die nächstes Jahr gegen sie getroffen werden müssen, um der Bedrohung durch die U-Boote zu begegnen.
(5) Nachschub für Russland über die Arktisroute mit der Möglichkeit, Jupiter immer im Auge zu behalten, falls die Russen dazu einen wesentlichen Beitrag anbieten sollten.
(6) Das Sammeln von Luft- und Landstreitkräften südlich der Türkei und des Kaspischen Meers, die in der Lage sind, entweder die südrussische Flanke zu halten und/oder die Türkei zu beeinflussen oder, alternativ, falls sich die Lage negativ entwickelt, Persien, Syrien, Irak und Palästina zu verteidigen.
(7) Die Vorbereitung eines Angriffs auf die japanischen Nachschublinien über die Burma Road durch Rückeroberung Burmas.

Es bestehen noch zahlreiche geringere, aber dennoch bedeutsame Sachlagen, die in jedem vollständigen Bericht erwähnt werden sollten. Doch das hier schriftlich Niedergelegte dürfte ausreichen.

Operation Constellation

Der Verlust der Kanalinseln war ein schwerer Schlag – strategisch wie psychologisch. Sie zurückzuerobern wurde zu einer Frage der Ehre.

Heute sind die Kanalinseln als Touristenziel und Steuerparadies berühmt – ein Ort mit einigem Abstand von den Realitäten des Alltags. Im Juni 1940 aber befanden sie sich in der Frontlinie als erstes (und einziges) Territorium des British Commonwealth, das in deutsche Hände fiel. Nachdem die britische Regierung beschlossen hatte, sie nicht zu verteidigen, wurden sie besetzt, ohne dass ein Schuss abgegeben wurde. Obwohl in den Wochen zuvor viele Inselbewohner evakuiert worden waren, blieben Tausende zurück: Juden wurden zusammengetrieben und Hunderte deportiert. Berichte über verbreitete Kollaboration scheinen jedoch übertrieben: Gewiss gab es solche Fälle, doch leisteten viele Menschen Widerstand.

6. OPERATION 'CONSTELLATION'

C.O.S. (43) 66 (O).

THE COMMITTEE had before them a memorandum by the Chief of Combined Operations covering a Staff study of possible operations against the Channel Islands in 1943.

LORD LOUIS MOUNTBATTEN explained that in accordance with statements* made at Casablanca, he had, on return, proceeded to examine what operations against the Channel Islands could be carried out to synchronise with HUSKY, with the object of preventing the withdrawal from France of enemy forces to reinforce the Mediterranean. He hoped also to bring about an air battle.

He had come to the conclusion that the assault on Alderney would be the only operation possible with the limited resources of landing craft at his disposal after meeting the requirements for HUSKY.

* Anfa 3rd Mtg. Min. 4 (b)

In diesen Kabinettsprotokollen heißt es: »Lord Louis Mountbatten erklärte, er habe in Übereinstimmung mit in Casablanca gemachten Verlautbarungen weiter untersucht, welche Operationen gegen die Kanalinseln zeitgleich mit HUSKY ausgeführt werden könnten mit dem Ziel, den Rückzug feindlicher Truppen aus Frankreich zur Verstärkung des Mittelmeers zu verhindern. Er hoffte zudem, eine Luftschlacht zustande zu bringen.«

Großbritannien hatte die Kanalinseln zwar geopfert, doch ihre Besetzung wurde trotzdem als ein schwerer Schlag empfunden.

Verschanzen

Hitler sah die Eroberung der Kanalinseln in erster Linie als Propagandacoup. Wegen ihrer Lage dicht vor der französischen Küste brachte ihr Besitz seine Invasionspläne nicht wirklich voran. Als Sprungbrett für einen Angriff auf Frankreich waren sie jedoch von enormer Bedeutung. Also wurde es 1943, als sich das Kriegsglück offenbar wendete, zu einer dringenden Angelegenheit für die Briten, sie zurückzubekommen – und umgekehrt für die Deutschen, sie zu halten. Deshalb stationierten sie nun eine 28 000 Mann starke Garnison. Bereits 1941 hatten sie ein ausgedehntes und beeindruckendes System von Betonbefestigungen um die Küste herum gebaut. »Es gibt keinen Zweifel«, bemerkte Vizeadmiral Lord Louis Mountbatten, »dass der Feind den Wert der Kanalinseln und das Potenzial, das sie böten, wenn sie von unseren Kräften zurückerobert würden, voll erkannt hat«.

Die von Mountbatten ausgearbeitete Operation Constellation war der kollektive Name für eine Reihe separater Operationen, die sich auf die einzelnen Inseln der Gruppe zentrierten. So waren etwa die Operationen Condor, Concertina und Coverlet auf die Rückeroberung von Jersey, Alderney und Guernsey angelegt.

Ein hoher Preis

So wünschenswert dieses Ergebnis sein mochte, so verlustreich versprach es zu werden – und zwar nicht nur an Soldaten, sondern auch an Zivilisten. Mountbatten selbst schrieb:

Jede der Inseln ist eine wahre Festung, gegen die der Angriff nicht erwogen werden kann, es sei denn, man neutralisiert die Verteidigung oder reduziert sie um ein beträchtliches Maß durch vorhergehende Gefechte.

In anderen Worten, man musste die deutschen Positionen durch Beschuss von See oder aus der Luft stark schwächen, bevor man an eine Landung auch nur denken konnte. Es war nur schwer ersichtlich, wie dies machbar sein sollte, ohne große Teile der bebauten Flächen dieser winzigen Inseln zu zer-

Sobald sich die Deutschen auf den Kanalinseln eingerichtet hatten, verschanzten sie sich.

stören. Demzufolge wurde die Idee fallen gelassen.

Von Overlord übersehen

Die Probleme, die Mountbatten 1943 entmutigten, bestanden auch in den folgenden Monaten weiter. Die Deutschen hatten sich für die Dauer des Krieges verschanzt. Und deshalb überging der Angriff auf Frankreich, als er 1944 kam, die Kanalinseln trotz ihres strategischen Werts. Die Deutschen harrten dort aus und behielten eine schwere Eroberung für sich. In der Nacht vom 8. auf den 9. März 1945 brach sogar ein kleines Kommando auf und überfiel Granville auf dem englischen Festland, versenkte alliierte Schiffe und kehrte mit Nachschub zurück.

Unten: Mountbatten fühlte seine Hände gebunden: Wie sollte man die Kanalinseln angreifen, nicht aber ihre Bewohner?

Il Duce und die Dambusters

Es gibt nicht viele ungeschlachte-re Werkzeuge als eine Bomber-staffel – doch mithilfe einer sol-chen hoffte Sir Arthur Harris, General der Luftwaffe, den italie-nischen Diktator Mussolini ins Jenseits zu befördern.

Anfang Juli 1943 schickte der bri-tische Außenminister Anthony Eden ein Memorandum an Pre-mierminister Winston Churchill. Er berichtete, »Bomber-Harris« sei wegen der Möglichkeit eines Luft-angriffs auf Mussolini an ihn herangetreten. Die Lancaster der 617. Fliegerstaffel, die sich mit ihren Präzisionsangriffen auf die Talsperren der Ruhr hervorgetan hatte, würden über die Dächer der Ewigen Stadt anfliegen und Mus-

solinis Hauptquartier sowie seinen Wohnsitz bombardieren. Beide Gebäude seien »unverkennbar«, bemerkte der Außenminister:

Ich weise darauf hin, dass, falls Mussolini getötet oder auch nur schwer verletzt würde, dies gegen-wärtig unsere Chancen, Italien frühzeitig auszuschalten, sehr vergrößern würde …

Abgelehnt

Warum sich Churchill nicht für Harris' Plan erwärmen konnte, ist sehr unklar. In so mancher Hin-sicht wäre es doch gerade eine Kapriole von der Art gewesen, an denen er Gefallen fand. Obwohl niemand die bedenklichen Ent-wicklungen im Zusammenhang mit Hitlers Aufstieg früher erkann-

te als er, hatte er dennoch an seiner jungenhaften Begeisterung für den Krieg festgehalten. Und je kühner ein Unternehmen war, desto mehr reizte es ihn; so gesehen erscheint es in der Tat eigenartig, dass er die-sem die Zustimmung versagte.

Vielleicht lag es daran, dass Harris sich das Ganze ausgedacht hatte, ohne genügend Rücksicht auf die kommandierenden Offizie-re und die Flieger zu nehmen, die den Plan hätten ausführen müssen. Als leidenschaftlicher Verfechter von Bombardements auf möglichst jedem Gebiet der Kriegführung überschätzte er sich vielleicht selbst – und auch die Fähigkeiten seiner Staffel, obwohl es unfair wäre zu behaupten, er habe diesen Plan als eine Art Werbegag für sich selbst entworfen. Nach den ebenso spektakulären wie erfolgreichen Angriffen auf die deutschen Tal-sperren sonnte er sich in seinem Erfolg, aber war dieses Vorhaben nun zu ehrgeizig?

Leider brechen die verfügbaren Quellen ab, kurz bevor sie die Haltung der Royal Air Force preis-gäben, die womöglich zu dem Schluss gekommen war, dass die Operation unrealistisch sei. Es war eine Sache, die italienische Luft-waffe geringzuschätzen, aber eine andere, große Flugzeuge mehrere Meilen im Tiefflug über die Haupt-stadt des Landes zu schicken.

Trotz seiner Misserfolge erfreute sich Mus-solini in Italien noch immer einer gewissen Popularität.

DIE WICHTIGEN ABSÄTZE

Harris bat um Erlaubnis für den Versuch, Mussolinis Amtssitz in Rom und gleichzeitig sein Wohnhaus zu bombardieren für den Fall, dass der Duce an dem betreffenden Morgen zu spät kommen sollte.

Der bereits letztes Jahr erstellte Plan wurde damals abgelehnt wegen des Verbots, Rom zu bombardieren.

Der Angriff würde dicht über den Dächern erfolgen und lediglich die genannten Gebäude zerstören, ohne große andere Schäden zu verursachen.

Der Palazzo Venezia und die Villa Torlonia sind nicht zu verkennen, und beide sind mehr als 1500 Meter vom Vatikan entfernt. Es würde ein strenges Verbot ergehen, irgendein anderes Ziel in Rom mit Ausnahme der beiden spezifizierten Ziele anzugreifen.

Ich weise darauf hin, dass, falls Mussolini getötet oder auch nur schwer verletzt würde, dies gegenwärtig unsere Chancen, Italien frühzeitig auszuschalten, sehr vergrößern würde, und bitte deshalb um die Erlaubnis zur Durchführung der Operation.

COPY

PRIME MINISTER

Operations Bombing Rome
Spm/43/136
9 489

Harris has asked permission to try to bomb Mussolini in his office in Rome and to bomb his residence simultaneously in case the Duce is late that morning.

The plan was made last year but was turned down because of the ban on bombing Rome at that time.

Harris would use the Squadron of Lancasters (No. 617) which made the attacks on the dams. It is manned by experts and is kept for special ventures of this kind. The attack would be made just above the roof tops and would give the only chance of destroying the two buildings without much other damage.

The Palazzo Venezia and the Villa Torlonia are unmistakeable and neither is within 1,500 yards of the Vatican City or the Vatican churches. Strict orders would be given against taking any action against anything in Rome except the two specified targets.

I suggest that if Mussolini were killed or even badly shaken at the present time this might greatly increase the chance of our knocking Italy out at an early date and I therefore ask your permission to lay the operation on. Meanwhile we are checking up as far as possible on the Duce's latest routine.

(Intd.) C.P.
C. A. S.

13th July, 1943.

Foreign Secretary.

Please advise.
(Intd.) W.S.C.
14.vii.43.

Truppen sammeln sich

Der andere offensichtliche Einwand gilt Edens Interpretation der psychologischen Wirkung einer solchen Attacke. Natürlich hätte Mussolinis Tod oder Verwundung der nationalen Stimmung in Italien einen schweren Schlag versetzen können. Ebenso gut hätte es aber auch sein können, dass die öffentliche Meinung mit Empörung reagiert und sich fester um den »Duce« geschart hätte. Und er war ein Führer, dessen Autorität ohnehin im Schwinden begriffen war, seit die Alliierten in den Wüsten Nordafrikas die Oberhand gewonnen hatten und kurz davor standen, vom Süden her in Italien einzumarschieren. In der Tat wurde die Frage nur wenige Wochen später akademisch: In einem Coup am 25. Juli wurde Mussolini seines Amtes enthoben.

Project Habbakuk

Eine bemerkenswerte Idee, die selbst heute noch abwechselnd völlig verrückt und absolut überzeugend klingt, zeugt zumindest vom Einfallsreichtum militärischer Planung.

»Schauet hin auf die Völker und sehet zu«, sagte der Prophet Habakuk (Hab 1,5), »ihr werdet euch wundern und euch entsetzen, denn ich vollbringe in euren Tagen ein Werk, ihr würdet es nicht glauben, wenn man es euch erzählte.« Geoffrey Pyke buchstabierte zwar den Namen des Propheten falsch, doch sein Zitat traf es haargenau. Er war ein extremer Außenseiter, Journalist, eine Art Wissenschaftler, ein Spekulant – und ein Mann, dem zuzuhören das britische Establishment gelernt hatte. Doch die Idee, die er 1942 in Umlauf brachte – nämlich einen Flugzeugträger aus Eis zu bauen –, war sogar seinen eigenen Maßstäben nach höchst exzentrisch.

Kaltes Wasser formen

Nachdem die Azoren nicht zu haben waren, bedurfte es eines anderen Plans, wenn die Alliierten ihre Konvois jenseits der Reichweiten landgestützter Flugzeuge schützen wollten, wo U-Boot-Rudel ihr Unwesen trieben. Und bis zu einem gewissen Grad waren die Einsatzmöglichkeiten von Eis schon

erforscht. Konnte man zum Beispiel nicht gigantische Flöße aus Eis hinter Schiffen her ziehen, um so mehr Frachtkapazität zu bekommen?

Die Amerikaner und Kanadier experimentierten bereits mit einem Eisschiff auf dem Patricia Lake in den Rocky Mountains. Der Holzrahmen dieses Gefährts war mit Eisplatten ausgefüllt, die einen wasserdichten Rumpf bildeten. Es verfügte über Antriebsmotoren, und das Eis wurde mit Freon-Kühleinheiten gekühlt.

Der Sägemehl-Faktor

Pyke dachte anders. Sein Habbakuk-»Flugzeugträger« sollte kaum mehr sein als eine schwimmende Plattform. Pyke wollte nicht reines Wassereis verwenden, sondern ein Material, dem er seinen eigenen Namen gegeben hatte: Pykrete. Es war nicht seine Erfindung, doch er hatte die Möglichkeiten dieses Verbundwerkstoffs – eines Komposi-

Das fertige Habbakuk-Modell treibt auf einem See – aber wie gut würde es sich in feindlicherer Umgebung machen?

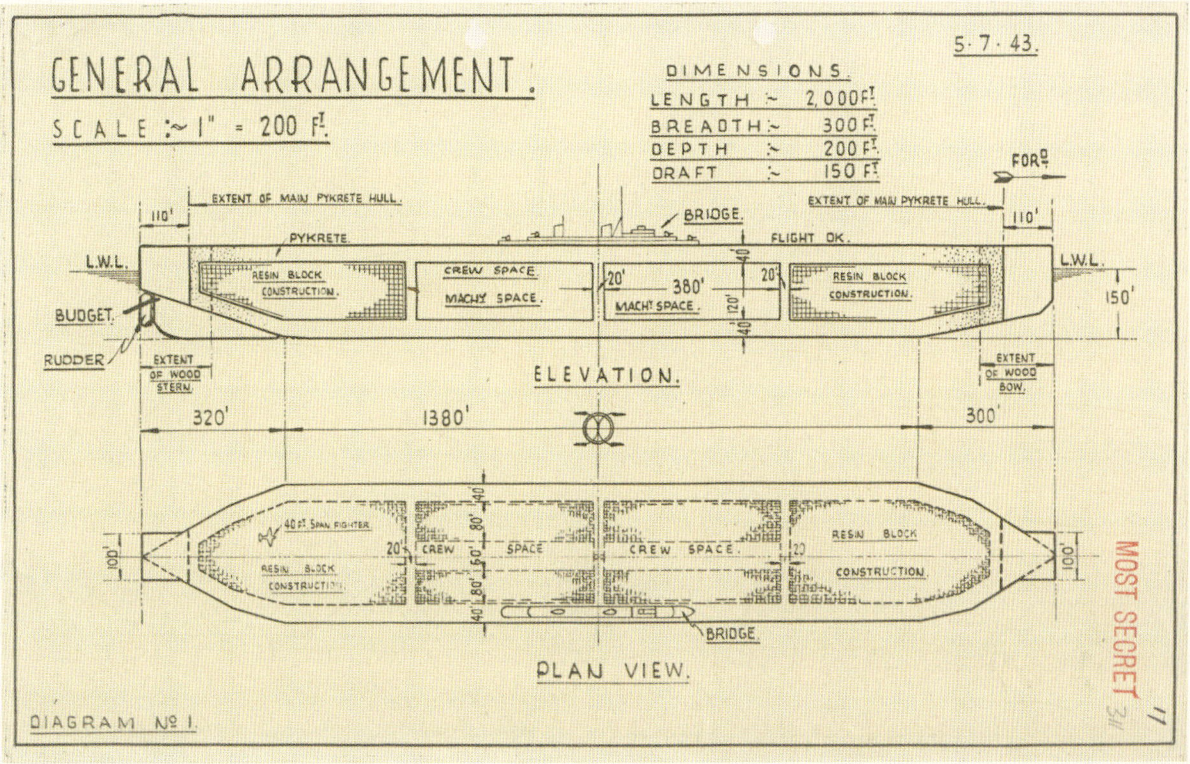

GENERAL ARRANGEMENT.

SCALE :~ 1" = 200 F.T.

5·7·43.

DIMENSIONS.
LENGTH ~ 2,000 F.T.
BREADTH ~ 300 F.T.
DEPTH ~ 200 F.T.
DRAFT ~ 150 F.T.

FOR'D.

EXTENT OF MAIN PYKRETE HULL.
BRIDGE.
EXTENT OF MAIN PYKRETE HULL.
PYKRETE
FLIGHT DK.
110'
110'

L.W.L.
RESIN BLOCK CONSTRUCTION.
CREW SPACE
MACH'Y SPACE.
20'
380'
MACH'Y SPACE.
20'
RESIN BLOCK CONSTRUCTION.
L.W.L.
150'
40'
120'

BUDGET.
RUDDER.
EXTENT OF WOOD STERN.
EXTENT OF WOOD BOW.

ELEVATION.

320'
1380'
300'

100'
40 F.T. SPAN FIGHTER.
RESIN BLOCK CONSTRUCTION.
20'
CREW SPACE
CREW SPACE.
20'
RESIN BLOCK CONSTRUCTION.
100'
80'
80'
60'
40'
80'

BRIDGE.

PLAN VIEW.

DIAGRAM Nº I.

17

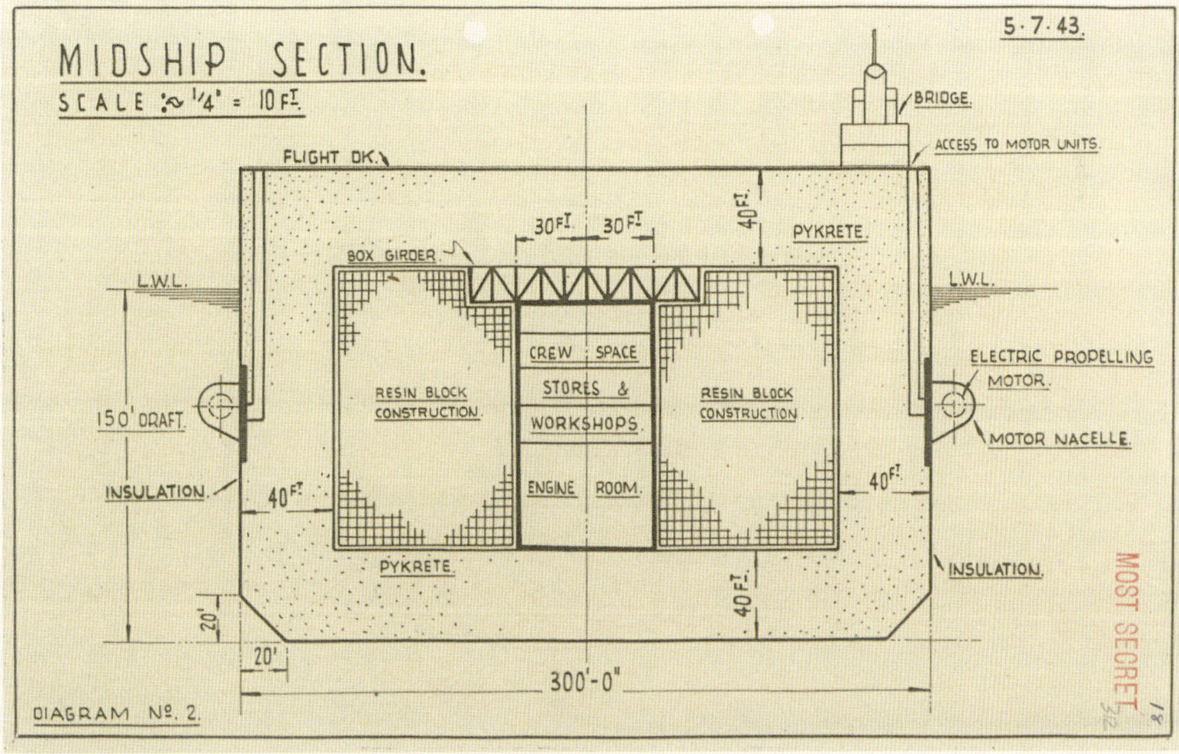

MIDSHIP SECTION.

SCALE :~ 1/4" = 10 F.T.

5·7·43.

BRIDGE.
ACCESS TO MOTOR UNITS.

FLIGHT DK.
BOX GIRDER.
30 F.T.
30 F.T.
40 F.T.
PYKRETE.

L.W.L.
L.W.L.

150' DRAFT.
RESIN BLOCK CONSTRUCTION.
CREW SPACE
STORES & WORKSHOPS.
ENGINE ROOM.
RESIN BLOCK CONSTRUCTION.
ELECTRIC PROPELLING MOTOR.
MOTOR NACELLE.

INSULATION.
40 F.T.
40 F.T.
INSULATION.

PYKRETE.

20'
40 F.T.
20'

300'-0"

DIAGRAM Nº 2.

279

H A B B A K U K

REPORT OF THE MAIN (TECHNICAL) COMMITTEE.

As directed by the Prime Minister at his GEN.(43) 13/1ST MEETING on 10th June, 1943, the Main (Technical) Habbakuk Committee (listed below) have considered Item (i) of the two proposals which they were to study and wish to report as follows.   Item (ii) will be covered by a further report.

COMMITTEE

R. Freeman	Chairman
K. C. Barnaby	Naval Design Advisor
J. D. Bernal	Scientific Research Advisor
D. A. Grant	Technical Co-ordinator
Marc Peter, Jr.	U.S.A. Technical Advisor
J. W. Rivett	Deputy Chairman

1. REQUIREMENTS.

Consideration has been given to the possible methods of producing a vessel to meet the following requirements:-

(a) The vessel must be delivered to its action station in early Spring of 1944.

(b) The length and breadth may be less than those formerly proposed.   Subsequent instructions as to requirements have laid down provisionally a minimum length of 1,500 ft. and width of 250 ft.

A height of deck sufficient to ensure operation in weather conditions expected;   this has been defined as not less than 22 ft.

(c) The vessel need not be self-propelled.   Tugs may be used.   A speed of 2 knots is sufficient.

(d) Long durability is not to be regarded as essential. It is more important to ensure rapidity of construction than high reliability.

Risk of damage, possibly critical, from extreme storms and successful enemy attack must be accepted.

2. SCHEMES CONSIDERED.

The following alternatives have been considered and rejected for the reasons stated.

(a) Vessel of Pure Ice.

The proved rate of construction does not ensure completion by the date required.

Evidence as to strength and uniformity of material do not justify confidence in the reliability of a large vessel in resisting wave action.

There is grave danger of critical cracking from an injury by a bomb.

Rate of melting in water and on the surface cannot be accurately assessed.   This may be rapid and erratic, so jeopardising the stability of the ship.

20th June, 1943.

DIE WICHTIGEN ABSÄTZE

Bericht des Main Technical Committee (links und rechts)

Die folgenden Alternativen wurden in Betracht gezogen und aus den angegebenen Gründen verworfen.

(a) Fahrzeug aus reinem Eis. Es besteht große Gefahr durch Brechen an kritischen Stellen, etwa durch eine Bombe.

Die Schmelzgeschwindigkeit in Wasser und an der Oberfläche ist nicht genau ermittelbar. Das Schmelzen kann rapide und unregelmäßig erfolgen und so die Stabilität des Schiffes gefährden.

(b) Pykrete (Pulpe-Eis) Ein Fahrzeug aus diesem Material mit einer Holzschale ist zwar nicht unbrauchbar, aber erheblichen Einschränkungen unterworfen. Wenn es stark genug sein soll, um Wellenschlag standzuhalten, müsste es eine Schalendicke von etwa 33 Metern haben, und der Bau kann innerhalb der erforderlichen Zeit nicht garantiert werden. Bei verringerter STärke bestünde das Risiko einer Beschädigung durch starke Wellen. Es müsste daher an einem Ort gebaut werden, der nicht zu weit vom Einsatzort entfernt ist und dessen Hafen im beginnenden Frühjahr nicht zugefroren ist.

tums aus Wasser und darin gefrorenem Sägemehl – erkannt. Da beide Stoffe leichter waren als Wasser, würde ein solches Fahrzeug praktisch unsinkbar sein. Ferner verbanden sich die Holzfasern so, dass es nicht splitterte: Kugeln und Granaten prallten einfach ab. Und da Holz die Wärmeleitfähigkeit drastisch reduziert, schmilzt eine Masse aus Pykrete wesentlich langsamer als ein Eisberg vergleichbarer Größe.

On the Rocks

Doch in der zweiten Hälfte des Jahres 1943 schmolz das Interesse an Pykes Planungen dahin. Sein »Schiff« benötigte zwar weniger Stahl als ein konventioneller Flugzeugträger, aber immer noch sehr viel für die Rohre zur Zirkulation des Kältemittels, und Stahl war knapp. Zudem erlaubte der portugiesische Präsident Salazar den Alliierten die Nutzung der Azoren für den Luftkrieg im Atlantik.

Operation Handcuff

Eine britische Expedition zur Einnahme der griechischen Insel Rhodos schien riskant zu sein. Am Ende kamen die Deutschen früher dort an.

Griechenland hatte seine Rolle im Krieg gespielt – zuerst hatte es die italienischen Invasoren zurückgeschlagen und dann den auf sie folgenden Deutschen Widerstand geleistet. Manche Historiker meinen, dies habe den Beginn von Unternehmen Barbarossa gerade so lange hinausgezögert, dass die Sowjetunion letztlich siegen konnte. Jedenfalls hatten die Griechen im April 1941 kapituliert, und Großbritanniens beendete sein Engagement – auf Kosten von 10 000 Soldaten, die als Kriegsgefangene zurückgelassen werden mussten.

Aus dem Bild ... und wieder drin

Die deutsche Besatzung war für die Griechen ausgesprochen hart: Tausende hungerten, Tausende wurden im Zuge des Partisanenkriegs exekutiert, andere kamen bei internen Kämpfen zwischen den Widerstandsgruppen um. Ähnlich verhielt es sich auf den Inseln, die hauptsächlich von Italienern besetzt worden waren. Doch was den Krieg insgesamt betraf, war Griechenland samt seinen Inseln in die Bedeutungslosigkeit abgesunken und kein bedeutender Kriegsschauplatz mehr.

Das änderte sich abrupt Mitte 1943, als klar wurde, dass Italien am Rande des Zusammenbruchs stand. Wer würde die Inseln jetzt bekommen? Der Dodekanes im Süden war wegen seiner strategischen Bedeutung von besonderem Interesse. Ihn zu beherrschen bot die Chance, den Schiffsverkehr in der Ägäis und dem östlichen Mittelmeer zu kontrollieren – und, was für die Briten mit ihrem asiatischen Empire immer von Bedeutung war, den Weg zum Suezkanal.

Überfall auf Rhodos

Der britische Joint Planning Staff, JPS, war Feuer und Flamme für Operation Handcuff mit dem Ziel, die griechischen Inseln in die alliierte Einflusssphäre einzugliedern. Rhodos und Karpathos wurden als Ziele für einen Angriff ausgewählt. Auf beiden Inseln waren deutsche Streitkräfte stationiert, doch sie waren schwach, und man erwartete nicht, dass sie von den italienischen Garnisonen unterstützt werden würden. Nach mehreren Luftangriffen würden britische Truppen von Zypern aus mit logistischer Unterstützung der *USS Kitty Hawk* einen amphibischen Angriff starten.

Eisenhowers Zweifel

Die Amerikaner hatten wie immer direktere Ziele. Eisenhower war bereits in seine Pläne für die Operationen Avalanche und Buttress – die ersten Landungen auf Sizilien – vertieft und gedachte, einen Großteil seiner Ressourcen darauf zu verwenden. Und obwohl die Kitty Hawk Flugzeuge transportiert haben mag, war sie doch kein Flugzeugträger. Sie würde weitgehend ohne Geleitschutz unterwegs sein, und das so weit im Osten. Die Briten glaubten zwar, dass die Italiener passiv bleiben würden, doch hundertprozentig sicher war dies keineswegs.

Schließlich verstrich der Zeitpunkt, und die Deutschen bekamen genug Zeit, um ihre Position im Dodekanes zu festigen.

Begeisterte griechische Truppen vor dem Abmarsch an die albanische Front.

J.P.(43) 285 (FINAL)
14th AUGUST, 1943.

WAR CABINET

JOINT PLANNING STAFF
───────────────

OPERATION "HANDCUFF"

Report by the Joint Planning Staff

As instructed* we have examined the telegraphic
summary# of a plan prepared by the Commanders-in-Chief,
Middle East, for the capture of the islands of Rhodes and
Scarpanto against German opposition only, the Italians being
passive. This is a "set-piece" operation which the
Commanders-in-Chief consider would, in the present state of
the distribution of resources require six weeks to mount.

2.   We consider the likelihood of mounting this operation
during 1943 is put to for the following reasons:-

(a) While Italy is still in the war, the basic
    assumption that we shall meet German
    opposition only, the Italians being passive, is in
    itself unrealistic. Although it is possible that
    the Italian forces in Rhodes might give some previous
    sign of their intention not to assist the Germans
    in repelling an Allied assault, it would be difficult
    to be sure that they would live up to their intention.

(b) It is clear that so long as operation "Buttress" or
    "Avalanche" is being mounted, or undertaken, General
    Eisenhower cannot provide the necessary resources -
    mainly naval, air and landing craft - to make up
    Middle East requirements.

(c) Once Italy is out of the war the availability of
    resources for operation "Handcuff" will depend on the
    priority accorded at "Quadrant" to Mediterranean
    operations. If, as we have previously recommended#
    priority is given to operations on the mainland of
    Italy, subsidiary action in the Balkans and the
    bombing of German industrial targets from Italy, it
    is probable that General Eisenhower will still be
    unable to afford the necessary resources for
    "Handcuff".

+ C.O.S. (43) 179th Meeting (O)
# C.C. 270
* J.P.(43) 221

-1-

OPERATION "HANDCUFF"
(Ref. C.O.S.(43) 179th Meeting (O)
Minute 8.)

Report by Joint Planning Staff
J.P.(43) 285 (Final)

The J.P.S. consider, for various reasons, that the
chances of mounting "HANDCUFF" this year are remote and
they have therefore drafted a reply to the C's.-in-C.
without regard to the air forces actually available.

2.   The C's.-in-C. have stated their air requirements as
40 fighter and medium bomber squadrons plus 6 ship-borne
S.E.F. squadrons and the use of a bomber force of 20 U.S.
heavy bomber squadrons. This seems on the high side in
view of the enemy opposition to be expected:- A maximum
of 295 aircraft of which 100 are Italian and therefore
likely to be ineffective if the hypothesis that the
Italians may not fight at all is accepted. On the other
hand, the distance from Cyprus to Rhodes (275 miles) would
entail a heavy escort commitment and 9 squadrons plus the
ship-borne fighters are earmarked for this purpose.

3.   As regards paragraph 7 of the Paper and paragraph 2
of the draft telegram, although all the information here
shows that the Kittyhawk cannot safely give cover at a
range of 275 miles, I think it might be advisable to
reword the last sentence of para. 2 of the telegram on
the following lines:-

"On the other hand we doubt whether the
Kittyhawk is capable of escorting medium
bombers as far as Rhodes and Kos with any
margin of safety and would like you to
confirm that they can in fact do so."

4.   I agree with the other points made in the paper and
with the remainder of the telegram.

A.C.A.S.(P)
16.8.1943.

DIE WICHTIGEN ABSÄTZE

Links: Bericht des Gemeinsamen Planungsstabs JPS:
Wir halten die Wahrscheinlichkeit für diese Operation innerhalb des Jahres 1943 aus folgenden Gründen für sehr gering:
(a) Es ist zwar möglich, dass die italienischen Streitkräfte auf Rhodos die Deutschen bei ihrer Abwehr eines alliierten Angriffs nicht unterstützen, doch es ist nicht sicher, dass sie sich auch ihrer Intention entsprechend verhalten.
(b) Es ist klar, dass General Eisenhower, solange die Operationen »Buttress« oder »Avalanche« vorbereitet oder unternommen werden, nicht die notwendigen Mittel – hauptsächlich Schiffe, Flugzeuge und Landungsfahrzeuge – zur Verfügung stellen kann.
(c) Sobald Italien nicht mehr Kriegspartei ist, wird die Verfügbarkeit von Ressourcen für Operation »Handcuff« von der Priorität abhängig sein, die den »Quadrant« Operationen im Mittelmeer zugemessen wird. Falls, wie wir empfohlen haben, Operationen auf dem italienischen Festland, Entlastungskämpfen auf dem Balkan und der Bombardierung deutscher Industrieziele von Italien aus Priorität eingeräumt wird, ist es wahrscheinlich, dass General Eisenhower nach wie vor nicht in der Lage sein wird, die notwendigen Ressourcen für »Handcuff« zur Verfügung zu stellen.
Rechts: Antwort auf Bericht:
Der JPS hält die Chancen, »Handcuff« dieses Jahr durchzuführen, aus verschiedenen Gründen für gering; er hat deshalb eine Antwort auf die militärischen Oberbefehlshaber entworfen, aber ohne die real zur Verfügung stehenden Luftstreitkräfte zu berücksichtigen.

Operation Satin

Ein angedachter amerikanischer Angriff auf Tunesien versprach, das Leben für Rommels Streitkräfte in der Wüste äußerst unangenehm zu machen, doch auch für die Alliierten waren damit beträchtliche Risiken verbunden.

Anfang 1943 hatte Erwin Rommels Ruf ein wenig von seinem Glanz eingebüßt: Bei seinem Rückzug nach Westen war der »Wüstenfuchs« im Süden Tunesiens angekommen. Ohne ausreichende Luftwaffenkräfte befand er sich in einer sehr ungünstigen Lage. Er war weit davon entfernt, den Kampf aufzugeben, hütete sich aber davor, es mit Großbritanniens kampferprobter Achter Armee auf-

Rommels taktisches Genie konnte die Übermacht der Alliierten nicht auf ewig ausgleichen.

zunehmen, die von Osten unaufhaltsam vorrückte. Überfälle auf die unerfahrenen Amerikaner sagten ihm mehr zu.

Ein kühner Streich
Ebendies missfiel dem britischen General Alan Brooke an der Operation Satin, die Eisenhower für

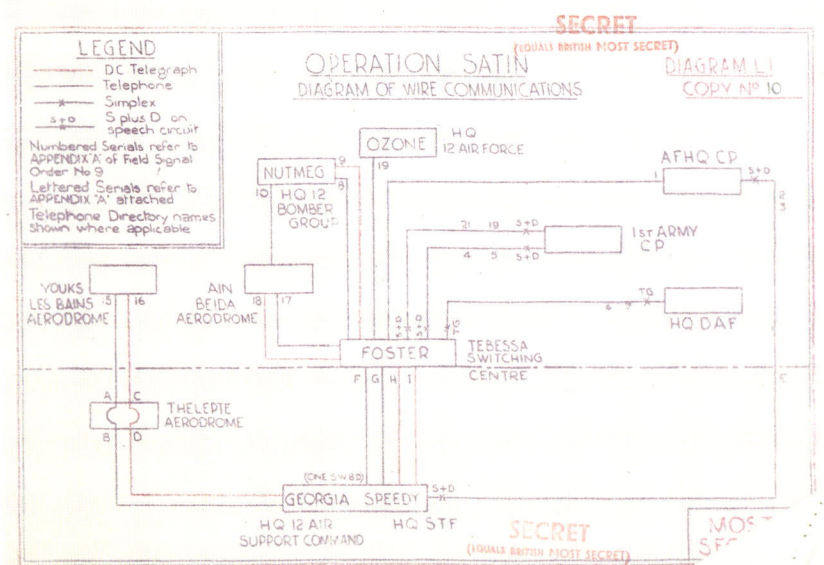

Die Alliierten hofften, dass sich ihre gute Organisation Rommels taktischem Geschick als ebenbürtig erweisen werde. Das hätte in der Tat sein können … und am Ende war es das auch. Doch Operation Satin zeigt, dass auch ein rationaler Plan hochgradig unrealistisch sein kann.

DIE WICHTIGEN ABÄTZE

Betr.: Lufttransporte Operation Satin

1. Im Rahmen der Vorbereitung für Operation Satin gestaltet sich der Nachschub in etwa planmäßig. Die Zeit zur Berücksichtigung von Details ist allerdings kurz. Es entstanden Situationen, die es notwendig machten, während der Planungsphase Verantwortlichkeiten zu transferieren. Unter diesen Umständen ist abzusehen, dass sich bei unvorhergesehenen Ereignissen Versorgungsmängel entwickeln können. Depotbestände mit Teilen, die im Ernstfall knapp werden können, finden sich bei von Oran.

2. Es ist absehbar, dass Bedarf entsteht, der eine Versorgung aus der Luft erforderlich macht. Deshalb sollten Pläne für Lufttransporte von Oran nach Tebessa ausgearbeitet werden. Damit dies effektiv geschehen kann, sollten diese Dienste auf direkte Anforderung durch den Kommandierenden General der Mittelmeer-Basissektion auf Wunsch des Kommandierenden Generals der Satin Task Force verfügbar sein.

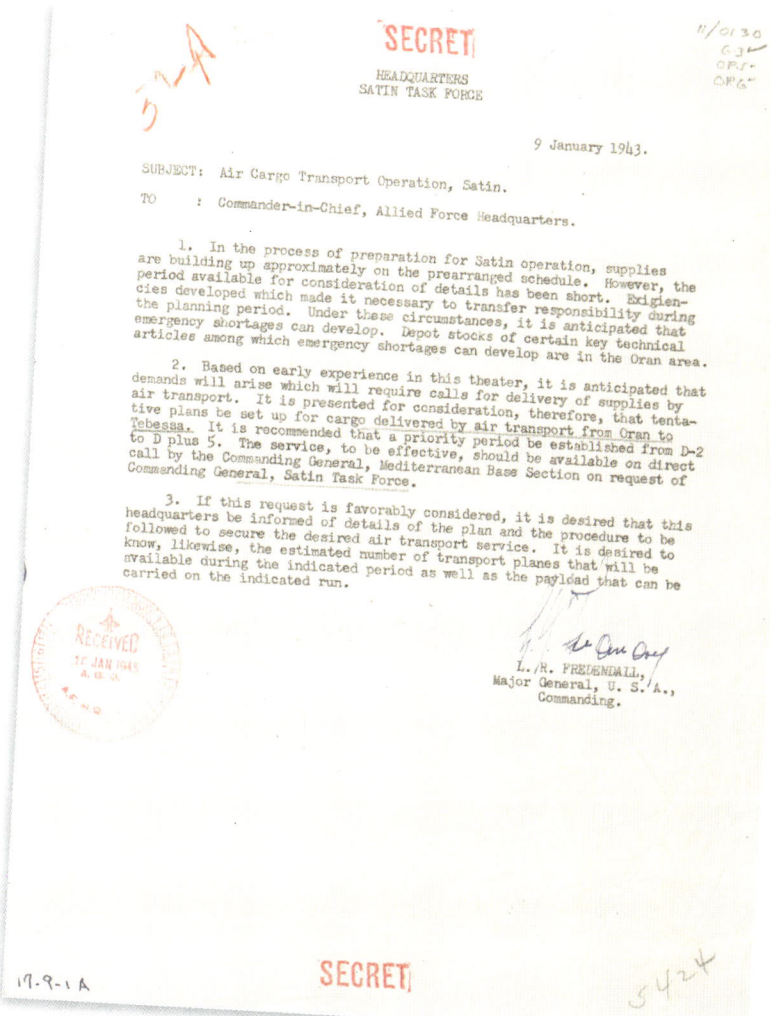

den 22. Januar befehlen wollte. Das II. Korps war erst ein paar Monate zuvor als Teil der alliierten Operation Torch in Afrika eingetroffen. Eisenhower erkannte zwar, dass ein direkter Angriff auf Rommel nicht realistisch war, aber er hoffte, den Druck erhöhen zu können, indem er wichtige Punkte der feindlichen Nachschublinie angriff. Dazu wollte er seine 1. Panzerdivision von Gafsa nach Osten über die Mitte des Landes ans Mittelmeer vorstoßen lassen, an die Häfen von Sfax und Gabès oder auf den Flugplatz von Kairouan zu, der weiter landeinwärts lag.

Der amerikanische Oberbefehlshaber hatte genau jene elegante Strategie präsentiert, die den Deutschen Kopfzerbrechen bereitete. Sie würde nicht nur Rommel das Leben im Süden schwer machen, sondern auch deutsche Streitkräfte vom Norden in den Süden abziehen – und General Kenneth A. N. Andersons Erste Armee zu einem Angriff auf Tunis einladen.

Ein großer Befehl

Die Unterbrechung der deutschen Nachschublinien war gewiss ein lohnendes Ziel, aber wie sollten Eisenhowers Kräfte selbst mit Nachschub versorgt werden? Schnelligkeit würde ausschlaggebend sein, was bedeutete, dass die 1. Panzerdivision »mit leichtem Gepäck« unterwegs sein musste. Wenn alles gut ging, würde dies kaum eine Rolle spielen: In den Stützpunkten, auf die sie vorstoßen wollten, würde es reichlich Vorräte geben. Sollten die Überfälle aber scheitern oder sich der Vormarsch verzögern, so würden sie abgeschnitten werden und zu schlecht ausgerüstet sein, um den Kampf mit dem Afrikakorps aufzunehmen. Dementsprechend waren die Briten äußerst skeptisch.

Selbst dem amerikanischen General Lucien Truscott fiel es schwer, optimistisch zu sein. Es gehe nicht darum, Satin zu kritisieren, erklärte er loyal; die Operation sei in der Tat »logistisch tadellos, wenn alles hundertprozentig läuft«. Sie sei aber »ein Projekt auf Messers Schneide«.

Überflüssig gemacht

Am Ende ließ sich Eisenhower davon überzeugen, dass Operation Satin ein unnötig riskanter Weg sein würde, ein Ziel zu erreichen, das ohnehin bald erreicht sein würde. Montgomerys Achte und Andersons Erste Armee kamen rasch aufeinander zu und würden Rommel innerhalb von Wochen vollständig von der Küste abschneiden. Tatsächlich wurde es nicht ganz so einfach – Anderson wurde von den mutigen Verteidigern vor Tunis zurückgedrängt –, doch für die Deutschen in Nordafrika lief die Zeit rasch aus.

Ein deutsches 8,8-cm-Flakgeschütz wartet im Wüstenkrieg auf einen alliierten Angriff.

DIE WICHTIGEN ABSÄTZE

Betr.: Satin, 9. Januar 1943
1. Die jüngsten Konferenzen mit Bezug auf P/40 weisen auf eine bald bevorstehende Entscheidung über die Richtung hin, die SATIN nehmen wird. Da der Eindruck besteht, dass sich das Komitee im Allgemeinen eher für das Gebiet SFAX ausspricht, unterbreite ich als Hinweis einer Minorität meine starke Überzeugung, dass SATIN nach GABES gehen sollte.
2. Der Auftrag der alliierten Streitkräfte im gesamten Afrika ist die Eliminierung der Streitkräfte der Achsenmächte in diesem Kontinent. Jegliche Kampfhandlung muss zu diesem Ziel beitragen. Rommel und Nehring können nicht getrennt bewertet werden. Die Fähigkeiten des Feindes, die es Rommel erlauben werden, sich Nehring anzuschließen und offensiv zu werden oder durch Sizilien und Italien zu entkommen, hätten einen höchst bedauerlichen Einfluss auf die Kampfmoral der alliierten Truppen.
7. Man sollte nicht vergessen, dass Rommel bislang jede Lücke, die man ihm offen ließ, zu nutzen wusste. Er wird kühn vorgehen und vom Land oder von unseren eigenen Nachschubdepots leben, wenn sie für ihn verfügbar werden.

file Roots 1/11/43

ALLIED FORCE HEADQUARTERS

G-3 SECTION

9 January 1943.

MEMORANDUM TO: G-3.

SUBJECT   : Direction of SATIN.

1. Recent conferences with reference to P/40 indicate a very close decision on the direction in which SATIN will move. Since it is felt that committee opinion generally leans toward the SFAX area, I submit this as a minority indication of my strong belief that SATIN should go to GABES.

2. The mission of Allied Forces in all AFRICA is destruction of Axis forces in this continent. All action must contribute to that end. Rommel and Nehring cannot be estimated separately. The enemy is endeavoring his utmost to concentrate. That is his most dangerous capability.

3. The destruction of Rommel will have greater repercussions on the morale of Allied powers than will the immediate elimination of enemy forces in the TUNIS - BIZERTA bridgehead. The enemy capabilities which will permit Rommel to join Nehring and assume an offensive attitude or escape through SICILY and ITALY would likewise have a most unfortunate influence on that morale.

4. Montgomery has been pursuing Rommel with the utmost vigor. The only obstacle to annihilation of the Africa Corps has been the inability of Eighth Army to form and move an encircling force to hold the enemy until he can be destroyed. It is now in the power of the Allied Forces North Africa to furnish Montgomery with that encircling force. The Axis exit at GABES blocked will take from Rommel his maneuver room. Our seizure of SFAX on the other hand would permit Rommel to come closer to full supporting distance from the BIZERTA bridgehead but more dangerously will give him maneuver room as he comes through the GABES bottleneck.

5. It is felt that the risk of directing SATIN on GABES is not greater than it would be if it were directed on SFAX. Supply will be difficult initially. Succeeding operations should however make SFAX available to us. It is agreed that SFAX and GABES must be regarded together and operations against them should be in close succession but to let SFAX precede GABES gives time to Rommel.

6. The question of command will be of great importance and also a delicate inter-allied problem. As for ground forces it should be expected that the Eighth Army as it advances into the North African theater would come under control of AFHQ. A reasonable solution of the subordinate command in south TUNISIA would place Montgomery in operational control to include that force which closes the GABES bottleneck. Such an arrangement would be not only practical from a military point of view but would acknowledge the right of Montgomery to execute the "coup de grace" to Rommel. The seizure of the GABES area with the SATIN force would not necessitate the continued operation of the First Armored Division in that area. Its mobility and striking power make it effective in support of our operations in the SFAX - KAIROUAN area at a later but early period.

7. It should be remembered that Rommel has never failed to make use of a hole that has been left open to him. He will operate boldly and will live off the country or on our own supply depots if they are made available to him. If GABES is left open a reasonable capability on his part would be to join hands with Nehring, not through SFAX but around it, using our supplies where he found them.

8. It is strongly recommended that SATIN be directed on GABES.

W.G. Wyman

W. G. WYMAN,
Colonel, G.S.C.,
G-3 Planning.

Chancen in Panama

Die Idee eines Überraschungsangriffs, der den Panamakanal schließen würde, war kühn und wagemutig – zu kühn, wie sich zeigen sollte.

Kapitän Chikao Yamamoto und Oberst Yasuo Fujimori präsentierten die Idee eines Angriffs auf Panama im August 1943. Der Schock des Angriffs auf Pearl Harbor war verblasst, die Amerikaner hatten ihre militärischen und industriellen Ressourcen mobilisiert und kamen nun langsam, aber sicher im Pazifik voran.

Ein zweites Pearl Harbor

Der japanische Oberbefehlshaber Admiral Isoroku Yamamoto musste die Initiative zurückgewinnen. Die amerikanische Bevölkerung war vom Krieg bislang noch praktisch unberührt; er wollte ihr Selbstvertrauen verletzen. Eine Reihe von Ideen für ein »zweites Pearl Harbor« war bereits erwogen worden. Dazu gehörten Angriffe auf Küstenstädte der USA.

Yamamoto hatte eine U-Boot-Flotte mit großer Reichweite entwickeln lassen, mit der Japan sogar sehr weit von der Heimat entfernt zuschlagen konnte.

Eines dieser U-Boote bezog der Panamaplan mit ein; es sollte sich der mittelamerikanischen Pazifikküste nähern und dann zwei *Seiran*-Wasserflugzeuge ausschicken. Dieses speziell entworfene Flugzeug war ein Sturzbomber, der auch Torpedos abwerfen konnte. Zehn Maschinen würden laut Planung zur Sperrung des Kanals ausreichen. Die Piloten würden, um nicht vom Radar entdeckt zu werden, im Tiefflug über den Isthmus Richtung Atlantikküste fliegen und die Gatún-Schleuse angreifen: Mit sechs genau platzierten Torpedos plus zirka drei Tonnen Bomben sollte sie zu zerstören sein. Die Schließung des Panamakanals konnte die im Pazifik operierende US-Flotte militärisch nicht ernsthaft behindern, doch sie würde die Öffentlichkeit des Landes zumindest schockieren.

Admiral Isoroku Yamamoto wollte die militärische Initiative wiedergewinnen, die Japan an die USA verloren hatte.

Revidierte Erwartungen

Die Monate vergingen, alles wartete auf die Lieferung der neuen U-Boote, und die Piloten der *Seiran* bereiteten sich gewissenhaft auf ihre Aufgabe vor. Es ist bezeichnend für die Kriegslage, dass sich der Plan von einem Routineangriff immer mehr zu einer Kamikaze-Selbstmordattacke entwickelte,

ehe er im Kampf zur Rettung des Heimatlandes aufgegeben wurde.

Ein tauchfähiger Flugzeugträger
Das Konzept für die U-Boote der Sen-Toku I-400-Klasse hatte Admiral Isoroku Yamamoto 1941 nach Pearl Harbor entwickeln lassen. Dieser Angriff hatte die Bedeutung des Überraschungsmoment überzeugend demonstriert. Aber konnte man dergleichen wiederholen?

Yamamotos kühne Lösung war ein tauchfähiger Flugzeugträger. I-400 war damals das größte jemals gebaute U-Boot. Es konnte genügend Treibstoff aufnehmen, um von jedem Ziel auf der Welt wieder in den Heimathafen zurückzukehren. Neben Torpedos sollte es Deckgeschütze und einen wasserdichten Hangar aufweisen, der mindestens zwei kleine *Seiran*-Wasserflugzeuge aufnehmen konnte. Diese würden von einem Katapult gestartet und waren mit Schwimmern ausgerüstet, sodass sie auf dem Wasser landen und am Ende der Mission mit einer Winde wieder an Bord genommen werden konnten. Jedes Flugzeug hatte eine Reichweite von 960 Kilometern

Mit 122 Metern Länge war das I-400 das damals größte U-Boot.

und konnte entweder eine 800-Kilogramm-Bombe oder einen Torpedo ähnlicher Größe aufnehmen.

Das I-400 war auch auch unter Wasser kaum zu orten. Denn sein Rumpf war innen schallgedämpft und außen mit einer elastischen Schicht überzogen, die Sonarwellen dämmte. Dadurch konnte es dicht an sein Ziel heranlaufen, bevor es zum Angriff auftauchte. Letztlich wurden von 18 geplanten Booten dieses Typs aber nur zwei in Dienst gestellt, und das auch noch zu spät, um den Kriegsausgang noch beeinflussen zu können.

> **Das Abfließen des Wassers des Gatún Lake – und das befürchte ich – wäre eine strategische Katastrophe ... [und] sie wäre leichter möglich, als ich gedacht hatte.**
>
> *US-General Frank Andrews, September 1941*

Die Gatún-Schleusen, hier in einer Aufnahme von 1936, waren ein offensichtlicher Engpass für den Panamakanal.

Operation Culverin

Churchills Plan, einen Teil Sumatras als Basis für Angriffe auf japanische Schiffe zurückzuerobern, hatte alles für sich – bis auf die Machbarkeit.

Die Provinz Aceh liegt an der Nordwestspitze der indonesischen Insel Sumatra. Im Februar 1942 hatten die Japaner diese ehemalige niederländische Kolonie erobert. Sie waren blitzschnell durch Indonesien vorgerückt, und auch wenn ihr Vorankommen mit dem Fortschreiten des Krieges allmählich langsamer geworden war, wies 1943 nur wenig darauf hin, dass ihr Vormarsch aufgehalten würde.

Sumatraischer Würgegriff

Operation »Feldschlange« kam erstmals bei der Konferenz von Quebec zur Sprache. (Eine Feldschlange ist ein langes, kleinkalibriges Geschütz aus dem 17. Jahrhundert.) Der Vorschlag kam von Winston Churchill. Während die Rückeroberung des Archipels noch zu warten habe, sei ein begrenzter Schlag gegen diesen Teil Sumatras

Im Uhrzeigersinn von unten links: Roosevelt, Mackenzie King, Churchill, der Earl von Athlone.

DIE WICHTIGEN ABSÄTZE

Betr.: Schlachtplan Culverin 9. Februar 1944
Damit Organisation und Abschlusstraining der Armee- und Korpstruppen rechtzeitig vor Beginn der Operation durchgeführt werden können, ist es für die von außerhalb Indiens angeforderten Einheiten notwendig, Phase A des Aufmarschs abzuschließen und in Indien rechtzeitig für diese Organisation bereitgestellt zu werden.

Zusätzlich müssen sich die Hauptquartiere der Armee, des Zweiten Korps und der verschiedenen Kommandos frühzeitig in Indien sammeln, um die Planung zu beginnen.
6. Deshalb werden Sie ersucht, der Frage der Beschaffung von Ressourcen für Verwaltungseinheiten nachzugehen, die notwendig sind, um den Bestand an Personal und Fahrzeugen, wie im Anhang gezeigt, aufrechtzuerhalten, und anzugeben, ob und welche Einheiten Sie verfügbar machen können.
Das Hauptquartier würde dann für den nötigen Ausgleich an Verwaltungseinheiten sorgen, um das in Anhang A ausgewiesene Personal nach Indien zu begleiten.

COPY.

IMMEDIATE

MOST SECRET

Subject:- ORDER OF BATTLE-
CULVERIN.

No. 65028/SD3
Adv HQ 11 Army Group SEA
New Delhi.   9 Feb.44.

To:- Chief of the General
      Staff (SD4), GHQ(I).

Ref our 65028/SD3 of 31 Jan 44 to HQ SEAC.

In order that organization and final training of Army and Corps Tps can be carried out in good time before the operation is mounted, it will be necessary for those units, required from outside INDIA, to complete Phase A of the Order of Battle, to assemble in INDIA in sufficient time for this organization and training to be completed.

In addition, Army HQ, the Second Corps HQ and the various L of C HQ must assemble in INDIA early so as to begin planning.

2.   Attached at Appx A is a summary of the personnel and vehicles, less adm units, which must, for these reasons, come into INDIA, giving dates by which each HQ or Group of Units should complete arrival.

3.   The dates shown in the Appx are based on the assumptions that
          (a) The operation is mounted on 1 Nov 44.
          (b) All movement of units in Phase A to ports of embarkation
               is completed by 1 Sep 44.

4.   The introduction of these HQ and units into INDIA, apart from the problem of accommodation, raises the question of provision of sufficient adm units to maintain them during the period they remain in INDIA.

5.   Adm planning now in hand at GHQ(I) may allow of provision for maintenance of the troops involved. On the other hand, it may be necessary for all adm units required to accompany these troops into INDIA.

6.   It is requested, therefore, that you will examine the question of provision from your resources of Adm units necessary to maintain the personnel and vehicles shown in Appx, and state what, if any, units you can make available.

This HQ would then arrange for the balance of Adm units necessary to accompany the personnel shown in Appx A into INDIA.

7.   It would be appreciated if your reply could reach this HQ by 1800 hrs on 11 Feb.

                              (Sd) I.S.O. Playfair,
                                      General,
                      C-inC 11 Army Group SEA.

Copy To:- HQ. S.E.A.C.(2)
            EPS(BLUE)
            A/Q (PLANS)
            A
            Q(MAINT)

womöglich machbar, so der Premierminister. Ein dort errichteter Flughafen wäre die perfekte Basis, um die Fahrt japanischer Schiffe durch die Malakkastraße zu erschweren, der wichtigsten See-

verbindung zwischen Pazifik und Indischem Ozean. Ein Würgegriff dort könne den Japanern ernste Probleme bescheren.

Aber Churchill, ganz Schachspieler, dachte auch noch einen

Schritt weiter: Die Kontrolle der Alliierten über die Seestraße wäre bereits bedeutend, noch bedeutender aber die Anstrengungen, die Japan würde unternehmen müssen, um das Territorium zurückzu-

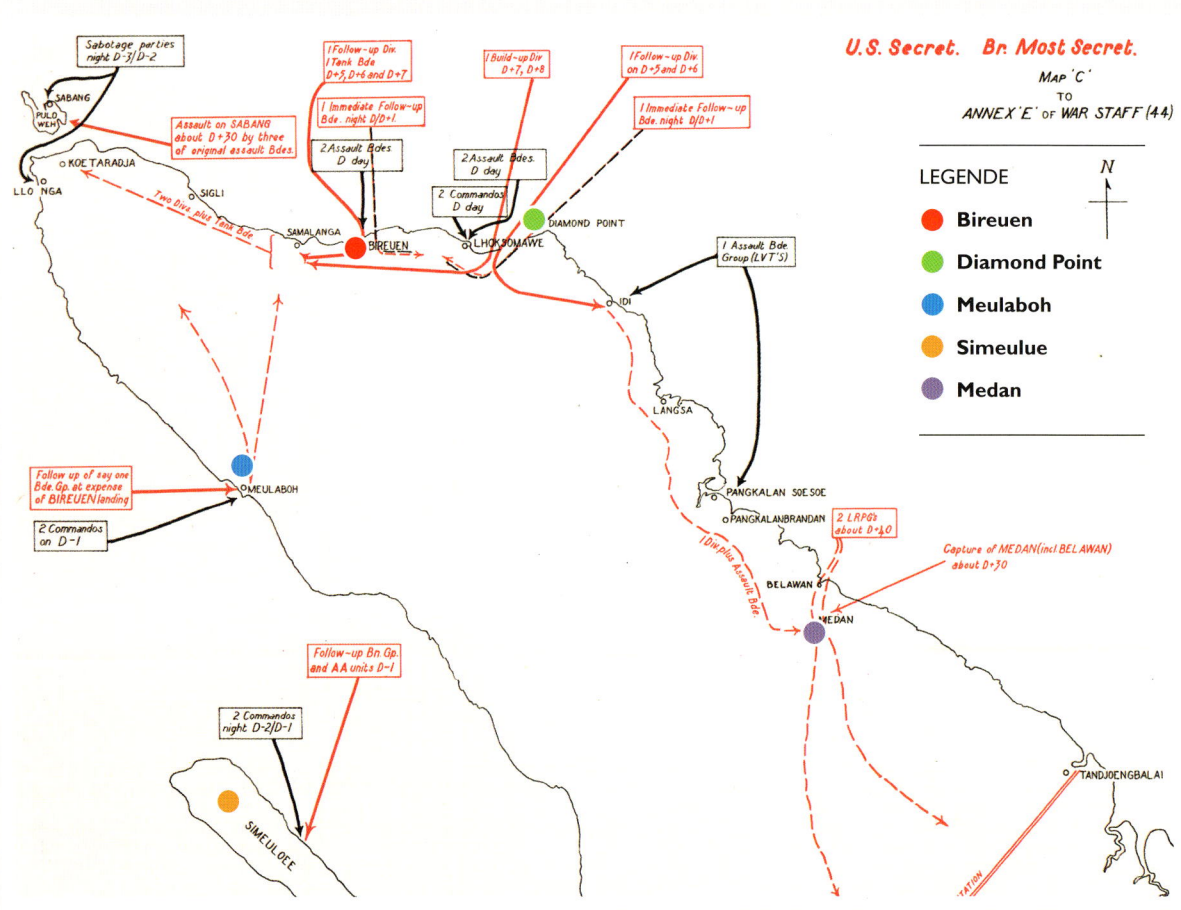

SUMATRAISCHE ÜBERRASCHUNG

Das Gros der alliierten Kräfte für Operation Culverin sollte an der Nordostküste Sumatras nahe Bireuen sowie weiter östlich bei Diamond Point – dem heutigen Udjung Djamboaje – landen und dann nach Süden vorstoßen. Die Besetzung dieser Küste würde die Kontrolle des Verkehrs in der Meerenge

ermöglichen. Eine zweite Landung sollte bei Meulaboh an der Südwestseite stattfinden. Von dort aus sollte Simeulue mit eher schwachen Kräften gesichert werden. Denn an dieser Stelle war am ehesten mit einem japanischen Gegenangriff zu rechnen.

erobern. Mit der Einnahme des Nordens von Sumatra, so erklärte er später, »sollten wir uns einen Stützpunkt erobern, und die Japaner müssten sich selbst übertreffen, wenn sie die schwere Gefährdung, denen ihre Schiffe durch unsere Luftangriffe ausgesetzt wären, vermeiden wollten«.

Verworfen, wiederbelebt, erneut verworfen
Bleibt festzustellen, dass selbst der eleganteste Plan an der Realität scheitern kann – oder aufgrund einer übertrieben pessimistischen Lagebeurteilung frühzeitig aufgeben wird. Operation Culverin

wurde fallen gelassen – aber nicht vergessen. Der Plan wurde 1944 wiederbelebt, als der Krieg in die Endphase eintrat und Lord Mountbatten als Oberbefehlshaber der Alliierten in Südostasien alles daransetzte, das Kriegsgeschehen nach Japan zu tragen. Culverin sollte die erste in einer ganzen Reihe amphibischer Operationen in der Region werden; sie war darauf angelegt, einen noch ungekannten Druck auf den Feind auszuüben. Auf See schienen die Japaner allerdings so stark wie eh und je: Die Zeit für diese Art groß angelegter Landung schien 1943 noch immer nicht reif.

Zum Beschuss Sumatras kam es erst im späteren Verlauf des Krieges.

So vorteilhaft eine erfolgreiche Operation Culverin auch sein könnte – durch den Einsatz aller Ressourcen für einen umfassenden Vorstoß nach Burma hinein können wir weit mehr gewinnen.

General George Marshal fasst die amerikanische Ansicht in Worte, 1943.

Operation Walküre

Generalmajor Henning von Tresckow hatte Hitler schon vor dem Krieg durchschaut.

Hitler und Mussolini begutachten den Schaden nach dem Bombenattentat vom 20. Juli 1944.

Eine Gruppe deutscher Offiziere konspirierte allen Ernstes, um ihren »Führer« zu ermorden. Wie anders hätte sich die Geschichte entwickelt, wenn dieser Plan gelungen wäre?

Es brauche nur einen Funken, sagte Henning von Tresckow, um eine Explosion gegen Hitler auszulösen, den »Erzfeind der Welt«. Geführt vom Militär würde sich das deutsche Volk gegen ihn erheben. Nachdem der größte Brand der Menschheitsgeschichte bereits wütete, war der Vergleich mit dem Funken sicher nicht glücklich. Dennoch ist unschwer zu verstehen, was der Generalmajor meinte.

Als Generalstabschef der Heeresgruppe Mitte an der Ostfront war er an der richtigen Stelle, um das Ausmaß der Krise zu erkennen, in die Hitler das Land ge-

stürzt hatte – und um hohe Offiziere und Funktionäre zum Widerstand gegen den Tyrannen zu bewegen.

Kein vielversprechender Start

Tresckow bemühte sich zunächst um die Unterstützung von General Günther Hans von Kluge und Generalfeldmarschall Fedor von Bock, zwei bedeutenden Kommandeuren an der Ostfront. Der Opportunismus des Ersteren war bereits an dem Tempo seines Aufstiegs abzulesen, der aristokratische Hochmut des Letzteren für den Emporkömmling Hitler und seinen Nationalsozialismus war aber unverkennbar. Dennoch war ungeachtet der schlechten Kriegslage keiner von beiden gewillt, klar Position zu beziehen. Zwar war Kluge am Rande in das Attentat der Gruppe um Claus Schenk Graf

von Stauffenberg im Juli 1944 ver-
strickt – aber auch hier enttäuschte
er mit seiner Feigheit sich selbst
wie seine Mitverschwörer.

Dies war zwar entmutigend,
aber mit Generaloberst Ludwig
Beck, der ebenfalls in der preußi-
schen Militärtradition stand, aber
als langjähriger, wenngleich diplomatischer Kritiker Hitlers galt,
hatte Tresckow mehr Glück. Auch
Tresckows Adjutant Leutnant
Fabian von Schlabrendorff und
sein Nachrichtenoffizier Rudolf
Christoph von Gersdorff schlossen
sich einer Gruppe an, die nicht nur
lamentierte, sondern bereit war zu
handeln.

Ein Missgeschick nach dem anderen

Doch das Schicksal schien sich
gegen die Verschwörer verschwo-
ren zu haben. Kalte Luft in großer
Höhe verhinderte offenbar am
13. März 1943 die Detonation
einer Zeitbombe an Bord von Hitlers Privatflugzeug. Der Sprengstoff war in zwei Cointreau-Fla-
schen eingeschmuggelt worden
und wurde später sichergestellt. In
der darauffolgenden Woche sollte
der »Führer« bei einer Ausstellung
russischer Beutewaffen in die Luft
gejagt werden. Von Gersdorff
erbot sich, den Sprengstoff wie ein
Selbstmordattentäter unserer Tage
am Körper zu tragen und bei der
Begrüßung seines »Führers« zur
Explosion zu bringen. Doch Hitlers protokollarischer Dienst hatte,
vorsichtig geworden, als Sicher-
heitsmaßnahme die Zeitspanne
verkürzt, die für den Besuch der
Ausstellung vorgesehen war, und
er verließ den Raum bereits nach

etwa zwei Minuten. Dadurch traf
ihn von Gersdorff nicht an, sondern sah sich stattdessen mit dem
Problem konfrontiert, in letzter
Minute sein tödliches Kostüm
entsorgen zu müssen.

Neun Monate später planten die
Verschwörer, bei einer Ausstellung
neuer Winteruniformen einen
Sprengsatz zu installieren, doch

Wenngleich das Attentat von 1944 erfolglos
blieb, zeigte es der Welt doch zumindest,
dass eine deutsche Opposition gegen Hitler
existierte.

der Zug, mit dem sie unterwegs
waren, wurde in der Nacht zuvor
bei einem alliierten Luftangriff von
einer Bombe getroffen.

Unternehmen Weitsprung

Es hätte vielleicht treffender »Unternehmen Weitschuss« benannt werden sollen, doch die Nazis verfolgten ernsthaft den Plan, die »Big Three«, die Führer der Alliierten, in Teheran zu ermorden.

Der Erfolg der Codeknacker von Bletchley Park bei der Entschlüsselung des Enigma-Codes wurde mit Recht gepriesen. Doch dies war nur eine Episode in einem fortdauernden Entschlüsselungskrieg, in

dem beileibe nicht nur die Alliierten Erfolge zu verzeichnen hatten. Dass die deutschen U-Boote im Atlantik Angst und Schrecken verbreiten konnten, war auch den »Kryptoanalytikern« zu verdanken. Sie beschafften Informationen über Schiffs- und Konvoibewegungen, und auch von Eureka, der Konferenz der alliierten Führer in Teheran, erfuhren sie durch abgehörte Meldungen der US-Marine.

Die Konferenz war einberufen worden, weil Stalin unentwegt

Die »Big Three« konnten in Teheran unbehelligt von deutschen Konspirationen konferieren.

Aktionen der westlichen Alliierten einforderte, um den Druck auf die Rote Armee zu verringern, während die Westalliierten die Zustimmung des Diktators zu ihren langfristigen Plänen wollten.

Wagemut oder Verzweiflung?
Die Deutschen erfuhren Mitte Oktober von der Konferenz – und

sahen darin die Gelegenheit, die drei führenden Köpfe mit einem einzigen Unternehmen zu liquidieren. Obersturmbannführer Otto Skorzeny sollte ein Kommandounternehmen leiten. Als Offizier der Waffen-SS war er der Mann der Stunde, nachdem es ihm Wochen zuvor gelungen war, den abgesetzten italienischen Faschistenführer Mussolini mit einer spektakulären Aktion aus seiner Gefangenschaft auf dem Gran Sasso zu befreien. Bei dieser Aktion hatten Bodenagenten mit Fallschirmjägern zusammengearbeitet, die in den Bergen um das Hotel abgesprungen waren, in dem der »Duce« festgehalten wurde. Der Angriff in Teheran sollte ähnlich ablaufen.

Unter Freunden

Deutsche Agenten in den Iran einzuschleusen würde nicht schwierig sein. Die iranische Hauptstadt war voller Menschen, die vor dem Krieg in Europa geflohen waren. Darüber hinaus versuchte der Schah bereits seit seiner Machtergreifung 1923, die britische und sowjetische Einmischung in seinem Land zu beenden – und hatte dabei in Hitler-Deutschland einen Verbündeten gefunden.

Doch auch andere hatten dort Freunde gefunden, zum Beispiel der sowjetische Geheimdienstoffizier Nikolai Kusnezow. Er hatte sich als Oberleutnant Paul Sieber in die deutsche Armee in der Ukraine eingeschleust und mit SS-Sturmbannführer Ulrich von Ortel Freundschaft geschlossen. »Wir wiederholen den Überfall in den Abruzzen!«, hatte dieser ihm nach ein paar Gläsern erklärt und sogar

angeboten, seinen neuen Kameraden mit seinem alten Kumpan Skorzeny bekannt zu machen:

Das wird der Weitsprung! Wir eliminieren Churchill und Stalin und führen eine Wende im Krieg herbei! Und wir werden Roosevelt entführen, um dem Führer zu helfen, sich mit Amerika zu einigen.

Auch Kusnezow hatte natürlich alte Freunde, und seine Nachricht hatte die sowjetische Botschaft in Teheran schon bald erreicht. Ihre Geheimdienstoffiziere waren bereits dabei, deutsche Agenten zu identifizieren – bis dahin an die 400. Es war für sie nicht schwer, zwei und zwei zusammenzuzählen und eine Gruppe Deutscher auszumachen, die in der Provinzstadt Qum als Vorauskommando eingetroffen waren. Die Operation musste daraufhin abgeblasen werden.

In dieser, der Hauptstadt unseres Verbündeten Iran, haben [wir] unsere gemeinsame Politik formuliert und bekräftigt. Wir bringen unseren Entschluss zum Ausdruck, dass unsere Nationen im Krieg und in dem darauf folgenden Frieden zusammenarbeiten werden.

Deklaration der drei Mächte, Teheran, 1. Dezember 1943

Mussolinis Befreiung im Gran Sasso war ein schwieriges, aber gekonnt umgesetztes Kommandounternehmen gewesen.

Unternehmen Rabat

Die Rolle der katholischen Kirche im Krieg ist so undurchsichtig, dass man nicht einmal mit Gewissheit sagen kann, ob dieses Unternehmen überhaupt konkret geplant war.

Dass die Nazis mit dem Gedanken gespielt hatten, Papst Pius XII. zu entführen, wurde erstmals bei den Nürnberger Prozessen von dem SS-General Karl Wolff verlautbart. Und nicht nur der Papst selbst, sondern auch die Kurie, die höchsten Ränge seiner Verwaltung, sollten verschleppt werden.

Wolff unterstrich seine Rolle bei diesem Vorhaben in einem Interview, das er Jahrzehnte später dem Reporter Dan Kurzman von der *Washington Post* gab. Darin sagte er, am 13. September 1943, als die Nazis gerade dabei waren, Rom zu besetzen, um die Stadt gegen die vom Süden anrückenden Alliierten zu verteidigen, habe Hitler ihn zu sich bestellt. Vor seiner Wahl zum Papst war Kardinal Eugenio Pacelli der Nuntius des Vatikan in Deutschland gewesen. Nun sprach Hitler von der »Verachtung«, die beide seither füreinander empfänden, und er betraute Wolff mit einer besonderen Mission:

Ich will, dass Sie und Ihre Truppen so bald wie möglich die Vatikanstadt besetzen, die dortigen Akten und Kunstschätze sicherstellen und den Papst und die Kurie nach Norden bringen.

Zyniker haben diese Geschichte, als Märchen abgetan, erfunden,

um den als »Hitlers Papst« bekannten Kleriker zu rehabilitieren. Schließlich gäbe es dazu keinen besseren Weg, als Pacelli selbst zu einem Opfer des Nationalsozialismus zu stilisieren.

Reaktionär
Pius XII. war immer konservativ und autoritär gewesen, und er hatte sich offenbar mühelos mit dem italienischen Faschismus arrangiert. Den politischen Prioritäten der rechtsradikalen Diktatoren, die damals in weiten Teilen Europas an die Macht kamen, stand er zwar reserviert gegenüber, aber seine größte Furcht galt dem gottlosen Kommunismus, und auch den »aufgeklärten« Liberalismus betrachtete er mit Argwohn.

Man darf aber nicht übersehen, dass die Haltung der Kirche zur Rassenideologie der Nazis nuancierter war, als viele ihrer Kritiker wahrhaben wollen. Pacellis Vorgänger Pius XI. war über Hitler entsetzt gewesen. Er hielt den deutschen Diktator für vom Teufel besessen und unternahm aus der Ferne ernsthafte Exorzismus-Versuche. Eine klare Verurteilug wäre freilich einfacher gewesen. Pius XII. unterstützte erwiesenermaßen antinazistische und jüdische Gruppen, könnte sich aber ebenso wenig zu einer klaren öffentlichen Verlautbarung durchringen. Bedeutende Historiker vertreten die Ansicht, es hätte keine »Endlösung« geben können, wenn die katholische Kirche in Deutsch-

Nuntius Pacelli, der spätere Papst Pius XII., verlässt im Dezember 1929 das Reichspräsidentenpalais in Berlin .

SS-General Karl Wolff war ein Mann mit komplexen Motiven und zweifelhafter Glaubwürdigkeit.

land öffentlich gegen die Judenverfolgung protestiert hätte.

Ein heiliges Unterpfand

Doch Pacellis persönliche Referenzen sind bezüglich des angeblichen Entführungsplans nicht entscheidend. Hitlers wollte den Papst als Faustpfand haben:

Ich möchte nicht, dass er den Alliierten in die Hände fällt, unter ihrem politischen Druck steht und ihrem Einfluss ausgesetzt ist.

War ein derartiges Unternehmen also je geplant? Skeptiker geben zu bedenken, dass es kaum Beweise gibt. Dem halten ihre Kritiker entgegen, dass dies alles zu sensibel gewesen sei, um schriftlich fixiert zu werden. Wie glaubwürdig ist also Wolff? Er behauptete, den Befehl verweigert und den Vatikan sogar vor Hitlers Intentionen gewarnt zu haben – allerdings erst bei seinem Prozess, als er daran interessiert sein musste, sich in ein gutes Licht zu rücken. Der Vatikan bestätigt Wolffs Behauptung – aber auch er ist Partei. Die Wahrheit wird wohl nie ans Licht kommen.

Papst Pius XII. bei seiner Weihnachtsansprache im Vatikan. Er betete dabei für den Frieden und für ein Ende des Weltkrieges.

> **Der Papst ist sogar bereit, in ein Konzentrationslager deportiert zu werden, aber er wird nichts unternehmen, das sich gegen sein Gewissen richtet.**
>
> *Der italienische Außenminister Graf Galeazzo Ciano*

Unternehmen Eisenhammer

Ein Plan, die Sowjetunion an empfindlicher Stelle mit einem »Eisenhammer« zu treffen, musste aufgegeben werden, als unbequeme Realitäten ins Spiel kamen.

»Kommunismus ist Sowjetmacht plus Elektrifizierung des ganzen Landes«, konstatierte Wladimir Iljitsch Lenin 1920. Das Land mit Strom zu versorgen – ein wesentlicher Punkt fortlaufender Fünfjahrespläne – war quasi ein Symbol für den Fortschritt, den der Kommunismus dem rückständigen Russland bringen würde. In erster Linie aber war es eine Grundvoraussetzung für das Ziel, das Land zu einer führenden Industriemacht des 20. Jahrhunderts zu machen. Diese Elektrifizierung war der Kern des sowjetischen Erfolgs der 1930er-Jahre gewesen – und sie war jetzt noch bedeutender, da die UdSSR sich verzweifelt bemühte, die Technik am Laufen zu halten, um weiter Krieg führen zu können.

Wasserkraftwerke waren seit den 1930er-Jahren eine Hauptstütze der Sowjetwirtschaft.

Den Stecker ziehen

Im Zentrum des Elektrifizierungsprogramms hatte der Bau eines Netzes von Wasserkraftwerken gestanden, das sich auf die mächtige Wolga und ihre Nebenflüsse stützte. Drei Viertel der Elektrizität für die kriegswichtigen Industriebetriebe kamen von einigen wenigen Anlagen. Warum sollte man diese nicht einfach »abschalten« – und dann zuschauen, wie die Sowjetindustrie an Schwung verlor und sehr wahrscheinlich zum Stillstand kam? Dies war die Frage, die sich Heinrich Steinmann, ein hoher Beamter des Luftfahrtministeriums, stellte. Mit einer Reihe von Präzisionsangriffen könne man Russland in kürzester Zeit von der Energieversorgung abschneiden. Und es werde den Sowjets sehr schwer fallen, die Anlagen wiederherzustellen, da sie nicht einmal über die Technologie verfügten, Turbinen zu bauen. Ihre Kraftwerke arbeite-

Die Sowjets verfügten nicht über die Technologie, Turbinen für Wasserkraftwerke zu bauen. Hier ein amerikanisches Modell.

ten mit ausländischer Technik. Sie zu ersetzen würde in dieser Zeit des totalen Krieges praktisch unmöglich sein.

Ein Hammerschlag

Steinmann entwarf den Angriffsplan 1943. Er bekam den Codenamen »Eisenhammer« – offenbar ein direkter Bezug auf Wladimir Iljitsch Uljanow, dessen Deckname »Lenin« auf Deutsch »Eisenarbeiter« bedeutete. Geplant war eine abgestimmte Serie von Angriffen, die von »Misteln« ausgeführt werden sollten. Dabei handelte es sich um zusammengesetzte Fluggeräte, die aus einem unbemannten mittleren Bomber des Typs Ju 88 bestanden, auf den ein Leitflugzeug des Typs FW 190 montiert war. Diese Flugzeuge waren bereits entwickelt und sie sollten extrem schwere Sprengladungen transportieren (bis zu 3,5 Tonnen); doch für Unternehmen Eisenhammer würde man

noch speziellere Waffen brauchen. Steinmann wollte, dass sie »Ballonbomben« trugen. Mit luftgefüllten Schwimmern versehen, würden diese Bomben stromaufwärts des Ziels abgeworfen werden, bis zu diesem treiben und dann zielgenau detonieren.

Eisen im Feuer

Doch eine Reihe technischer Probleme verzögerte die Entwicklung, und als die Mistels und die Ballonbomben endlich einsatzbereit waren, rückte die Rote Armee bereits rasch vor. Ein allerletzter Angriffsplan im Februar 1945 musste aufgegeben werden, als bei einem Bombardement der Alliierten der Großteil der Mistel-Flotte verbrannte. Die wenigen Maschinen, die diese Attacke überstanden, wurden in einem aussichtslosen Versuch eingesetzt, Brücken zu zerstören, über die die Rote Armee die Oder überschreiten konnte.

> *Würde die deutsche Luftwaffe nicht mehr zum Sieg im Osten beitragen, wenn ihre Bomber gegen die Wurzel der russischen Offensivstärke vorgingen ... anstatt als Artillerie zu agieren und vor der Infanterie Bomben abzuwerfen?*
>
> General Karl Koller, 9. November 1943.

Bei einem alliierten Luftangriff im Februar 1945 verbrannten die meisten Misteln.

Die Riesenmaus

Dieser gigantische Panzer hätte auf dem Schlachtfeld sicherlich Furcht und Schrecken verbreiten können – wenn er dorthin gekommen wäre …

Der Geheimdienst der Alliierten nahm kein Blatt vor den Mund: Der Panzer VIII sei »ein erstaunliches Fahrzeug«. Sicher war er mit seinen zweihundert Tonnen der schwerste, der je gebaut wurde, und deshalb vermutlich auch sein Deckname »Maus«.

Es ist schwer, dem Eindruck zu widerstehen, dass Hitler zu einer Zeit, in der er sich besser damit beschäftigt hätte, den Krieg nicht zu verlieren, einen Versuch machte, ins Buch der Rekorde zu gelangen. Sicher hätte ein Verband dieser wuchtigen Panzer beim Feind Panik ausgelöst, wenn er über die Steppe vorrückte – doch die Ent-

wicklung begann erst in der zweiten Hälfte des Jahres 1942. Bis das Projekt ernsthaft auf dem Weg war, hatte sich das Kriegsglück in Stalingrad gewendet. Die Wehrmacht war nun in der Defensive.

Dank ihrer mächtigen Panzerung hielt man die Maus für nahezu unzerstörbar. Ihre Wanne war vorn fast 200 Millimeter stark und hätte einer alliierten Rakete, Granate oder Bombe standgehalten. Doch mit ihren enormen Dimensionen wäre sie auch ein leicht zu treffendes Ziel gewesen. Außerdem hätte man sie mit einer Handgranate – oder sogar einem Molotow-Cocktail –, die man in ihre im Verhältnis zu großen Belüftungsrohre geworfen hätte, relativ leicht außer Gefecht setzen können.

Man muss auch die operative Einsatzfähigkeit – sowohl in der Offensive als auch in der Defensi-

ve – einer Waffe infrage stellen, die jede Brücke, die zu überqueren sie versuchte, zum Einsturz gebracht hätte. Allerdings konnte die Maus mithilfe eines komplizierten Schnorchelsystems Flüsse bis zu einer Tiefe von 13,75 Metern durchwaten; erfolgreich getestet wurde sie allerdings nur bis zu einer Tiefe von etwas mehr als der Hälfte dieses Werts. Außer-

Die »Maus« unterschied sich von anderen Panzern durch ihre beeindruckende Größe.

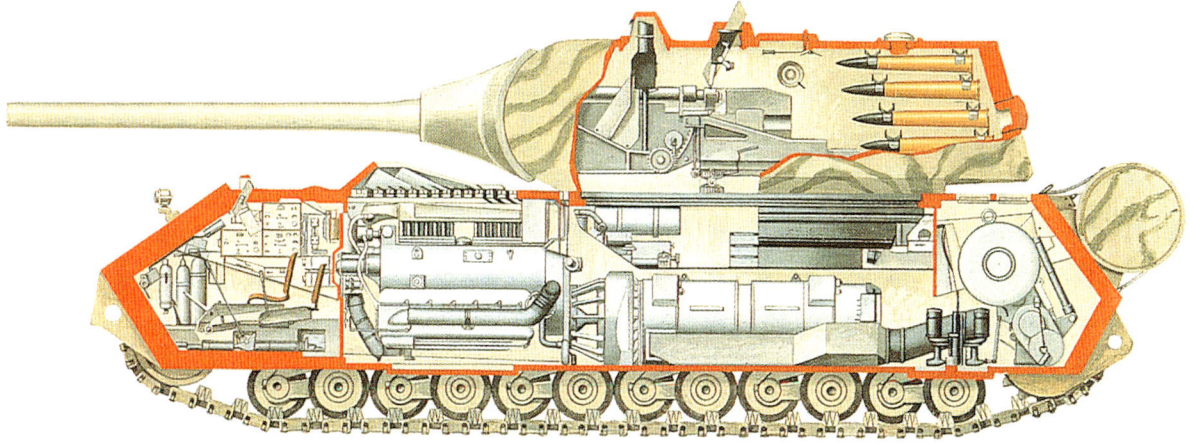

dem konnte man sie nicht per Bahn transportieren, es sei denn, man hätte zuvor das gesamte Schienennetz verstärkt, uns zwar nicht nur die Brücken, sondern auch Tunnels, Verbindungspunkte und Weichen.

Und wenn auch der Gedanke, einen solchen Panzer auf sich zukommen zu sehen, gewiss Unbehagen auslösen konnte, hätte sie dem Feind doch genügend Reaktionszeit geboten, denn die Spitzengeschwindigkeit lag bei gerade 13 km/h – und auch das nur unter optimalen Umständen, also beim Einsatz in ebenem Gelände. Ursprünglich sollte der Panzer fast doppelt so schnell sein, doch es gelang den Konstrukteuren nicht, einen Motor zu bauen, der stark genug war, um eine derartige Masse schneller zu bewegen.

In der Tat war es ein kleines Wunder der Ingenieurskunst, ein derartiges Monster überhaupt in Bewegung setzen zu können: Entscheidend hierbei war ein von Ferdinand Porsche entwickelter benzin-elektrischer Antrieb. Ein Benzinmotor trieb einen Generator an, und der lieferte die Energie für zwei Elektromotoren.

Wenn man die »Maus« betrachtet, fällt einem leicht der Kommentar des französischen Generals Pierre Bosquet ein, als er 1854 den Angriff der Leichten Brigade in Balaklawa beobachtete: »Das ist großartig, aber Krieg ist das nicht, es ist Wahnsinn.« Die »Maus« war in der Tat großartig. Doch angesichts der Tatsache, dass sie im eigentlichen Sinn des Wortes kein Panzer, sondern eine rollende Festung war, war sie auch Wahnsinn.

Oben: Der Autobauer Ferdinand Porsche beobachtet, wie der Prototyp der »Maus« auf Herz und Nieren geprüft wird.

Unten: Porsche hatte für die »Maus« einen benzin-elektrischen Antrieb konstruiert. Hier bei der ersten Prüfung des Panzers

Operation Velvet

Ein Plan, die Sowjets zum Schutz der kaukasischen Ölfelder mit Fliegerstaffeln zu unterstützen, scheiterte an deren Argwohn bezüglich der lauteren Motive der Alliierten.

In den letzten Jahren haben Historiker darüber debattiert, ob der Blitzkrieg tatsächlich eine Philosophie der Kriegführung war oder ob es sich hierbei weniger um strategische Prinzipien handelte als um ultimative Improvisation: Hitler warf seinen Feinden einfach alles entgegen, was er hatte. Und als »Führer« der bedeutendsten Industrienation des europäischen Kontinents stand ihm ein großes Arsenal relativ hoch entwickelter militärischer Ausrüstung zur Verfügung.

Ölkrise

Was ihm jedoch fehlte, waren viele wichtige Rohstoffe, zum Beispiel Eisenerz – daher seine diversen Unternehmen in Skandinavien. Ein anderes Problem war das Erdöl.

Deutschlands Kriegsmaschine war mächtig, aber sie verbrauchte enorme Mengen an Treibstoff. Der Wunsch nach Zugang zu den Ölfeldern des Nahen Ostens hatte bereits gegen Ende 1940 bei Hitlers Intervention im nordafrikanischen Wüstenkrieg eine Rolle gespielt. Doch nach der Zweiten Schlacht von El Alamein war für dieses Ziel die Zeit abgelaufen.

Es ist nicht klar, wie viel die Alliierten über Unternehmen Gertrude wussten, doch man brauchte

---

DIE WICHTIGEN ABSÄTZE

1. Brief Stalins an Churchill

Die Lage an unserer Kaukasusfront hat sich im Vergleich zum Oktober etwas verschlechtert. Die Deutschen konnten die Stadt Naltschik einnehmen. Sie rücken auf Wladikawkas vor, wo derzeit heftig gekämpft wird. Unser Problem hier ist unser Mangel an Jagdflugzeugen.

2. Air Marshall (Generalleutnant der Luftwaffe) Drummonds Alternativvorschlag: Wir haben bereits etwa 500 Hurricanes weniger geliefert als mit den Russen vereinbart. Um dieses Defizit wieder auszugleichen, müssten wir die Lieferung von Hurricanes in den Nahen Osten und womöglich nach Indien stoppen. Deshalb können wir der bestehenden russischen Zuteilung nicht weitere 20 Hurricanes pro Monat hinzufügen.

3. Brief des Luftfahrtministeriums an Britman, Washington: Drummond hat uns nun informiert, dass die sowjetische Regierung nicht bereit ist, mit dem ursprünglichen anglo-amerikanischen Projekt »Velvet« fortzufahren.

COPY **MOST SECRET** PRIME MINISTER'S PERSONAL TELEGRAM
Personal and Secret. Serial No. T.1470/2.

PREMIER STALIN TO PREMIER CHURCHILL.

1. Your message received on the 5th November.

2. My congratulations on the successful development of the military operations in Egypt. Let me express my confidence that now you will be able to completely annihilate the Rommel's gang and his Italian allies.

3. We all here hope for the success of the Torch.

4. Many thanks for your communication that you and President Roosevelt have decided to send in the near future to our Southern front the 20 British and American squadrons. A speedy arrival of these 20 squadrons would be a very valuable help. The necessary consultation between the British, American and Soviet representatives on the preliminary arrangements could be best organised at first in Moscow and later in case of need direct in the Caucasus. I am already informed that the USA will send for this purpose the General E.S.Andler. I will await for your communication on who will be appointed to represent Great Britain.

5. The situation on our Caucasian front deteriorated somewhat as compared with October. The Germans succeeded in capturing the town Nalchik. They are approaching Vladikavkas where severe fighting is going on at present. Our difficulty here is our weakness in the fighter aircraft.

6. Let me express my gratitude for your congratulations in connection with the anniversary of the USSR.

KREMLIN. 8.11.1942. STALIN.

Copies to:- P.S. to S. of S.
C.A.S.
V.C.A.S.
A.C.A.S.(P)
A.C.A.S.(O)
A.C.A.S.(I)
D.of Plans.

1.

nicht allzu viel Fantasie, um darauf zu kommen, dass Hitler den Besitz der Ölfelder im Kaukasus anstreben würde, zumal da deren Besetzung nicht nur Deutschland Erdöl garantieren, sondern es auch den Sowjets wegnehmen würde.

Eine hilfreiche Hand

Ende 1943 entstand bei privaten Gesprächen zwischen Roosevelt, Churchill und Stalin am Rande der Konferenz von Teheran ein Plan. Der sowjetische Diktator reagierte positiv auf den Vorschlag, nahe den Ölfeldern Stützpunkte für anglo-amerikanische Jagd- und Bomberstaffeln einzurichten, die

der Roten Armee die dringend benötigte Luftunterstützung bieten würden, falls die Deutschen angriffen. Doch die politischen Führer beschäftigten vor allem andere, drängendere Fragen.

Argwohn

Das Konzept für Operation Velvet war so skizzenhaft, dass sie die Bezeichnung »Plan« kaum verdiente. In den folgenden Wochen flog ein Team von Offizieren der Royal Air Force nach Moskau, um diese mageren Details auszuarbeiten. Doch ihre sowjetischen Kollegen erwiesen sich als überraschend zurückhaltend. Schließlich erklär-

ten die sowjetischen Unterhändler, der Sowjetunion seien zwar Flugzeuge willkommen, das Personal wolle man aber lieber aus den eigenen Reihen stellen. Die Sowjets wollten nicht einmal befreundete ausländische Militärs auf ihrem Boden dulden.

Seit Ende Juli bei Kursk das deutsche Unternehmen Zitadelle gescheitert war, befand sich die Rote Armee in der Offensive. Stalin konnte nun davon ausgehen, dass die Rote Armee die Initiative übernommen hatte. Und er zeigte in hohem Maß jenen paranoiden Argwohn, der für den Sowjetstaat charakteristisch war.

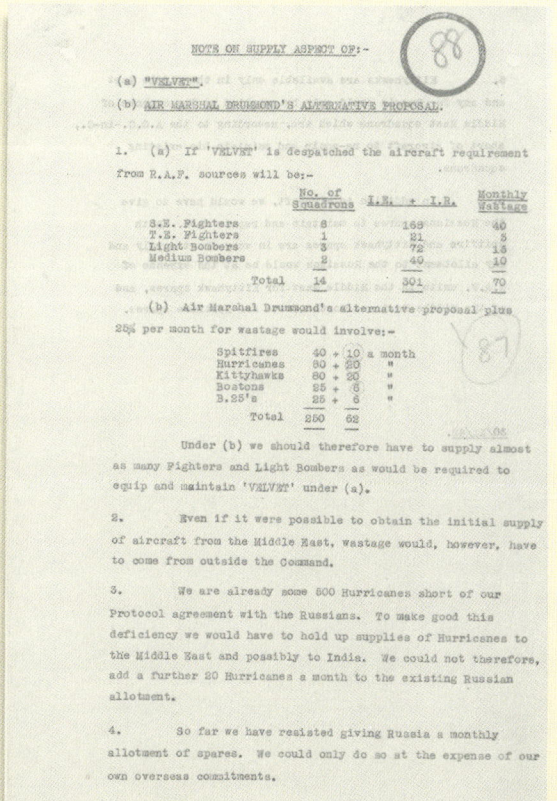

2.

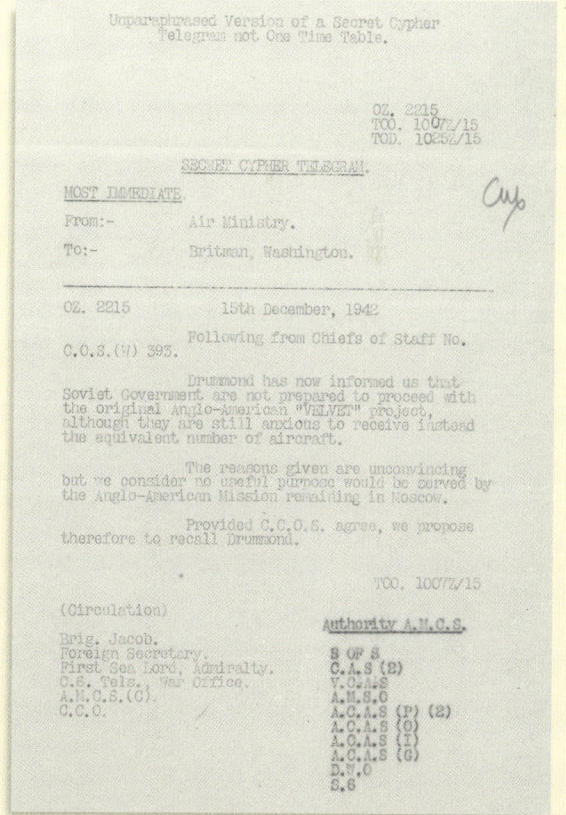

3.

Viertes Kapitel
1944

Ein Wendepunkt war überschritten. So erschien es zumindest den Alliierten, die nun in Europa die Initiative innehatten und im Pazifik und in Fernost langsam, aber stetig Fortschritte erzielten.

Churchill nannte es »den Anfang vom Ende«. Die Achse ächzte. Italien war seit September 1943 aus dem Krieg ausgeschieden; Deutschland und Japan waren inzwischen in der Defensive. Beide Seiten suchten noch immer nach Wundermitteln – Großbritannien suchte nach Wegen, Hitler zu töten und das Reich auf diese Weise zum Kollaps zu bringen; Deutschland versuchte Stalin zu liquidieren in der Hoffnung, dies werde die russische Flut aufhalten. Solche Lösungen mochten verlockend erscheinen, doch beide Seiten hatten auch realistischere Optionen. Sowohl in Europa als auch in Asien waren die westlichen Alliierten bereits dabei, den Feind zu umzingeln. In Deutschland standen Waffen kurz vor der Einsatzbereitschaft, mit denen das Reich potenziell imstande gewesen wäre, die Lage zu seinen Gunsten zu verändern: Die Frage war, ob diese Waffen rechtzeitig genügend Wirkung erzielen konnten. Und vom alliierten Standpunkt, ob man diesen Waffen begegnen und die gewonnene Initiative behaupten konnte.

Hitler und sein Oberkommando hatten 1944 vieles zu diskutieren. Zum Glück für die Alliierten hörte der »Führer« auf keinen Rat.

Operation Brimstone

Pläne einer Invasion Sardiniens waren keine Täuschungsmanöver, sondern real – und sie hätten funktionieren können.

»Wohin nun?«, fragten die alliierten Kommandeure, als der Sieg in Nordafrika gewiss schien. Europas »Schwachstellen« lagen vor ihnen. Doch nun, da die Invasion möglich war, erschienen sie nicht mehr so »schwach« wie damals, als diese Möglichkeit nur eine vage Hoffnung gewesen war.

Entscheidungen, Entscheidungen
Die Niederlage von Rommels Afrikakorps bot Möglichkeiten – und die Qual der Wahl. Italien war zwar nur einen Steinwurf weit entfernt, aber seine Küsten wurden von den Deutschen streng bewacht; die wichtigen Inseln vor dem Festland waren nun mit Bunkern und Geschützstellungen übersät.

Ein bedeutender Teil des alliierten Oberkommandos plädierte für einen »linken Haken« von Tunesien nach Sardinien. Damit würden die Angreifer einen Stützpunkt ziemlich weit nördlich bekommen, von dem aus man Italiens wichtige Industrien im Norden angreifen konnte. Gleichzeitig könnte man Korsika besetzen, und von dort würde es leicht sein, an der französischen Südküste zu landen. Schon wurden Pläne für das VI. US-Korps entworfen, mit Unterstüt-

DIE WICHTIGEN ABSÄTZE

1. Obwohl diese Operation noch nicht von den vereinigten Stabschefs genehmigt ist, wird erwogen, Kommandeure zu ernennen und die Planung zu beginnen, damit, falls die Operation unternommen werden muss, ein genehmigter Plan steht und keine Zeit verloren wird.
2. Es ist gegenwärtig nicht möglich, die für diese Operation bereitzustellenden Kräfte detailliert zu benennen, doch die Lage der Dinge ist folgende:
a) Die erforderlichen Marinestreitkräfte können von jenen bereitgestellt werden, die nach Husky im Mittelmeer sein werden, sofern nicht gleichzeitig eine andere bedeutende Operation stattfindet.
b) Die erforderlichen Luftstreitkräfte können zur Verfügung stehen, sobald sie von Operation Husky abgezogen werden können.

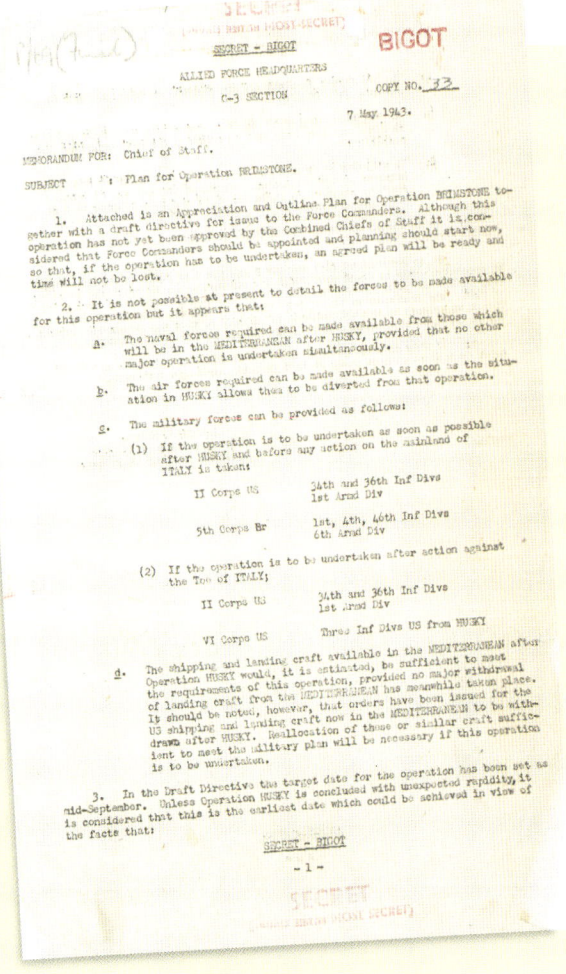

zung des V. britischen Korps (1. und 4. oder 56. Division) Sardinien anzugreifen. Die 82. Luftlandedivision der Amerikaner würde die Reserve bilden.

Die Wahl fällt auf Sizilien

Schließlich entschied man sich jedoch für Sizilien als die sicherere Option: Die Überfahrt war kürzer, und größere Kampfhandlungen in Mittelitalien würden die Aufmerksamkeit der Deutschen eher vom nächsten Ziel der Alliierten, der Normandie, ablenken. Dementsprechend gut kam Operation Husky voran: Die Landungen auf Sizilien begannen am 9./10. Juli 1943 – und sie verliefen so erfolgreich, dass der Sardinienplan fallen gelassen wurde.

Sardinien außer Gefecht

Die Option eines Angriffs auf die Insel behielt man sich jedoch vor. Tatsächlich wurde sie im Herbst 1944 unter dem Decknamen »Operation Brimstone« sogar wiederbelebt, als man zu befürchten begann, deutsche Jagdflieger auf Sardinien könnten den Vormarsch auf Norditalien – der wegen des heftigen Widerstands nur schwer vorankam – aufhalten. Pläne für eine Invasion der V. US-Armee unter der Leitung von Generalleutnant Mark Clark wurden entwickelt. Doch als der Augenblick für den Beginn des Angriffs herannahte, kam der Vormarsch auf dem Festland wieder voran. Da die deutschen Streitkräfte in Sardinien das Vorrücken der Alliierten nicht würden aufhalten können, konnte man sie ebenso gut in ohnmächtiger Isolation verharren lassen.

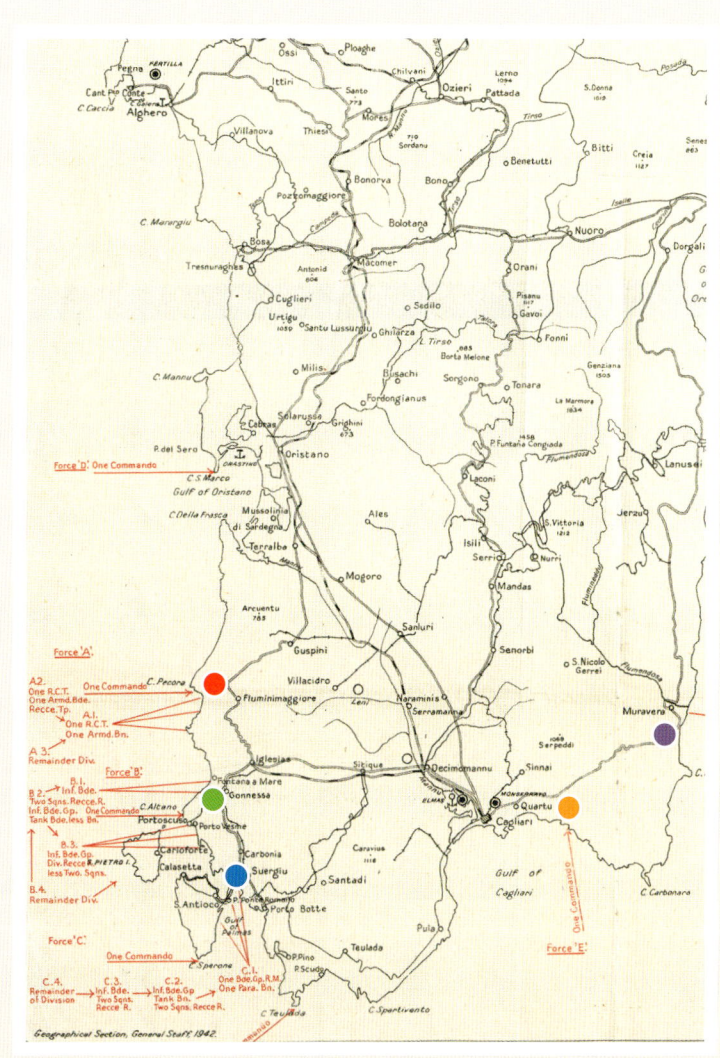

KEY

🔴 **Angriff Gruppe A**

🟢 **Angriff Gruppe B**

🔵 **Angriff Gruppe C**

🟠 **Angriff Gruppe E**

🟣 **Angriff Gruppe F**

Diese »streng geheime« Karte der Alliierten zeigt, dass der Hauptstoß von Operation Brimstone im Südwesten Sardiniens erfolgen sollte, wo eine Reihe geschützter Buchten zu einer Invasion einlud. Zusätzliche Landungen sollten weiter nördlich und an der Ostküste der Insel erfolgen.

Operation Bulldozer

Diese Operation des Jahres 1944 war nichts als Schall und Rauch, sie war von Anfang als Finte gedacht – und fand am Ende auch nicht statt.

Ian Fleming ist als der Schöpfer von James Bond berühmt, wenngleich die meisten auch von seiner geheimen Arbeit während des Krieges wissen. Weniger bekannt sind die Beiträge seines älteren Bruders sowohl in der Literatur als auch auf dem Geheimdienstsektor. Peter Flemings glänzende Beschrei-

bungen seiner Reisen in Amazonien und durch die Steppen Zentralasiens gefallen noch heute. Er spielte aber auch eine wichtige Rolle bei den britischen Geheimdienstoperationen während des Krieges: zunächst bei der Organisation des Widerstands gegen Unternehmen Seelöwe, später in Südostasien, wo er militärische Täuschungsmanöver leitete.

Aufmunterung für Chiang
Etwa zu dieser Zeit kam der Sturmlauf der Japaner bei Midway

ins Stocken, doch niemand konnte sich Illusionen darüber machen, dass noch viele Kämpfe zu bestehen sein würden. Besonders wichtig war es, Chiang Kai-shek und seinen Kuomintang-Truppen beizustehen, die in Yünnan an der Grenze zu Burma in ein verzweifeltes Rückzugsgefecht verwickelt waren. Der aber stellte nicht enden wollende Forderungen und verlangte die Sicherung der »Burma Road« als Überlebensgarantie für seine Armee. Auf dieser Landroute (und dem Luftkorridor darüber) konnte dringend benötigter Nachschub von Britisch-Indien nach China geschafft werden. Für Chiang war sie außerdem die Garantie, dass seine Verbündeten ihn nicht fallen lassen würden.

Er ergriff jede Gelegenheit zu vagen Vorschlägen für Ablenkungsangriffe im Süden Burmas. Einen Angriff seiner Kräfte auf den Norden Burmas machte er aber von großen Luft- und Seeangriffen der Alliierten im Süden abhängig.

Streitpunkt Akyab
Der auf einer Insel in der Mündung des Flusses Kaladan gebaute Seehafen Akyab (heute Sittwe) wurde als sehr bedeutend betrachtet; denn dort befand sich auch ein wichtiger Flugplatz. Ende 1942 drang Earl Wavells 14. Indische Division an der Küste bis auf Höhe

Peter Fleming arbeitete als Spion wie auch als Autor mit schöpferischer Fantasie und einem großartigen Humor.

von Akyab nach Süden vor, wurde aber bis zum folgenden April wieder auf ihre Ausgangsstellungen zurückgeworfen.

Täuschung und Enttäuschung

Chiang war wütend, weil er das Vorgehen der Briten für zu lasch hielt. Als die Pläne für einen Angriff auf die Inselgruppe der Andamanen fallen gelassen wurden, glaubte Fleming, ihm eine Alternative anbieten zu müssen. So entstand Operation Bulldozer, sein im Juli 1943 entworfener Plan für einen amphibischen Angriff auf Akyab im Frühjahr 1944 mit der 36. Indischen Division und der

Links: Der nationalchinesische Kriegsherr Chiang Kai-shek war ein so notwendiger wie anstrengender Verbündeter.

50. Fallschirmjägerbrigade. Gedacht war an nicht mehr als eines seiner »Täuschungsmanöver«, um den Japanern vorzugaukeln, dass die Alliierten im Süden Burmas mit starken Kräften präsent seien – nicht mehr als eine Finte.

Die Operation sollte jedoch stattfinden, und deshalb herrschte allgemeine Enttäuschung, dass der Bulldozer gestoppt werden musste, als die Zeit heranrückte. Die Japaner marschierten wieder und starteten eine große Offensive um Kohima und Imphal, und alle verfügbaren Transportflugzeuge wurden gebraucht, um ihrem Angriff zu begegnen.

Unten: Chinesische Truppen in Burma helfen mit, den wichtigen Korridor nach Britisch-Indien offen zu halten.

Operation Transfigure

Ein einfallsreicher Versuch, die Falle für eine bereits durch den Vormarsch der Alliierten festsitzende deutsche Armee zuschnappen zu lassen, erwies sich letztlich als unnötig.

Ende Juli 1944 waren US-Streitkräfte aus ihrem Brückenkopf an der Küste der Normandie ausgebrochen und in südlicher und östlicher Richtung ins Zentrum Frankreichs vorgestoßen – etwas südlich von der Stoßrichtung der kanadischen und britischen Divisionen, die nach Wochen heftiger Kämpfe das Gebiet um Caen besetzt hatten.

Panzer in der Falle

In dem als Kessel von Falaise bekannt gewordenen Gebiet zwischen ihnen lagen die siebte und die fünfte deutsche Panzerarmee unter dem Kommando von Feldmarschall Günther von Kluge. Während sich ihre Kameraden

Rechts: Feldmarschall Günther von Kluge befand sich im Sommer 1944 in einer äußerst schwierigen Lage.

Unten: General Eisenhower versammelt die Männer des 101st Airborne am 5. Juni 1944 in Greenham Common, England.

zurückgezogen hatten, saßen sie hier in der Zwickmühle zwischen dem Druck der Alliierten und Hitlers Zorn. Der Diktator hatte von Kluge befohlen, nicht einen Zentimeter zurückzuweichen, sondern schnellstmöglich einen Gegenangriff einzuleiten.

Ein Rückzug war also nicht erlaubt, ein Vorstoß aber schlichtweg unmöglich – wiewohl von Kluge dies mit dem voraussehbar desaströsen Unternehmen Lüttich versuchte. Es führte lediglich vor Augen, dass sich von Kluge, da sich der Kessel unerbittlich schloss, bald zurückziehen musste, wenn er das Gros seiner Truppen und Panzer retten wollte. Diese Erkenntnis führte die alliierten Kommandeure dazu, nach einer Möglichkeit zu suchen, von Kluge den Rückzug abzuschneiden, bevor dieser sich dazu entschloss. Die Truppen, die

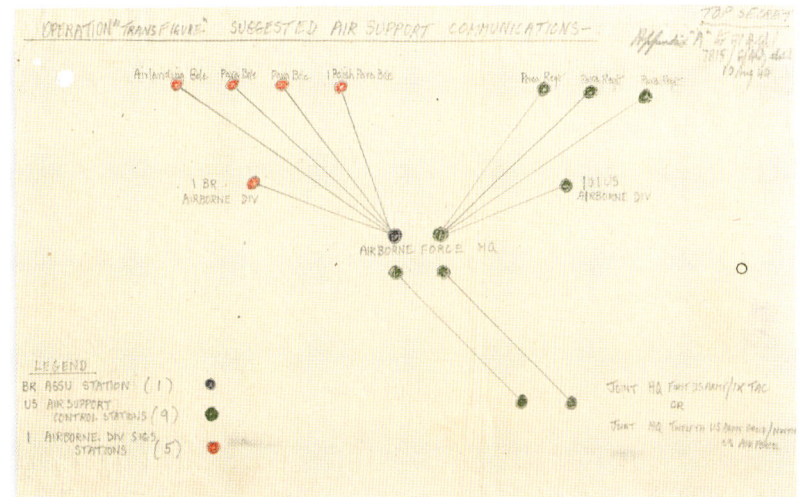

sich bereits auf dem Boden befanden, waren zwar im Begriff, einen Kessel zu bilden, aber sie gingen zu langsam vor: Warum sollte man nicht eine Armee aus der Luft in seinem Rücken absetzen?

Antwort aus der Luft

Das war die Geburtsstunde von Operation Transfigure. Aus der 101. US-Luftlandedivision, der 1. Unabhängigen Polnischen Fallschirmjägerbrigade und der 1. britischen Luftlandedivision wurde eine Erste Alliierte Luftlandearmee zusammengestellt. Auch die nicht ganz aus der Luft operierende britische 52. (Tiefland-)Division wurde ihr unterstellt. Dies waren reguläre Infanteristen, die für den Kampf mit leichter Gebirgsjägerausrüstung ausgebildet und an schnelle Einsätze aus der Luft gewöhnt waren. Alle wurden zu Luftwaffenstützpunkten an der Küste der Normandie geflogen.

Laut Plan sollten sie am 13. August nach Süden gebracht werden und auf einem Landeplatz bei

Rambouillet abspringen. Von dort sollten sie sich verteilen und an den wichtigen Straßen nach Süden und Osten Stellungen beziehen. Damit wären bedeutende Teile der

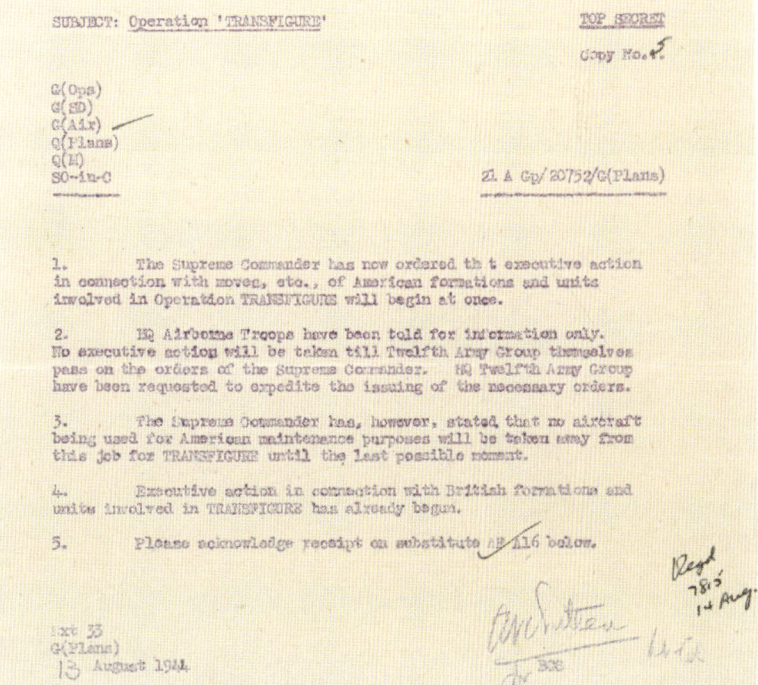

Copy No. 11 also received (for GSQ1)
and destroyed Jm. 11 Aug

T O P S E C R E T

Minutes of a meeting held in D Gp
CORYDON at 1030 hrs 10 Aug 44 to
consider the division of responsibilities
for adm and other matters for operation
TRANSFIGURE

21 AGp/1757/G(SD)

11 Aug 44.

Present :-

Lt-Col	L.F. Heard	HQ 21 Army Gp (G(SD))	(Chairman)
Col	C.H. Bonesteele (US)	G-3 HQ 12 US Army Gp	
Col	W.L. Baneger (US)	G-4 HQ 12 US Army Gp	
Capt	M.J. Rodlinger (US)	G-3 HQ 12 US Army Gp	
Lt-Col	G.H.N. Wilson	HQ Airborne Tps A	
Maj	N.J.L. Field	HQ Airborne Tps G	
Col	O.B.S. Poole	Q(Plans) HQ 21 Army Gp	
Lt-Col	P.R. Drew	Q(M) HQ 21 Army Gp	
Lt-Col	A.V. Britten	G(Plans) HQ 21 Army Gp	
Lt-Col	C.F. Byers	G(SD) HQ 21 Army Gp	
Lt-Col	I.J. Milne	G(Air) HQ 21 Army Gp	
Lt-Col	R.H. Reynolds	E HQ 21 Army Gp	
Lt-Col	J.D. Hill	Rep SO in C HQ 21 Army Gp	
Lt-Col	G.P. Sanders	P & PW HQ 21 Army Gp	
Lt-Col	H. Bleecker	LAC HQ 21 Army Gp	
Maj	R.B.O. Hyatt	G(Ops) HQ 21 Army Gp	
Maj	P. Talbot-Smith (US)	RA HQ 21 Army Gp	
Maj	I.J. Slay	E(Airfds) HQ 21 Army Gp	
Maj	D. Booth	E(Airfds) HQ 21 Army Gp	
Maj	G.C. Meares	G(SD) HQ 21 Army Gp	(Secretary)

1. The Chairman explained that although this discussion was going to be based on this specific operation similar conditions might arise at any time and it was therefore necessary to clarify the various channels of communication.

In this particular instance a British Comd was going to operate in the US Zone and would have under comd British/European Allied and US Forces, and although the whole was operating under a US Comd there were certain peculiar domestic British subjects, e.g. appointments of offrs, the channels of communication for which required clarification. Although the period of the operation was initially a short one, there might well be quite a long period when Airborne Tps would function in a normal ground role during which period many more points, such as trg, would have to be dealt with.

2. The various points were then discussed and the decisions arrived at are shown in Appx A att.

Major GS
(Secretary)

G(SD) Main HQ
21 Army Gp
FW

Copy to: 12 US Army Gp (G-3 Sec and G-4 Sec)
        HQ Airborne Tps (2)
        HQ 21 Army Gp - G(Ops)
                        G(Plans)
                        G(Air)
                        A(Adv Sec)
                        A(Rear)
                        Q(Plans)
                        Q(M)

Q(Maint)   P & PW
Q(AE)   Civil Affairs
E(Main)(2)
SO in C
RA
LAC

Recd
7815
11 Aug.

DIE WICHTIGEN ABSÄTZE

Links: Niederschrift einer
Sitzung vom 10. August
1944 zur Planung der Kom-
mandostrukturen für die
Operation, für die Verwaltung und die Logistik von
Operation Transfigure:
Der Vorsitzende erklärte,
dass, obwohl diese Diskussion auf dieser spezifischen
Operation basieren würde,
ähnliche Bedingungen jeder-
zeit entstehen könnten und
es daher notwendig sei, die
unterschiedlichen Kommuni-
kationskanäle zu klären.
Obwohl die Operation
anfangs nur einen kurzen
Zeitraum in Anspruch neh-
men solle, könne durchaus
eine Situation eintreten, in
der die Luftlandetruppen als
normale Bodentruppen ein-
gesetzt werden müssten und
in der viele weitere logistische Probleme zu lösen
wären.

Rechts: Operation Trans-
figure abgesagt.

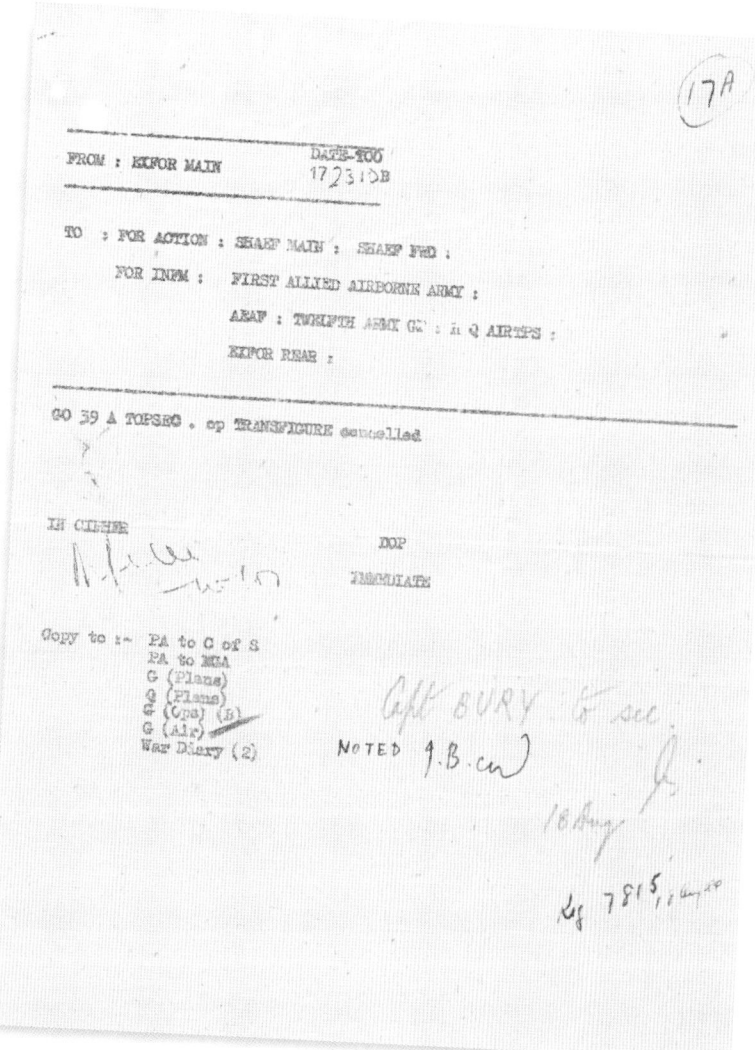

deutschen Streitkräfte im Westen
eingeschlossen worden.

Über Transfigure hinaus
Eisenhower war zunächst von
Transfigure begeistert. Es heißt, er
habe geglaubt, diese Operation
werde den Krieg in Europa voraussichtlich beenden. Doch seit dem
1. August hatte George S. Patton
das Kommando über Cobra inne,
und seither hatte diese Operation
an Tempo zugelegt und rollte nun
mit außerordentlicher Geschwindigkeit ostwärts über das Land.
Schon bald wurde klar, dass der
geplante Luftlandeangriff überflüs-
sig sein würde, da Pattons Vormarsch die Lücke im Kessel
schloss. Am Ende stand ein wichtiger Sieg, wenngleich der Krieg
noch nicht ganz vorüber war.
Doch dessen Ende war nunmehr
klar erkennbar.

Operation Foxley

Dieser ambitionierte Plan zur Liquidierung Hitlers hatte durchaus romanhafte Züge, aber leider wollte die Realität der Fiktion nicht folgen.

Geoffrey Households Roman *Einzelgänger, männlich* war 1939 ein Bestseller. Es war die fantasievoll erzählte Geschichte eines einsamen Jägers, der fliehen muss, nachdem er versucht hat, einen Diktator in seinem Bergversteck zu ermorden. Das Buch ist so spannend, dass man es nicht mehr aus der Hand legen möchte. Tatsächlich scheinen sich die Beamten der Special Operations Executive (SOE) daran orientiert zu haben, als sie 1944 Operation Foxley planten.

Außenseiter mit Zulassung

Ein gewisses Maß an anarchischer Extravaganz wurde von der 1940 von Churchill gegründeten und häufig als »Baker Street Irregulars« bezeichneten SOE erwartet und war ihr sogar wesentlich. Die Mitarbeiter wurden ermutigt, das Undenkbare zu denken – alles, was dazu beitragen konnte, »Europa in Brand zu stecken«. Wahnsinnsideen« wurden begrüßt.

Der Operation Foxley freilich hätte eine konventionellere Konzeption nicht schaden können. Frühe Vorhaben, einen der Züge des »Führers« zu bombardieren, mussten aufgegeben werden, weil es unmöglich war, genaue Reisepläne zu erhalten. Wegen der immensen Anforderung, ein großes

Land zu regieren und gleichzeitig auch noch einen großen Krieg zu führen – von den paranoiden Vorsichtsmaßnahmen ganz zu schweigen – waren Hitlers Aufenthaltsorte absolut unberechenbar.

Hitler zu Hause

Vielleicht hatte man daraus ja gelernt, als sich der Fokus auf den »Berghof« richtete, Hitlers Schlupfwinkel in den Alpen, wo man ihn nun zur Strecke bringen

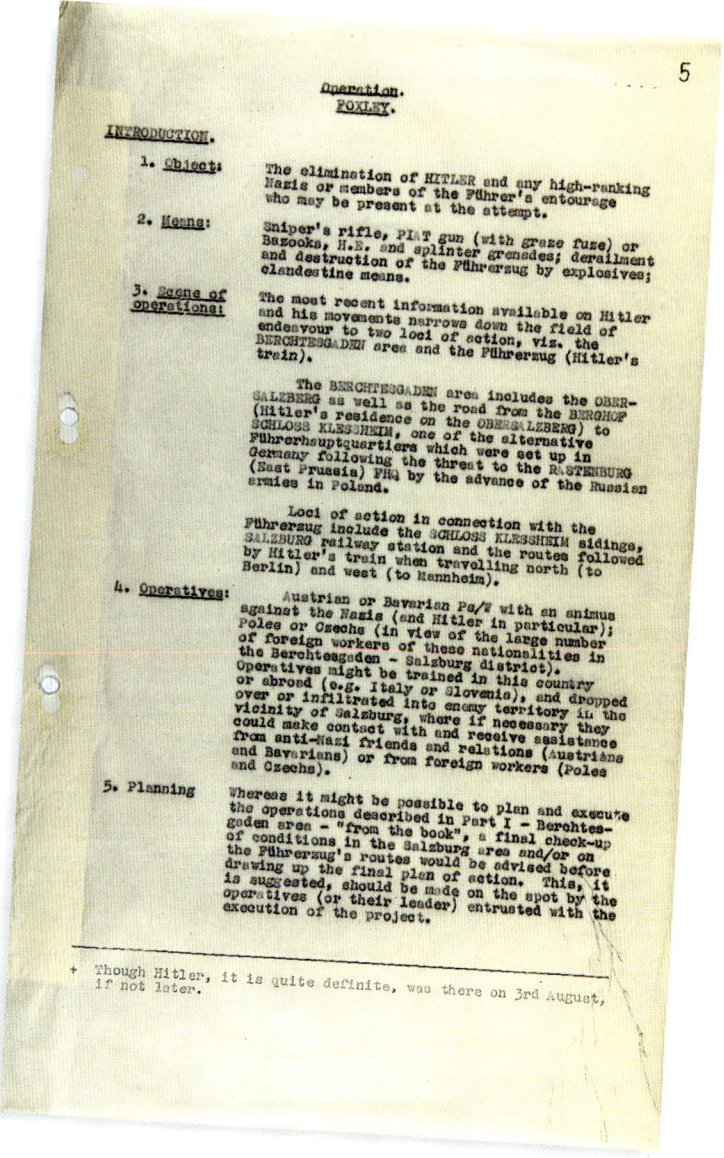

DIE WICHTIGEN ABSÄTZE

Ziel: Die Eliminierung Hitlers und aller hochrangigen Nazis oder Mitglieder der Entourage des Führers, die bei dem Attentat anwesend sind.

Mittel: Scharfschützengewehr, Panzerabwehrgewehr (mit empfindlichem Aufschlagzünder) oder Bazooka, hochexplosive und Splittergranaten; Entgleisung und Zerstörung des Führerzugs durch Sprengstoff; verdeckte Maßnahmen.

Operationsort: Die neuesten Informationen über Hitler und seine Bewegungen engen das Tätigkeitsfeld auf zwei Orte ein – das Gebiet um Berchtesgaden und den Führerzug.

Planung: Während es möglich sein könnte, die in Teil I – Gebiet um Berchtesgaden – beschriebenen Operationen »dem Buch nach« zu planen und auszuführen, wird zu einer letzten Überprüfung der Bedingungen im Gebiet um Salzburg und/oder der Routen des Führerzuges vor Erstellung des letztendlichen Aktionsplans geraten. Dieser sollte an Ort und Stelle von den Ausführenden (oder ihrem Befehlshaber) erstellt werden.

Bei Berchtesgaden hatte Adolf Hitler einen stillen Zufluchtsort – und einen passend dramatischen Fotohintergrund dazu.

wollte. Befördert durch den Umstand, dass nun in einem britischen Kriegsgefangenenlager ein auch noch sehr gesprächiger Mann der persönlichen Leibwache des »Führers« einsaß, erstellte die SOE ein ausführliches Dossier, in dem der Berghof in allen Details bis hin zu den Gewohnheiten Hitlers beschrieben wurde. Dass er dort einen sehr geregelten Lebenswandel pflog, spielte potenziellen Attentätern in die Hände. So machte er offenbar täglich einen einsamen Spaziergang auf exakt derselben Route durch den Wald. Um die Sache weiter zu erleichtern, wehte immer, wenn der »Führer« anwesend war, eine Nazi-Flagge über dem Berghof.

Fantasie Fiktion

Aus der Sicht eines Romanciers bot dies vielleicht verlockende Möglichkeiten; in der realen Welt waren sie nicht ganz so überzeugend. Ein Team von Attentätern hätte sich unter Umständen wochen- oder gar monatelang in den Wäldern um den Berghof verstecken müssen, bis der Diktator wieder dort erschien. Die Chancen, unentdeckt zu bleiben, waren nahe null. Es spielte keine Rolle, wie viel man über die Lieblings-

speisen bis zur Bettlektüre des »Führers« wusste: Wenn man nicht herausbekam, wann er auf dem Berghof weilte, waren die Erfolgschancen gering.

Dennoch, als der Plan schließlich aufgegeben wurde, ließ sich die SOE nicht von derart profanen, sondern eher von spekulativeren Erwägungen leiten. Vielleicht würde Hitlers Ermordung keineswegs den erhofften Kollaps des Regimes auslösen. Vielleicht würde sein Tod sogar zu einer Trotzreaktion der Deutschen führen, würde sich das Volk um seinen Märtyrer scharen und zu einem verzweifelten Widerstand erheben. Vielleicht wäre also ein toter »Führer« gefährlicher als ein lebender.

Operation Zeppelin

Das Vorhaben der Nazis, Stalin zu ermorden, war akribisch geplant und wäre vielleicht sogar von Erfolg gekrönt worden, wären nicht eine zufällige unvorsichtige Bemerkung und ein besonders wachsamer Leibwächter dazwischengekommen.

Im Herbst 1944 bereiteten die Deutschen ein Komplott zur Ermordung Stalins vor. Der Mörder sollte ein sowjetischer Kriegsgefangener sein. Pjotr Shilo aus Tschernigow in der Nordukraine stammte aus einer Familie von Kulaken – jenen unabhängigen Großbauern, die Stalin in den 1930er-Jahren weitgehend hatte ausrotten lassen.

Mantel und Degen

Die Deutschen vertrauten Shilo so sehr, dass sie ihm eine neue Identität verpassten und ihn dann in Russland frei ließen. Seine neuen Papiere wiesen ihn als Major Tavrin von SMERSH (der kommunistischen Spionageabwehr) und als Helden der Sowjetunion aus, nicht mehr und nicht weniger. Und er reiste in Begleitung seiner Frau. Die beiden hatten einander zwar zuvor nicht gekannt, waren aber zur Stärkung ihrer Partnerschaft rasch verheiratet worden.

»Major Tavrin« war mit einem speziellen Granatwerfer bewaffnet,

der unter einem dezent erweiterten Ärmel an seinem Unterarm befestigt war; zudem hatte er eine Pistole mit vergifteten Kugeln. Dazu wurden die Tavrins mit einer Reihe offiziell aussehender Dokumente und Gummistempel sowie mit der stolzen Summe von 400.000 Rubeln ausgestattet. Man setzte sie außerhalb von Moskau aus der Luft ab, und sie sollten mit einem ebenfalls mitgebrachten Motorrad in die Stadt fahren, sich dort in den Kreml einschleusen und Stalin an seinem Arbeitsplatz töten.

Die Tavrins starteten in der Nacht des 5. September von einem

> *Es vergeht kein Augenblick, in dem unsere Feinde nicht versuchen, einen Schwachpunkt zu finden, den sie nutzen und uns Schaden zufügen können.*
>
> *Josef Stalin*

Stalin und Molotow nehmen eine Militärparade auf dem Roten Platz ab.

Flugplatz in Lettland an Bord eines Arado 232B-Transportflugzeugs des Kampfgeschwaders 200, einer Luftwaffen-Spezialeinheit für Sondereinsätze. Der sowjetische Geheimdienst wusste bereits, dass etwas im Gange war, aber nicht genau was: Er hatte einen Tipp von dem Schneider in Riga erhalten, der beauftragt worden war, einen russischen Uniformmantel mit einem erweiterten Ärmel zu nähen.

Sowjetisches Chaos

Die Sowjets mochten den Feind erwartet haben, doch aufgrund eines organisatorischen Durcheinanders beschoss eine wachsame, aber nicht informierte deutsche Flakbatterie die Arado und zwang sie, westlich des vorgesehenen Zielorts zu landen. Der Pilot setzte die Maschine sicher auf, doch sie streifte einen Baum; ein Motor fing Feuer und erregte damit die Auf-

merksamkeit sowjetischer Kräfte in der Nachbarschaft. Ein paar Crewmitglieder wurden festgenommen, doch einigen gelang es sogar, sich bis zu deutschen Linien durchzuschlagen.

Eine unaufmerksame Bemerkung

Major Tavrin und seine Gattin hatten sich inzwischen, wie geplant, mit dem Motorrad auf den Weg nach Moskau gemacht. Ihre Papiere wurden an sämtlichen Kontrollpunkten anerkannt. Alles lief bestens, bis der falsche Major beiläufig bemerkte, sie seien die ganze Nacht durchgefahren, was den Argwohn eines Wachpostens erregte: Wenn das stimmte, so erkannte er, dann hätten die beiden wegen des vorangegangenen Regens noch durchnässt sein müssen. Das Paar wurde rasch verhaftet, das Attentat war vereitelt. Unternehmen Zeppelin war vorüber, bevor es begonnen hatte.

Eine Arado 232 A2, das modernste Transportflugzeug der Luftwaffe, brachte Major Tavrin und seine Gattin samt Motorrad nach Weißrussland.

Project Danny

Eine vielversprechende Strategie, der Bedrohung durch die V1 zu begegnen, konnte nicht umgesetzt werden, weil die US Army vergaß, gegen wen sie kämpfte.

Ein deutsches Kriegsunternehmen, das gut vorankam – zu gut für die Opfer –, war der Fieseler Fi 103 Marschflugkörper, V1 (V für »Vergeltungswaffe«) genannt. In England wurde diese Waffe wegen ihres charakteristischen Geräuschs – wahrscheinlich das letzte, das ihre rund 6000 Opfer in Südostengland hörten – als »Doodlebug« bekannt. Angetrieben von einem Pulsstrahltriebwerk war diese Erfindung richtungweisend und

Hätte der Einsatz der V1 früher begonnen, so wäre es womöglich zu einem anderen Kriegsausgang gekommen.

Im Spätsommer 1944 wurde London täglich von über hundert V1 getroffen.

wurde nach dem Krieg von den Alliierten weiterentwickelt. Da die Reichweite der V1 begrenzt war, wurde sie von Stützpunkten in Nordfrankreich aus abgefeuert.

Großbritannien gegen die V1
Es überrascht nicht, dass die Alliierten wiederholt versuchten, diese Abschussbasen durch Luftangriffe

zu zerstören. Solche Versuche wurden bereits seit 1942 unternommen, als die Entwicklung einer mysteriösen »Wunderwaffe« noch ein vages Gerücht war. Doch – und auch dies überrascht nicht – diese Basen waren gut verteidigt. Die erste V1 traf London nicht zufällig nur eine Woche nach D-Day, am 13. Juni 1944, und sorgte für helle

Aufregung. Gerade als sich das Kriegsglück in Westeuropa zugunsten der Alliierten gewendet hatte, kamen die Deutschen mit einer neuen Waffe daher, gegen die es keine überzeugende Abwehr gab. Die Behörden hatten allen Grund zur Sorge. Ihre Hilflosigkeit übertrug sich auf die Bevölkerung Londons, die sogar im Horror des Blitzkriegs die Nerven behalten hatte, nun aber in Panik geriet. Durch die V1-Attacken, so hatte Hitler kalkuliert, »werden die Briten einem Frieden zustimmen«. Das war natürlich übertrieben – aber wie sehr?

Natürlich verdoppelten die Briten als Erstes ihre Anstrengungen, aus ihrem Brückenkopf in der Normandie auszubrechen. Zu jener Zeit steckten sie westlich von Caen fest und bereiteten sich auf einen Gegenangriff vor. Doch mit der an der Heimatfront rasch nachlassenden Kampfmoral und der Furcht, was die V1 als Nächstes anrichten könnte, gerieten sie in Zugzwang.

Tim der Retter?

Daher Project Danny, ein Plan für den Einsatz von F4U Corsair-Trägerflugzeugen der US-Marine, die mit einer fortschrittlichen Waffe ausgerüstet waren. Diese »Tiny Tim« genannte Luft-Boden-Rakete wurde wie eine Bombe abgeworfen und fiel einige Sekunden lang frei, bis sie durch eine Abzugsleine, die sie hinter sich her zog, gezündet wurde. Mit einer Geschwindigkeit von über 885 Kilometern pro Stunde war sie bis zu einer Entfernung von knapp einer Meile einigermaßen treffsicher. Das war gut

Die V1-Abschussbasen wurden ab 1942 von den Alliierten unbarmherzig bombardiert.

genug für Angriffe auf feindliche Schiffe aus nächster Nähe – zu diesem Zweck war die Waffe entwickelt worden. Doch sie konnte auch gut gegen Verteidigungsbauten aus Erde oder Beton eingesetzt werden, und genau diese Fähigkeit, Bunker zu sprengen, war es, worauf es nun ankam.

Und vielleicht hätte sie diese Aufgabe leisten können – wer weiß. Doch gute alte Rivalitäten kamen dazwischen, Armeechefs weigerten sich, an einer Operation teilzunehmen, die zusammen mit dem Marinekorps ausgeführt werden musste.

Zum Glück war der Ausbruch aus der Normandie bald gelungen, und die französischen V1-Basen wurden überrannt.

Das ist das Ende dieser Einsatzbesprechung. Solange ich das Kommando habe, wird es in Europa nie Marineinfanterie geben.

General Marshall

Plan Z

Für die deutsche Kriegsmarine kam der Krieg zu früh: Ein Zehnjahresprogramm für ihren Wiederaufbau war gerade begonnen worden, als 1939 die Feindseligkeiten ausbrachen.

Auf dem Schlachtfeld bezwungen und dann am Konferenztisch gedemütigt: Kein Wunder, dass die Deutschen den Vertrag hassten, der ihnen in Versailles aufgezwun-

U-Boote vom Typ XXI wurden in Bremen gebaut. Ihr Erfolg zog Ressourcen von der konventionellen Kriegsmarine ab.

gen worden war. In seiner Folge wurde das Land militärisch weitgehend entmachtet. Die Weimarer Republik sollte komplett auf die Gnade anderer Staaten angewiesen sein. Die Luftstreitkräfte waren aufgelöst worden und durften nicht mehr neu gebildet werden. Die Armee war brutal zusammengestutzt worden. Und der ehemals bedeutenden Seemacht wurden nur mehr sechs kleine, alte Schlachtschiffe, ein paar Kreuzer und Zerstörer und verschiedene Wachboote zugestanden; U-Boote wurden strikt verboten.

Die Aufhebung des Vertrags
Hitler trat im März 1933 die Regierung an mit der expliziten Absicht, das Prestige Deutschlands in der Welt wiederherzustellen, und seine Intention, den Versailler Vertrag außer Kraft zu setzen, war dabei zumindest stillschweigend inbegriffen. Tatsächlich aber hatte Deutschland bereits seit einigen Jahren hart daran gearbeitet, die Auflagen des Versailler Vertrages zu umgehen. Wie unpopulär dessen Konditionen waren, erschließt sich aus der Tatsache, dass sogar die Regierungen der Weimarer

Die *Scharnhorst* wurde 1943 vor dem Nordkap versenkt.

dass dies kurzfristig nicht erreichbar war. An Effizienz aber wollte er mit den Briten gleichziehen, indem er eine Flotte schneller Versorgungsschiffe und U-Boote baute. Diese gewaltige Streitmacht zur See sollte bestehen aus:

- vier Flugzeugträgern, zwei davon mit einer Verdrängung von 33 500 Tonnen;
- sechs Schlachtschiffen bis zu 110 000 Tonnen;
- drei Schlachtkreuzern (etwa 35 000 Tonnen);
- zwölf kleineren »P-Klasse«-Kreuzern und zwei weiteren schweren Kreuzern;
- sechs leichten Kreuzern (etwa 10 000 Tonnen);
- sechs großen Zerstörern.

Zusätzlich sollte die Kriegsmarine über eine große Zahl an U-Booten verfügen (insgesamt etwa 250).

Republik, die Hitler wegen ihrer Kraftlosigkeit so verachtete, energische Anstrengungen unternommen hatten, sie zu umgehen. In einer konzertierten Aktion hatte man Erleichterungen erzielt, sodass relativ kleine Schiffe unerwartet hohe Leistungen erbringen konnten. Auf dem Gebiet der Antriebs- und Waffentechnik waren bedeutende Erfolge erzielt worden, sodass man Schiffe bauen konnte, die besser bewaffnet waren als die schnelleren des potenziellen Gegners oder aber schneller waren als dessen stärkere. Das deutsch-britische Flottenabkommen von 1935 trug der Unvermeidlichkeit des Wiederbewaffnungsprogramms der Nazis Rechnung, versuchte aber gleichzeitig, es zu begrenzen. Es erlaubte Deutschland, seine Kriegsflotte bis auf 35 Prozent der Tonnage der Royal Navy aufzustocken. Frankreich und Italien wurden dabei nicht konsultiert, was zu Unstim-

migkeiten führte. Im Rückblick erscheint das deutsch-britische Flottenabkommen bereits als Teil der Politik des Appeasement.

Ein Rivale der Royal Navy

Hitlers Auslegung des Vertrages zeigte bereits, dass der deutsche Diktator stets die ganze Hand zu nehmen pflegte, wenn man ihm den kleinen Finger reichte. Denn nun begann er, über einen weit ambitionierteren Masterplan nachzudenken. Der am 27. Januar 1937 formell verordnete Plan Z stand für ein zehnjähriges Rüstungsprogramm. Die neue deutsche Kriegsmarine würde weit mehr an Tonnage aufweisen als 35 Prozent der britischen Flotte, und wenn sie nicht auf volle Parität konzipiert war, dann nur deshalb, weil der »Führer« erkannte,

Der Befehlshaber der U-Boote, Admiral Dönitz, wurde bei Kriegsende zum Nachfolger des »Führers« ernannt.

Sicherheit durch Stückzahlen

Die Deutschen setzten mehr auf Quantität als auf schiere Größe: Die Royal Navy würde ihr an

Wenn Deutschland eine sichere Position als Weltmacht erringen soll, wie es der Führer wünscht, dann … braucht es sichere Seewege und einen garantierten Zugang zur Hochsee.

Deutscher Marinebericht, 1938

Rechts: Im Kampf um die Aufmerksamkeit des »Führers« zog Marinechef Admiral Raeder gegenüber Göring den Kürzeren.

Unten: Ein Tusch erklang 1939 beim Stapellauf der *Bismarck*, doch die Schlacht um den Bau der Flotte war bereits verloren.

Anzahl der Einheiten und Tonnage immer noch weit überlegen sein. Dies war eine bewusste Entscheidung: Die britische Flotte würde in jedem Konflikt eine entscheidende Rolle spielen, und für die deutschen Schiffe würde jeder Vorstoß über die Ostsee hinaus zu einem Spießrutenlauf. Es war sinnvoll, nicht alles auf eine Karte zu setzen – daher die Entscheidung für mehr, wenn auch kleinere Schiffe. Ferner wurde erkannt, dass der deutschen Kriegsmarine die Rolle des Räubers zukommen würde: Geschwindigkeit und Wendigkeit würden also wichtiger sein als Tonnage.

Nachlassendes Interesse

Plan Z wurde als solcher nie aufgegeben, doch er kam nur schleppend in Gang und wurde gleichzeitig rasant von den Ereignissen

überholt. Bei aller martialischen Rhetorik des »Führers« hatte Deutschland nicht die Kapazität, den Worten entsprechende Taten folgen zu lassen. Man hatte nicht genügend Werften, und die vorhandenen waren nicht groß genug. Hinzu kam einmal mehr das Problem, dass sich Hitler nur kurze Zeit auf eine Frage zu konzentrieren pflegte. Er verstand nichts von der Marine und hegte keine Sympathie für sie. Für ihn war ein Kriegsschiff so gut wie das andere, und die – häufig bahnbrechenden – Innovationen seiner Schiffsbauingenieure interessierten ihn nicht. Görings Luftwaffe wurde beständig Priorität eingeräumt, während der fähige, aber nicht sehr redselige Chef der Marine, Großadmiral Erich Raeder, keinen so guten Draht zu Hitler hatte. Und natürlich dauerte dem das Ganze auch viel zu lange. Deutschlands brandneue Flotte sollte erst Ende 1945 fertig werden, und selbst dieser Zeitrahmen wurde nicht eingehal-

ten: Von den 1935 in Auftrag gegebenen Schiffen war zu Beginn der Feindseligkeiten noch nicht ein einziges fertig.

Genügsamkeit

Vor Plan Z hatten die Deutschen drei »Westentaschen-Schlachtschiffe« (schwere Kreuzer) gebaut: die *Admiral Graf Spee*, die *Admiral Scheer* und die *Deutschland*. Sie besaßen auch zwei Schlachtkreuzer, die *Gneisenau* und die *Scharnhorst*. Zwei Schlachtschiffe, die nach Plan Z gebaut werden sollten, näherten sich 1939 der Fertigstellung – die *Bismarck* und die *Tirpitz*. Erstere wurde 1940 in Dienst gestellt, Letztere 1941. Auch mit dem Flugzeugträger *Graf Zeppelin* ging es gut voran – doch obwohl er 1938 vom Stapel lief, wurde er nie in Dienst gestellt.

Frühe Rückschläge

Deshalb kam dem Verlust der *Graf Spee* 1939 vor Montevideo sowie den Schiffsverlusten vor Norwegen eine unverhältnismäßig große Rolle zu. Die Kriegsmarine war bereits in einem frühen Stadium des Krieges schwer dezimiert.

Besser erging es den deutschen U-Booten, zum Teil dank des Genies von Admiral Karl Dönitz und der Trägheit der Alliierten beim Aufbau eines funktionsfähigen Konvoisystems. Hitler beschloss rasch, Plan Z zu vergessen, die unfertigen Schiffe abzuwracken und alles daranzusetzen, die U-Boot-Flotte auszubauen.

Der Verlust der *Graf Spee* im Dezember 1939 war für Deutschland ein schwerer Rückschlag im Seekrieg.

Mehrkammerkanone

Diese Superwaffe versprach, ein ebenso schönes wie tödliches Werk der Ingenieurskunst zu werden, doch ein anderer Ingenieur fand einen Weg, ihren Einsatz zu verhindern.

Eine Kanone ist ein simples Gerät: Eine Explosion im Verschluss liefert die Energie zum Ausstoß eines Projektils, dem ein zylindrisches Rohr die Flugbahn vorgibt. Könnte man nun die Triebkraft durch eine Serie von Explosionen erhöhen, würde man auch die Austrittsgeschwindigkeit aus dem Rohr wesentlich steigern. Ein solches System, so August Cönders, Ingenieur beim Eisen- und Stahlwerk Röchling, würde es problemlos ermöglichen, London zu beschießen.

Die V3 sollte in Stellungen unweit der französischen Kanalküste stationiert werden.

Für das ungeübte Auge sah die V3 eher wie eine Erdölpipeline denn wie eine Waffe aus.

Fehlstart
Die Idee war nicht neu. Die Amerikaner Azel S. Lyman und James Richard Haskell hatten schon 1885 ein Mehrkammergeschütz entworfen. Doch hatte die dafür erforderliche Technologie noch nicht zur Verfügung gestanden. Um eine Serie zeitlich aufeinander abgestimmter Explosionen zu erreichen, brauchte man ein Rohr, das zu lang war, um ungestützt stehen zu können. Lyman und Haskell bauten dafür eine Rampe aus Erde, sodass ihre gigantische Kanone eher wie ein Stück einer Pipeline aussah. Die Nebenladungen befanden sich in Seitenkammern, die in schrägem Winkel am

Rohr angebracht waren, was die Effizienz des Geschützes erhöhte. Das Timing musste auf eine Zehntelsekunde genau sein, um die Gesamtschubkraft zu maximieren, und genau das war das Problem, an dem die amerikanischen Ingenieure scheiterten.

Hitlers Hochdruck
Cönders glaubte, diese Probleme lösen zu können. Seine Hochdruckkanone sah ähnlich aus wie das Mehrkammergeschütz von Lyman-Haskell, nur dass in den Seitenkammern Feststoffraketen zum Einsatz kamen. Ein größenreduzierter Prototyp vom Kaliber 20 mm funktionierte. Hitler befahl Cönders begeistert, das Projekt weiterzuentwickeln: Ihm schwebte eine Batterie von fünfzig 100-mm-Geschützen vor, die Sprenggrana-

ten auf London abfeuerten. Diese sollte in geschützten Stellungen unweit der Kanalküste bei Mimoyecques aufgestellt werden.

Doch leider wurde Cönders' Prototyp eine Enttäuschung, und so rief Hitler Deutschlands führende Waffenschmieden zu Hilfe. Sie verbesserten die 1,8 Meter langen pfeilartigen Geschosse und erzielten wesentlich bessere Resultate: Mehrere Geschosse flogen 88 Kilometer weit, eines landete sogar in 93 Kilometern Entfernung – ein weiterer Schuss zerstörte allerdings das Geschützrohr, was die Weiter-entwicklung des Projekts zurück-warf. Doch die Dinge bewegten sich in die richtige Richtung: Es war nur eine Frage der Zeit, bis Cönders' Kanone einsatzbereit sein würde. So nahmen die Alliierten die von den Nazis gebauten ver-stärkten Bunker bei Mimoyecques nun unter schweren Beschuss.

Die Pumpe abgeschaltet

Ein Ingenieurskollege machte ihm einen Strich durch die Rechnung:

Barnes »Bouncing Bomb« Wallis. Sein »Tallboy« wurde von dersel-ben 617. Staffel abgeworfen, die seine »Upkeep«-Bomben gegen die Talsperren an der Ruhr eingesetzt hatte. Er erreichte Überschall-geschwindigkeit, bevor er sich zwanzig Meter tief in die Erde bohrte und explodierte. Damit konnte er es mit den Betonbunkern der Befestigungen von Mimoy-ecques aufnehmen. Die V3 würde keinen sicheren Bunker haben.

DIE WICHTIGEN ABSÄTZE

Von: Spanischer Minister, Angora
An: Außenminister, Madrid

Mr Earle, der persönliche Beauftragte des Präsidenten der Vereinigten Staaten, teilt mir mit, Instruktionen für eine Reise nach Deutschland erhalten zu haben, ohne detailliert auszuführen, wo und wie er dorthin gelangen will. Es ist sein Wunsch, für einen gründlichen Gedankenaustausch nach Amerika zu reisen.
Er informierte mich darüber, dass die antirussische Fraktion in den Vereinigten Staaten täglich größer werde und dass auch der Präsident selbst die sowjetische Gefahr im Auge habe.
Der Informant, der ihn (Earle) einen Monat zuvor von den V1-Angriffen in Kenntnis setzte, versichert ihm nun, dass die V3 noch vor Ende dieses Monats gegen Amerika zum Einsatz kommen werde.

TOP SECRET.

BE KEPT UNDER LOCK AND KEY: NEVER TO BE REMOVED FROM THE OFFICE.

SPANISH MINISTER, ANGORA, REPORTS MR. EARLE'S

APPOINTMENT TO GERMANY.

No: 139197

Date: 9th December, 1944.

From: Spanish Minister, ANGORA.

To: Minister for Foreign Affairs, MADRID.

No: 315-6.

Date: 5th December, 1944.

[Cable: I B].

Mr. EARLE, the personal delegate of the President of the UNITED STATES, tells me that he has received instructions to be ready to undertake a journey to GERMANY, without details as to the place or method of getting there. It is his wish to go to AMERICA first for a thorough exchange of views.

He informed me that the anti-Russian party in the UNITED STATES grows daily, and that the President himself bears in mind the Soviet danger even if ―― necessities of the war force him to temporize and not dispense with help that is so valuable for the moment. A French doctor who knows de GAULLE personally said that this progressive ―― [? was due to him.

The informer who, a month in advance, told him [EARLE] about the V.1. raids, now assures him that V.3,-aimed at AMERICA, will come into operation before the end of this month.

Director-General (5).
F.O.(3).
Admiralty (2).
War Office (4).
Air Ministry.
M.I.5. (2).
Colonel Vickers.
Major Morton.
Sir E. Bridges.

A9/10 Interkontinentalrakete

Die V2, die London so sehr traumatisierte, hätte das auch mit New York oder Washington anstellen können, wenn sich die Pläne der Nazis für eine Interkontinentalrakete hätten realisieren lassen.

In den Jahren 1944/45 war London für einige Monate der Wirkung einer Wunderwaffe ausgesetzt. Während die V1 ihren gesamten Flug mit eigenem Antrieb zurücklegte, wurde die V2 bis zu 193 Kilometer hoch in die Luft geschossen und fiel dann auf die Erde zurück. Insgesamt wurden ab dem 9. September etwa 3000 dieser Flugkörper abgeschossen; Ziele waren auch Paris, Brüssel und Antwerpen.

Im Gegensatz zur V1, die in England wegen ihres knatternden Geräuschs als »Doodlebug« bekannt wurde, schlug die V2 ohne Vorwarnung ein, da sie mit bis zu vierfacher Schallgeschwindigkeit niederging. Der hohen Geschwindigkeit wegen steckte sie zum Zeitpunkt der Detonation

Für Wernher von Braun und seine Mannschaft war dies weniger die Entwicklung einer Waffe als ein Schritt hin zu Zukunftstechnologien.

Albert Speer

Die Pläne für die Interkontinentalrakete waren ziemlich weit fortgeschritten. In Windkanälen wurden unterschiedliche Formen getestet.

Die V2 war ein Vorläufer der Weltraumraketen der Nachkriegsära.

Interkontinentale Kapazität

meist schon tief im Boden. Die Ingenieure hatten noch keinen Weg gefunden, die Explosion über dem Ziel auszulösen. Dennoch tötete diese Waffe Tausende.

Interkontinentale Kapazität

Aber um wie viel eindrucksvoller würde es doch sein, wenn man sie gegen die Vereinigten Staaten einsetzen konnte. Dies würde natürlich eine weitaus größere Reichweite erfordern als bei der 1944 eingesetzten Version A4. Es gab Überlegungen, die V2 auf eine große Startrakete zu montieren: Diese »A10« hätte eine Reichweite von über 4000 Kilometern gehabt. Doch das war nichts als wissenschaftliche Zukunftsmusik. Weit praktikabler erschien in diesem Stadium der Vorschlag, die V2 vor der amerikanischen Ostküste von einem U-Boot aus abzufeuern. Unüberwindliche Probleme gab es

dafür nicht. Schon 1942 war ein Raketenwerfer auf einem U-Boot erfolgreich eingesetzt worden: Damit konnten Raketen von der Wasseroberfläche und bis zu einer Tiefe von zwölf Metern abgefeuert werden. Da man die Tragweite dieser Erfindung noch nicht erkannte, führte man die Experimente aber nicht weiter. Sie wurden erst ein Jahr später mit dem Aufkommen der V2 wieder aufgenommen.

Andererseits verschlang das Raketenprojekt so viel Geld, dass für die vergleichsweise profanen U-Boot-Raketenwerfer kaum mehr etwas übrig blieb.

Versagende Rakete

Zudem sah sich Operation Prüfstand XII, wie sie genannt wurde, mit ernsthaften technischen Problemen konfrontiert. Es gab kein U-Boot, das eine 14 Meter lange Rakete mit einem Durchmesser von 1,65 Metern aufnehmen konnte. Das Projektil musste in einem wasserdichten Gehäuse und aus Sicherheitsgründen ohne Treibstoff hinterhergezogen werden. Erst an der Abschussposition konnte man die Rakete auf den Raketenwerfer montieren und mit Äthylalkohol und flüssigem Sauerstoff befüllen – dieses Gemisch würde die Rakete antreiben.

Schließlich lief der V2 die Zeit davon. Zwar wurden mobile Abschussrampen gebaut, um die von den Alliierten zerstörten statischen zu ersetzen, aber das Projekt konnte logistisch nicht mehr weitergeführt werden, weil Deutschlands Infrastruktur in den letzten Kriegsmonaten zusammenbrach.

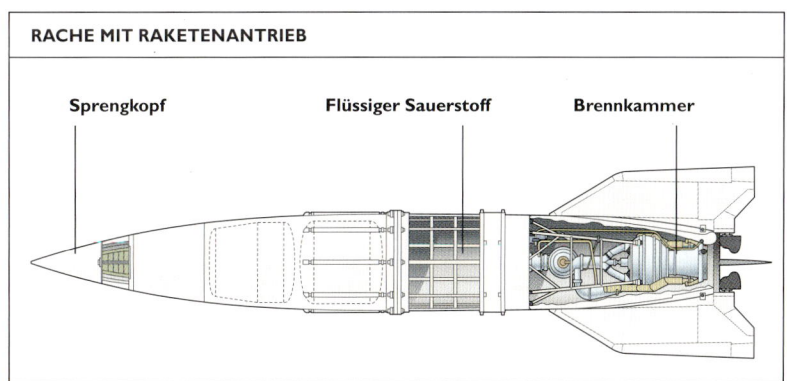

RACHE MIT RAKETENANTRIEB

Sprengkopf   Flüssiger Sauerstoff   Brennkammer

Fünftes Kapitel
1945

Inzwischen glaubten nur noch wenige, dass Deutschland oder Japan einen Sieg der Alliierten noch verhindern konnten – doch unglücklicherweise saßen sie im deutschen und japanischen Oberkommando. Der Krieg ging mit unverminderter Gewalt weiter.

Der Krieg näherte sich seinem Ende, alle Vorsicht wurde in den Wind geworfen – und wie es scheint, manchmal auch jeder Rest von Verstand. Denn während Hitler Nazi-Götterdämmerung plante, gewann Churchill offenbar die Überzeugung, der Weltkrieg sei so gut gelaufen, dass er ohne zu zögern gleich den nächsten beginnen sollte – gegen die Sowjetunion. Am Boden rückte mittlerweile die Rote Armee unbarmherzig durch Osteuropa vor, während die westlichen Alliierten dem Rhein zustrebten. In den Weiten des Pazifiks war der Krieg, verzweifelten letzten Heldentaten der Japaner auf Iwo Jima und Okinawa zum Trotz, im Großen und Ganzen gewonnen. Pläne für den Endkampf um die japanischen Inseln nahmen bereits Gestalt an, und er versprach höllisch zu werden. Das Inferno war schon früh in Form monatelanger Luftangriffe über die Japaner gekommen; dennoch rechnete man auf Seiten der Alliierten noch mit erbittertem Widerstand. Niemand neigte bezüglich »Operation Downfall« zum Optimismus.

Ein B-29-Bomber wirft Brandbomben über dem Hafen der japanischen Stadt Kobe ab. Aufgrund ihrer Luftherrschaft konnten die Alliierten nun überwältigenden Druck ausüben – auf die Kriegsmaschinerie der Achsenmächte, auf die Infrastruktur und auf Zivilisten.

Operation Unthinkable

Es mag »undenkbar« gewesen sein, doch Churchill hatte es gedacht. Allerdings wurde sein Plan, die Sowjets zu überrollen, von den Stabschefs umgehend zurückgewiesen.

»Der arme Neville Chamberlain glaubte, Hitler vertrauen zu können. Er irrte sich. Aber ich glaube, ich irre mich nicht, was Stalin angeht.« Winston Churchills Bemerkungen nach der Konferenz von Jalta im Februar 1945 sind aufschlussreich – nicht nur wegen des frühen Vergleichs von Hitler und Stalin. Der größte Staatsmann seiner Zeit besaß – auch seine glühendsten Bewunderer hätten es wohl zugegeben – ein Ego von durchaus vergleichbarer Größe. Er hatte die Bedrohung durch die Nazis gesehen, und er hatte im Hinblick auf die Kriegführung recht behalten. Er hatte auch recht gehabt mit seiner Einschätzung der Stimmung des britischen Volkes. Er war es nicht gewohnt, nicht recht zu haben.

Bedrückende Zeiten
Als der Krieg dem Ende zuging, blickten die westlichen Führer bereits darüber hinaus und kalkulierten kühl den Konflikt, der nun kommen würde. Sie hatten sich die Sowjetunion nie als Verbündeten gewünscht, hatten sogar Stalins Angebote in den 1930er-Jahren abgelehnt und nur mit Unbehagen – und oft genug bemerkenswert übellaunig – mit ihm kooperiert.

Sollten diese siegreichen alliierten Truppen nun gegen die Sowjets ziehen?

Noch bevor der Krieg gewonnen war, wurden die westlichen Alliierten wegen der Stärke der sowjetischen Präsenz in Osteuropa nervös. Die Streitkräfte der Roten Armee in dieser Region waren dreimal so stark wie die der Briten und Amerikaner im Westen. Und sie vermittelten den unmissverständlichen Eindruck, dass sie nicht mehr gehen wollten.

Ja … ja … Jalta
Die Konferenz von Jalta wurde einberufen, als der Krieg in seine – wie es aussah – letzte Phase trat. Stalin lud Franklin D. Roosevelt und Winston Churchill in einen Sommerpalast des Zaren an der Küste der Krim ein. Dort konnten sie ungestört ihre Pläne für die Zeit danach besprechen.

Jede der siegreichen alliierten Mächte – Großbritannien, Amerika, Frankreich und die Sowjetunion – sollte in einem Teil Deutschlands sowie in Berlin eine eigene Besatzungszone erhalten. Der Sowjetführer verpflichtete sich auch dazu, seine Truppen innerhalb von 90 Tagen nach dem Sieg in Europa gegen die Japaner antreten zu lassen.

Von großer Bedeutung waren die Schicksale der eroberten Länder. Man einigte sich darauf, freie Wahlen abzuhalten, um den demokratischen Willen zu erkunden. Polen wurden besonders eingehend behandelt. Stalin wollte das Territorium des Landes erweitern, um einen Puffer gegen ein potenziell verjüngtes Deutschland zu haben. Seine Streitkräfte hatten in Lublin

Josef Stalin und Winston Churchill: Hinter dem täuschenden Lächeln beider verbarg sich größter Argwohn.

bereits eine prosowjetische provisorische Regierung etabliert, das Polnische Komitee der nationalen Befreiung. Es sei wesentlich, beharrten die westlichen Alliierten, dass »dieses Komitee auf breiterer demokratischer Basis und mit Einschluss demokratischer Führer aus Polen und von Polen aus dem Ausland reorganisiert wird«. Dazu müssten »freie und ungehinderte Wahlen« abgehalten werden.

Stalin stimmte zu, dass diese »so bald wie möglich« stattfinden sollten, und so konnten die »Big Three« sich zum Abschluss der Konferenz lächelnd dem Fotogra-

fen stellen. Doch aller freundlichen Worte zum Trotz waren die tatsächlichen Verpflichtungen wenige und vage. Vieles hing nun vom guten Willen der Sowjetunion ab.

Zum Eisernen Vorhang

»Dass Churchill zu allem fähig ist«, beklagte sich Stalin gegenüber Marschall Schukow – obwohl man bezweifeln muss, dass der Rote Zar in seiner Paranoia darauf kommen konnte, was der britische Premierminister im Sinn hatte. Das Minimum an Vertrauen, das Churchill zur Zeit der Konferenz von Jalta in ihn gesetzt hatte, schwand in den folgenden Wochen. Die Rote Armee lagerte in Osteuropa und vermittelte den Eindruck völliger Unbeweglichkeit.

»Schreckliche Dinge sind geschehen«, schrieb Churchill seinem Außenminister Anthony Eden im April 1945 in einem privaten Brief, der aber die eindringliche Rhetorik einer öffentlichen Rede hatte:

Die russische Dominanz schreitet immer weiter voran ... An ihrem Ende werden die baltischen Provinzen, der gesamte Osten

In einem Brief an den Premierminister bezüglich Operation Unthinkable meint General Ismay: »Je weniger zu diesem Thema aufs Papier kommt, desto besser.«

TOP SECRET

OFFICE OF THE MINISTER OF DEFENCE

PRIME MINISTER

In the attached report on Operation 'UNTHINKABLE', the Chiefs of Staff have set out the bare facts, which they can elaborate in discussion with you, if you so desire. They felt that the less was put on paper on this subject the better.

H. L. Ismay

8th June, 1945

OP SECRET

Final

22nd May, 1945.

WAR CABINET

JOINT PLANNING STAFF

OPERATION "UNTHINKABLE"

Report by the Joint Planning Staff.

We have examined Operation UNTHINKABLE. As instructed, we have taken the following assumptions on whi to base our examination:-

(a) The undertaking has the full support of public opinion in both the British Empire and the United States and consequently, the morale of British and American troops continues high.

(b) Great Britain and the United States have full assistance from the Polish armed forces and can count upon the use of German manpower and what remains of German industrial capacity.

(c) No credit is taken for assistance from the forces of other Western Powers, although any bases in their territory, or other facilities which may be required, are made available.

(d) Russia allies herself with Japan.

(e) The date for the opening of hostilities is 1st July, 1945.

(f) Redeployment and release schemes continue till 1st July and then stop.

Owing to the special need for secrecy, the normal staffs Service Ministries have not been consulted.

OBJECT

2.   The overall or political object is to impose upon Russia the will of the United States and British Empire.

Even though "the will" of these two countries may b defined as no more than a square deal for Poland, that does not necessarily limit the military commitment. A quick success might induce the Russians to submit to our will at least for the time being; but it might not. That is for the Russians to decide. If they want total war, they are in a position to have it.

--1--

DIE WICHTIGEN ABSÄTZE

Bericht des Gemeinsamen Planungsstabs.

Wir haben Operation Unthinkable überprüft. Wie angewiesen, gehen wir bei unserer Überprüfung von folgender Annahme aus: (a) Das Unternehmen besitzt die volle Unterstützung der öffentlichen Meinung sowohl im Britischen Empire als auch in den Vereinigten Staaten; in Konsequenz dessen ist die Kampfmoral der britischen und amerikanischen Truppen weiterhin hoch.

(d) Das Datum für die Eröffnung von Feindseligkeiten ist der 1. Juli 1945. Ziel: Das politische Ziel ist, Russland den Willen der USA und des Britischen Empire aufzuzwingen. Selbst wenn man den »Willen« dieser beiden Länder nur als einen Handel zugunsten Polens ansieht, begrenzt dies nicht notwendigerweise das militärische Engagement. Ein rascher Erfolg könnte die Russen veranlassen, sich zumindest unter den gegenwärtigen Umständen unserem Willen zu unterwerfen – oder auch nicht. Das müssen sie selbst entscheiden. Wenn sie den totalen Krieg wollen, können sie ihn haben.

Die Rote Armee marschierte mit alarmierender Geschwindigkeit westwärts.

Deutschlands, die gesamte Tschechoslowakei, ein großer Teil Österreichs, ganz Jugoslawien, Ungarn, Rumänien und Bulgarien unter russischer Herrschaft stehen. Dies ist eines der traurigsten Ereignisse in der Geschichte Europas, und es ist beispiellos.

Die Rede, in der er den Begriff »Eiserner Vorhang« prägte, war noch fast ein Jahr entfernt, doch das entsprechende Denken existierte bereits – wie auch die sowjetische Dominanz, die sie beschrieb.

Doch Churchill trieb noch eine weitere Angst um. Anstatt Großbritannien und den USA zu helfen, Japan endgültig zu besiegen, mochten sich die Sowjets mit den Japanern gegen den Westen verbünden. Ein Sieg, der sicher schien, geriet rasch in Gefahr, wenn Briten und Amerikaner an diesen beiden Fronten zu kämpfen hätten. Doch Churchill wollte nicht nur die

Hände ringen oder abwarten, bis die Katastrophe eintrat, und so forderte er den Gemeinsamen Planungsstab (JPS) der britischen Streitkräfte auf, einen Plan zu entwerfen.

Noch einmal von vorne

Die britische Öffentlichkeit hatte kaum Zeit gehabt, sich von den Feiern des V-E Day (dem Sieg der Alliierten in Europa, 8. 5. 1945) zu erholen, als die Regierung aufgefordert wurde, auf einen Bericht mit dem Titel »Russland: Bedrohung der westlichen Zivilisation« zu reagieren. Das Ziel der Stabschefs, so erklärten sie, sei gewesen, einen ausführbaren Plan zu erstellen, »Russland den Willen der Vereinigten Staaten und des Britischen Empire aufzuzwingen«:

Selbst wenn man den »Willen« dieser beiden Länder nur als einen Handel zugunsten Polens ansieht, begrenzt dies nicht notwendiger-weise das militärische Engagement. Ein rascher Erfolg könnte die Russen veranlassen, sich zumindest unter den gegenwärtigen Umständen unserem Willen zu unterwerfen – oder auch nicht. Das müssen sie selbst entscheiden. Wenn sie den totalen Krieg wollen, können sie ihn haben.

Das war der springende Punkt. Denn aller kämpferischen Rhetorik zum Trotz waren die Russen mit ihrer überwältigenden Präsenz in Europa tatsächlich in der Lage, dort einen totalen Krieg zu führen.

Neue Freunde

Churchill hatte auch darauf eine Antwort: Hunderttausend Polen, die bereits für die westlichen Alliierten kämpften, wären bereit, ihr Heimatland zu verteidigen – vor allem, weil die Sowjets jene zusammentrieben, die gegen die Deutschen Widerstand geleistet hatten, und sie nach Osten deportierten –

in ein ungewisses Schicksal. Außerdem seien da die Hunderttausende deutscher Soldaten, deren Kapitulation seine Streitkräfte eben entgegengenommen hätten. Sie würden gerne noch einmal gegen die Sowjets antreten. Er hatte bereits Feldmarschall Montgomery beauftragt, dafür zu sorgen, dass ihre erbeuteten Waffen samt Munition unter Verschluss gehalten wurden, sodass sie ihnen nötigenfalls sofort wieder ausgehändigt werden konnten.

Doch der Gemeinsame Planungsstab war nicht davon überzeugt, dass britische Tommies – erschöpft wie sie waren – bereit sein würden, in einem völlig neuen Kapitel des Krieges Schulter an Schulter mit der Wehrmacht zu kämpfen. Nicht dass man den Sowjets vertraut hätte; Churchills düstere Sicht der Dinge wurde nur zu offensichtlich bestätigt. Doch es schien wirklich nichts zu geben, das der Westen hätte tun können.

Ismay wendet sich bei der Konferenz von Kairo 1943 an Churchill.

DIE WICHTIGEN ABSÄTZE

Brief von General Ismay: Ich habe die Note der Stabschefs zu Operation »Unthinkable« vom 8. Juni gelesen, die eine russische Überlegenheit von zwei zu eins auf dem Land zeigt.

2. Falls die Amerikaner sich in ihre Zone zurückziehen und den Großteil ihrer Streitkräfte in die Vereinigten Staaten und an den Pazifik zurückbeordern, können die Russen bis an die Nordsee und den Atlantik vorrücken. Ich bitte dringend um Erstellung einer Studie, wie wir dann unsere Insel verteidigen könnten, ausgehend davon, dass Frankreich und die Niederlande dem russischen Vormarsch an die See keinen Widerstand entgegensetzen könnten. Welche Seestreitkräfte würden wir brauchen, und wo würden sie stationiert sein? Wie stark müsste die erforderliche Armee sein, und wie sollte sie aufgestellt werden? Wie viele Luftstreitkräfte würden gebraucht, und wo würden sich die hauptsächlichen Flugplätze befinden?

3. Durch die Beibehaltung des Deckworts »Unthinkable« werden die Stabschefs erkennen, dass dies eine vorbeugende Studie für eine Eventualität bleibt, die, wie ich hoffe, noch immer sehr hypothetisch ist.

TOP SECRET

D R A F T

GENERAL ISMAY
C.O.S. COMMITTEE

I have read the Chiefs of Staff note on "UNTHINKABLE"
dated 8th June, which shows Russian preponderance of 2-1 on
land.

2.   If the Americans withdraw to their zone and move the
bulk of their forces back to the United States and to the
Pacific, the Russians have the power to advance to the North
Sea and the Atlantic.   Pray have a study made of how then we
could defend our Island, assuming that France and the Low
Countries were powerless to resist the Russian advance to the
sea.   What Naval forces should we need and where would they
be based?   What would be the strength of the Army required,
and how should it be disposed?   How much Air Force would be
needed and where would the main air-fields be located?
Possession of airfields in Denmark would give us great
advantage and keep open the sea passage to the Baltic where
the Navy could operate.   The possession of bridgeheads in
the Low Countries or France should also be considered.

3.   By retaining the codeword "UNTHINKABLE" the Staffs
will realise that this remains a precautionary study of what,
I hope, is still a ~~highly improbable~~ event.

purely hypothetical contingency.

Aktion 24

Wie in die Enge getriebene Tiere war die Nazi-Führung offenbar entschlossen, kämpfend unterzugehen – denn nur Verzweiflung kann das Konzept hinter Aktion 24 erklären.

In den letzten Kriegswochen wandelte sich die Stimmung der deutschen Verteidiger von Unbeirrtheit zu schierer Verzweiflung. Um die Sowjets aufzuhalten, würden sie mit allem kämpfen, was sie hatten. Die Deutschen wussten nur zu gut um die Gräueltaten, die sie im Verlauf ihrer Invasion durch den Westen Russlands verübt hatten – und sie wussten auch um die Rache, die die Rote Armee schon jetzt in Ostpreußen verübte.

In verzweifelter Lage

Vergewaltigung, Folter und wahllose Tötungen waren an der Tagesordnung. Die Zahlen erzählen die Geschichte: 33 Prozent der im Krieg gefallenen deutschen Soldaten kamen in den letzten viereinhalb Monaten um: 450 000 waren es im Januar 1945, 295 000 im Februar, 284 000 im März und 281 000 im April. An die zwei Millionen Frauen wurden vergewaltigt – viele davon mehrfach.

Diesen Hintergrund gilt es zu bedenken, wenn der Plan für Aktion 24 bewertet wird, denn unter anderen Aspekten betrachtet macht er schlichtweg keinen Sinn. Unter gewöhnlichen Umständen – selbst den gewöhnlichen Umstän-

Sowjetische Truppen überqueren eine Brücke: Die Nazis versuchten verzweifelt, den Vormarsch der »Roten« aufzuhalten.

den eines Landes in den Wirren eines totalen Krieges – ist es nahezu undenkbar, dass in einer europäischen Kulturnation wie Deutschland derlei Gedanken ernsthaft erwogen wurden.

Eine selbstmörderische Strategie

Das strategische Denken hinter dem Plan war noch halbwegs rational: Die Rote Armee würde bei ihrem Vorrücken auf Berlin die Eisenbahnbrücken in Thorn, Warschau, Deblin und Dunjawec für den Nachschub brauchen. Also mussten sie zerstört werden.

Kurzzeitig verfolgte man die Idee, speziell präparierte Dornier Do 24-Flugboote mit Sprengstoff zu beladen und sie in die wichtigen Brücken über die Weichsel zu jagen. Vier dieser Flugzeuge wurden tatsächlich für diese Mission umgebaut. Die Do 24 wählte man wegen ihrer Transportkapazität aus: Sie konnte riesige Mengen an Sprengstoff aufnehmen.

Sündenböcke

So weit könnte man Aktion 24 als eine Art Kamikazeoperation sehen, doch die deutsche Version, so wie sie hier ins Auge gefasst war, hatte noch einen zusätzlichen »Haken«. Ausgebildete Piloten waren in der damaligen Situation unersetzbar: Selbst für ein derart wichtiges Ziel konnte man nicht einen opfern – von vier ganz zu schweigen. Also

wurde beschlossen, dass erfahrene Piloten die Flugzeuge bis an die Angriffszonen bringen und sie ein Stück flussaufwärts sicher landen sollten, um dann in ein Schlauchboot umzusteigen und ans Ufer zu paddeln. Wie sie es aus einem Gebiet, in dem es bereits von sowjetischen Truppen wimmelte, hinter die eigenen Linien schaffen sollten, wurde nie erklärt.

Die Flugzeuge würden dann in den Händen von »Selbstaufopferungspiloten« verbleiben, die gerade genug gelernt hatten, um sie zu starten und in die Brücken zu fliegen. Ob die Sowjets eine der Maschinen so weit hätten kommen lassen, darf bezweifelt werden werden. Doch es spielte keine Rolle: Die umgebauten Flugzeuge wurden bei Luftangriffen zerstört, bevor sie angreifen konnten.

> **Der Realität ins Gesicht zu sehen, war zehnmal schlimmer, als nur davon zu hören. Wir drängten uns die ganze Nacht hindurch in Todesangst aneinander.**
>
> *Dorothea von Schwanenfluegel erinnert sich an den sowjetischen Vormarsch 1945.*

Die Deutschen waren bereit, ihre restlichen Do 24-Flugboote in verzweifelten Selbstmordaktionen zu opfern.

Die Alpenfestung

Von den britischen Behörden kürzlich freigegebene Dokumente offenbaren einige Bestürzung der Alliierten angesichts eines Beschlusses der Nazi-Führung, an einer geheimen Festung in den Alpen eine heroische letzte Schlacht zu schlagen.

Ende 1944 war klar, dass der deutsche Eroberungskrieg, Adolf Hitlers Herrschaft und der Nationalsozialismus scheitern würden. In der Zwickmühle des Vormarsches der westlichen Alliierten einerseits und dem Wüten der Roten Armee andererseits konnte Deutschland nur mit fliegenden Fahnen untergehen. Denn der Westen war nicht bereit zu einem Sonderfrieden und aufseiten der Sowjetunion dominierte der Wunsch nach Rache. Millionen waren umgekommen;

viele weitere Millionen sowjetischer Bürger hatten unter diesem Kampf gelitten, der nicht nur ein antikommunistischer Kreuzzug gewesen war, sondern auch ein Rassenkrieg gegen die Slawen.

Schon für gewöhnliche Deutsche waren die Aussichten bedrückend: Nach Mord und Vergewaltigung im Osten standen ihnen Jahre des Elends und der Demütigung bevor. Doch für die Parteielite der NSDAP versprach die Zukunft nur öffentliche Demütigung, Folter, und Tod. Da es also nichts gab, worauf die politische Führung bei einer Kapitulation hoffen konnte, hatte die aberwitzige Entschlossenheit, bis zum Ende Widerstand zu leisten, zumindest den Sinn, auf Kosten zahlloser Opfer den eigenen Hals noch ein paar Tage länger zu retten.

Hitler erkannte die Realität der Niederlage nur zögernd an.

Kämpfend untergehen

Für die Alliierten waren die Aussichten entschieden erfreulicher, denn der Krieg war so gut wie gewonnen. Allerdings plagte sie immer noch die Sorge, den Triumph, den sie praktisch schon in Händen hielten, vielleicht doch noch zu verlieren. Deshalb auch die Furcht, dass die Nazis den Rückzug in ein Bollwerk in den Alpen vorbereiteten, von dem aus sie einen langen Guerillakrieg würden führen können. Gestützt auf einen Komplex aus Befestigungen,

SECRET

Report No. FO-576

The Leaders of the Nazi Reduit

The following information was obtained in Bregenz from well informed Party officials.

1. The chief of the movement is and will always remain Adolf Hitler. Even if his personal activity should in the future be overshadowed by that of others, he will at all times serve as Nazi Party idol and symbol of resistance.

2. The soul of the movement and its first chief is Reichsfuehrer SS and Commander of the Home Army Himmler. Next to him is his right hand man whose functions have largely been kept secret, SS Obergruppenfuehrer Kurt Gottberg.

3. The organization of the movement is in the hands of Wilhelm Schepmann who, during the period of the Party's illegality, proved himself to be an expert in underground warfare. To be absolutely certain of Schepmann, Himmler gave him Chief of the Reichssicherheitshauptamt Kaltenbrunner as first and sole assistant.

4. Reichsleiter Bormann and Himmler's assistant Schellenberg, chief of SD Amt VI, SS Obergruppenfuehrer Wolff, SS Gruppenfuehrer Abraham and General Dietrich will form the leadership of the future Nazi resistance movement.

Die Bedeutung Adolf Hitlers wurde in diesem Bericht zusammengefasst:
»1. Der Chef der Bewegung ist Adolf Hitler, und er wird es immer bleiben. Selbst wenn seine persönliche Aktivität zukünftig von der anderer überschattet werden sollte, wird er dennoch immer als Idol und Symbol des Widerstands der Nazi-Partei dienen.«

DIE WICHTIGEN ABSÄTZE

Land: Deutschland/Österreich

Gegenstand: Evakuierungsbewegung in Richtung Bayern

Berichtsdatum: 28. März 1945

Quelle: Cézanne/Französischer Geheimdienst

Ursprungsort: Schweiz

1. Tausende von Nazi-Funktionären treffen seit kurzem in den bayerischen Städten Tölz, Freising und Landshut ein. Sie kommen aus dem Osten, Westen und Norden Deutschlands. Der Quelle nach ist es wahrscheinlich, dass diese Orte bedeutende Parteizentren werden für den Fall, dass sich die Parteiorganisation in ein »Bollwerk« in den Alpen zurückzieht.

2. Gleichzeitig werden beträchtliche Mengen an Lebensmitteln von Norditalien über den Brennerpass nach Tölz sowie über Lienz und Spittal nach Villach in Österreich gebracht.

3. Eisenbahn-Reparaturwerke werden von Steinsmanger (Ungarn) nach Ling-Steyr und Innsbruck (Österreich) verlagert.

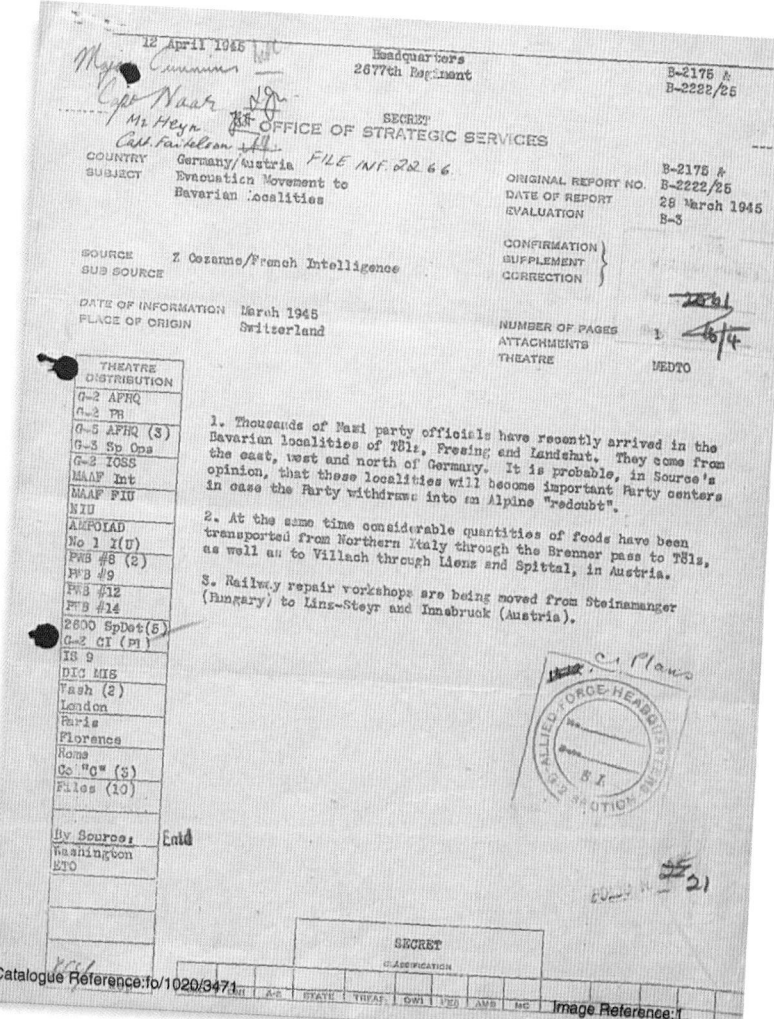

Lagern, Höhlen und unterirdischen Anlagen konnten sie eine Terrorkampagne im besetzten Deutschland und darüber hinaus inszenieren. Zwar erwartete niemand, dass sich die Nazis von einem solchen Bollwerk aus mit den Alliierten auf einen direkten Kampf einlassen und sie besiegen würden, aber sie konnten auf Jahre hinaus heftigen Widerstand leisten. Ein Papier des Office of Strategic Services (OSS) vom 28. März 1945 geht unmissverständlich davon aus, dass von einer solchen Festung aus nachhaltiger Widerstand würde geleistet werden können.

Martialische Rhetorik

Diese von den Verteidigungsstrategien der Schweiz her bekannte Philosophie war in trotzigen Reden mehrerer Nazi-Größen, nicht zuletzt von Propagandaminister Joseph Goebbels, angedeutet worden. Anstatt eine vernünftige Kapi-

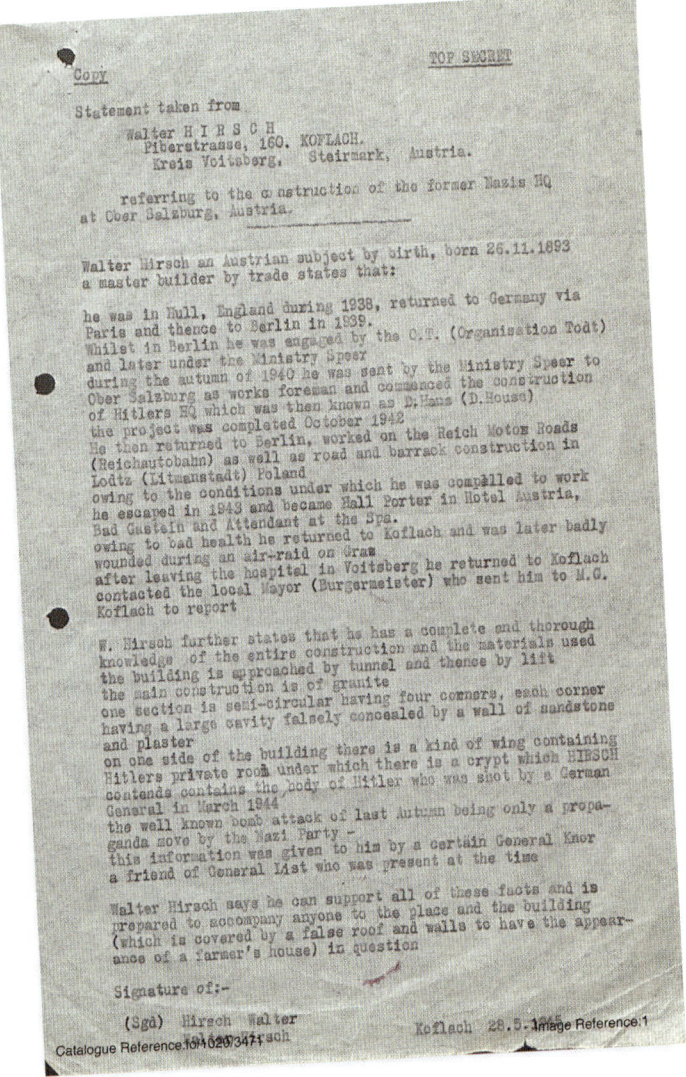

Copy   TOP SECRET

Statement taken from

    Walter H I R S C H
    Piberstrasse, 160. KOFLACH.
    Kreis Voitsberg. Steirmark, Austria.

    referring to the construction of the former Nazis HQ
    at Ober Salzburg, Austria.

Walter Hirsch an Austrian subject by birth, born 26.11.1893
a master builder by trade states that:

he was in Hull, England during 1938, returned to Germany via
Paris and thence to Berlin in 1939.
Whilst in Berlin he was engaged by the O.T. (Organisation Todt)
and later under the Ministry Speer
during the autumn of 1940 he was sent by the Ministry Speer to
Ober Salzburg as works foreman and commenced the construction
of Hitlers HQ which was then known as D.Haus (D.House)
the project was completed October 1942
He then returned to Berlin, worked on the Reich Motor Roads
(Reichsautobahn) as well as road and barrack construction in
Lodtz (Litmanstadt) Poland
owing to the conditions under which he was compelled to work
he escaped in 1943 and became Hall Porter in Hotel Austria,
Bad Gastein and Attendant at the Spa.
owing to bad health he returned to Koflach and was later badly
wounded during an air-raid on Graz
after leaving the hospital in Voitsberg he returned to Koflach
contacted the local Mayor (Burgermeister) who sent him to M.G.
Koflach to report

W. Hirsch further states that he has a complete and thorough
knowledge of the entire construction and the materials used
the building is approached by tunnel and thence by lift
the main construction is of granite
one section is semi-circular having four corners, each corner
having a large cavity falsely concealed by a wall of sandstone
and plaster
on one side of the building there is a kind of wing containing
Hitlers private room under which there is a crypt which HIRSCH
contends contains the body of Hitler who was shot by a German
General in March 1944
the well known bomb attack of last Autumn being only a propa-
ganda move by the Nazi Party -
this information was given to him by a certain General Kner
a friend of General List who was present at the time

Walter Hirsch says he can support all of these facts and is
prepared to accompany anyone to the place and the building
(which is covered by a false roof and walls to have the appear-
ance of a farmer's house) in question

Signature of:-

(Sgd) Hirsch Walter

Koflach 28.5.1945

Catalogue Reference:fo/102/3471   Image Reference:1

---

tulation vorzubereiten, flüchteten sich die führenden Nazis in pathetische Phrasen. »Nur selten in der Geschichte hat ein tapfer um sein Leben kämpfendes Volk solch schrecklichen Prüfungen entgegengesehen ...«, schrieb Goebbels:

Wir tragen ein schweres Schicksal, weil wir für eine gute Sache kämpfen und dazu berufen sind, die Schlacht tapfer zu überstehen, um Größe zu erlangen.

War dies mehr als nur zynisch eingesetzte mitreißende Rhetorik? Die Alliierten wollten jedenfalls keine Risiken eingehen. Der Bericht vom 15. März erscheint begrifflich überraschend vage und allgemein. Hitler sei das »Idol« der Nazis, heißt es dort, »er ist der Führer der Bewegung und wird es immer bleiben«, während Himmler als deren »Seele« bezeichnet wird. Skeptiker könnten bemän-

DIE WICHTIGEN ABSÄTZE

Erklärung von Walter Hirsch, Österreich, zum Bau des ehemaligen Nazi-Hauptquartiers auf dem Obersalzberg, Österreich.
Walter Hirsch, österreichischer Staatsbürger, geboren am 26.11.1893, von Beruf Bauunternehmer, erklärt:

Er sei im Herbst 1940 von Minister Speer als Vorarbeiter auf den Obersalzberg geschickt worden und habe den Bau von Hitlers Hauptquartier begonnen, das damals als D. Haus bekannt war. Das Projekt sei im Oktober 1942 beendet worden. W. Hirsch führt weiter aus, er wisse über die gesamte Baumaßnahme und die verwendeten Materialien bestens Bescheid. Man würde sich dem Gebäude durch einen Tunnel und dann mit einem Lift nähern ... auf einer Seite des Gebäudes befinde sich eine Art Flügel, der Hitlers Privatzimmer enthalte, und darunter eine Krypta, die Hirschs Behauptung zufolge Hitlers Leiche enthalten soll; er sei im März 1944 von einem deutschen General erschossen worden.
Hirsch behauptet ferner, er könne alle diese Fakten stützen und sei bereit, jeden an den Ort zu begleiten.

geln, der Verfasser des Berichts habe die Stimmungsmache der Nazis unkritisch adaptiert. Doch die Geheimdienste der Alliierten waren – zu Recht oder Unrecht – davon überzeugt, dass die Nazis weiterhin an ihre Sache glaubten. Es mochte über die Jahre viele Mitläufer und Opportunisten gegeben haben, doch einem überlebenden harten Kern sprach man eine gewisse »böse Integrität« zu.

Eindeutige Beweise?

Und das OSS gründete seine Meinungen nicht nur auf großsprecherisches Gerede. Ein weiterer Bericht vom 28. März meldet, in Südbayern würden vermehrt Personal und Versorgungsgüter eintreffen. Und in folgenden Meldungen – sie werden nun immer umfangreicher und häufiger – mehren sich die Beweise.

Genaue Fakten zu erhalten ist natürlich nicht einfach: So legt ein Bericht vom 27. April nahe, es sei genügend Material eingelagert, um 25 000 Menschen ein Jahr lang zu versorgen; ein weiterer, drei Wochen früher datierter behauptet gar, man habe genug für bis zu 60 000 Menschen und zwei Jahre.

Mittlerweile hatten die alliierten Geheimdienste in dem Gebiet eine beeindruckende Präsenz am Boden und eine genaue Luftaufklärung. Ein umfangreicher, aus fotografischem Beweismaterial erstellter Bericht durchleuchtet die gesamte Alpenregion und erfasst aufgelassene Steinbrüche und Höhlenkomplexe mit Anzeichen von Aktivität, die eventuell auch noch mit Bauarbeiten in Zusammenhang stand. Er kommt allein in den österrei-

chischen Alpen auf 69 derartige Stellen. Aufgelistet wurden stacheldrahtumzäunte Lager mit vier, sechs, 35 Hütten, sechsstöckige Gebäude, kleine Schuppen oder sogar Haufen von »Vorräten im Freien«, ebenso jedes Anzeichen von Straßenbau, Erdbewegungen oder Ausgrabungen – sogar »Abraumhalden und Fahrzeugspuren«.

Zweifel am Bollwerk

Solche Details klingen überzeugend – solange man nicht bedenkt, dass es höchst unwahrscheinlich ist, in Bayern oder Österreich irgendein Gebiet zu finden, in dem es keine Gruppen von Hütten oder Baumaßnahmen gab. Einige Historiker meinen, dass es sich bei dem »nationalen Bollwerk« lediglich um eine Scheinanlage gehandelt habe, die den Westen von den Vorbereitungen ablenken sollte, die die Nazi-Führung für den Endkampf um Berlin traf.

Diese Art der Spekulation scheint noch übertrumpft zu wer-

den von dem, was der Bauunternehmer Walter Hirsch Ende Mai 1945 den Alliierten berichtete: Er behauptete, beim Bau eines Bunkerkomplexes am Obersalzberg mitgewirkt zu haben. Hitlers Leiche sei dabei in eine Krypta unter seinem Privatzimmer in dem Komplex zur letzten Ruhe gebettet worden – und zwar schon nach seiner Ermordung durch einen deutschen General 1944. Es scheint, je mehr »Beweise« wir haben, desto schwerer wird es zu beurteilen, ob das »nationale Bollwerk« eine unvollendete letzte Bastion zur Verteidigung Deutschlands war oder nur ein erfolgreicher, aber vergeblicher Propagandacoup.

Die alliierten Geheimdienste erstellten eine eindrucksvolle »Inventur« der Alpen. Alles bis hin zu kleinen Schuppen und Vorratslagern wurde aufgezeichnet. Ungeachtet solcher »Beweise« bezweifeln viele Historiker, dass das »Bollwerk« jemals Realität war; manche meinen sogar, es sei eine vorsätzliche Täuschung der Deutschen gewesen.

Operation Downfall

Nur die Atombombe verhinderte eine Invasion mit einer Schlacht, in der sich der Krieg wohl zu einem letzten Höhepunkt gesteigert hätte.

Jeder weiß, wie der Zweite Weltkrieg endete: Mit dem Abwurf der Atombomben auf Hiroshima und Nagasaki begann das Atomzeitalter. Man vergisst leicht, wie gelegen es den Alliierten kam, dass das Manhattan-Projekt auf so spekta-

kuläre Weise gelang. Denn ansonsten hätte der Krieg womöglich anders geendet.

So weit es die Feldkommandeure und selbst die Oberkommandierenden betraf, sollte dies ein konventioneller Krieg bis zum bitteren Ende werden. Es war nicht nur um der Geheimhaltung willen, dass pro forma Pläne ohne Berücksichtigung der Atombombe erstellt wurden. Dieses Projekt war so geheim, dass nicht einmal die Spit-

zen der militärischen Hierarchie davon erfuhren. Deshalb bereiteten sie ihre Pläne für den Endkampf gegen Japan mit grimmigem Ernst vor. Sie glaubten, so werde es wirklich ablaufen.

Unter Belagerung
Es bestand nun kein Zweifel mehr, dass sich das Kriegsglück gewendet hatte und aufseiten der Alliierten stand, aber sie waren noch einen langen und blutigen Weg vom Sieg

Japans aus Holz gebaute Städte – Tokio eingeschlossen – wurden praktisch alle von entsetzlichen Feuersbrünsten zerstört.

entfernt. Man konnte nicht davon ausgehen, dass die Japaner nachgeben würden. Sie würden nun nicht nur für das eigene Leben kämpfen, sondern auch für das ihrer Frauen und Kinder – und für ein Heimatland, das ihnen heilig war. Das Ziel der Alliierten musste sein, das Land so zu verwüsten, dass Widerstand im Feld ungeachtet allen Mutes und aller Verzweiflung nicht mehr zu leisten war.

Sporadische Luftangriffe gegen Japan waren schon den ganzen Krieg über geflogen worden, doch in der zweiten Hälfte des Jahres 1944 hatte ein anhaltendes Bombardement eingesetzt, das sich in dem Maße verstärkte, in dem die Amerikaner neue Stützpunkte auf den zurückeroberten Pazifikinseln gewannen. Anfang 1945 befand sich Japan im Belagerungszustand.

Der Angriff kam von der See und aus der Luft: Im März begann Operation Starvation (»Aushungern«). Der Plan war so anspruchsvoll wie simpel. Japans Küstengewässer sollten so stark vermint werden, dass das Land vom Meer abgeschnitten würde. Schon der Deckname sprach Klartext, und auch Admiral Chester Nimitz, der Oberbefehlshaber der amerikanischen Pazifikflotte und der gesamten alliierten Streitkräfte im Pazifik ließ keinen Zweifel an seiner Absicht. Über 12 000 Minen wurden verlegt – einige von U-Booten, die meisten aber von 160 dafür umgebauten B-29 Superfortresses.

Unspektakulär, diskret – und unvermeidlicherweise von den folgenden Ereignissen überschattet – war diese Operation einer der großen heimlichen Erfolge des Krie-

ges. Insgesamt wurden etwa 670 Schiffe versenkt oder beschädigt – mehr als 1 250 000 Bruttoregistertonnen. Der Verkehr auf den meisten bedeutenden Schifffahrtsrouten musste eingestellt werden; Japans Häfen waren unbenutzbar.

Feuersturm

Die Superfortress-Maschinen wurden auch für Bombardements eingesetzt: Inzwischen war die japanische Luftverteidigung so weit geschwächt, dass die Bomber von den Flugplätzen auf den Pazifikinseln bei Tag hin und zurück und nachts in geringer Höhe fliegen konnten. Die Japaner scherzten grimmig, dass die Luftangriffe so regelmäßig kämen wie die Post. Der Luftkrieg, erkannte General Le May, war zu einer Schlacht um die Moral des Feindes geworden und damit zu einem Krieg gegen Zivilisten – ob es einem gefiel oder nicht. Die zerklüftete, dicht bewal-

Bei Operation Downfall hätte Flottenadmiral Nimitz eine zentrale Rolle gespielt.

Japaner zu töten hat mir damals nicht viel Kopfzerbrechen bereitet. Was mich beschäftigte, das war, den Krieg zum Ende zu bringen.

Curtis Le May erinnert sich an seine Gefühle bezüglich der Brandbomben auf Japan.

COUNTDOWN ZUM ENDE

20. Oktober 1944 US-Truppen landen auf den Philippinen.

23.–26. Oktober Seeschlacht im Golf von Leyte, Philippinen. Die Japaner setzen erstmals Kamikaze-flieger ein, werden aber dennoch besiegt.

22. Januar 1945 Die Alliierten wiedereröffnen die »Burma Road«. Über sie erreicht Nachschub die Kuomintang-Truppen in China.

9./10. Februar Der durch US-Bomben ausgelöste Feuersturm von Tokio tötet 100.000 Menschen und macht eine Million obdachlos.

19. Februar Amerikanische Truppen landen auf Iwo Jima.

26. März Die ersten US-Truppen landen auf Okinawa; das Gros folgt am 1. April.

29. Mai Großer Luftangriff auf Yokohama – 30 Prozent der Stadt werden zerstört, 8000 Menschen getötet.

21. Juni Einnahme Okinawas

16. Juli »Trinity« – erster erfolgreicher Nukleartest in Alamogordo, New Mexico

6. August »Little Boy« explodiert über Hiroshima.

9. August »Fat Man« fällt auf Nagasaki.

15. August Kaiser Hirohito bietet Japans Kapitulation an, die General MacArthur am 27. September entgegennimmt.

Titelseite eines präzise ausgearbeiteten Plans zur Invasion der japanischen Inseln, der Operation Downfall

dete Landschaft im Inneren der japanischen Inseln war weitgehend unbewohnbar. Die Bevölkerung hatte sich seit jeher in urbanen Zentren an den Küsten zusammengedrängt, und diese waren hauptsächlich aus Holz gebaut: Feuer war dort immer ein Problem gewesen; warum also sollte man es nicht zum Hauptinstrument des Angriffs machen? Das entsetzliche Zerstörungspotenzial eines Feuersturms hatte sich bereits 1943 in Hamburg gezeigt, und Le May beschloss, es auch hier zur Wirkung zu bringen.

Sich der Invasion stellen

Mochte die Zermürbung des Gegners auch noch so brutal sein, irgendwann mussten die Alliierten eine Invasion und die Besetzung Japans ins Auge fassen, wenn der Krieg je ein Ende finden sollte. Die Planung einer amphibischen Operation begann – sie versprach die größte jemals durchgeführte zu werden. Anfang Februar wurden die Pläne für Operation Downfall erstmals – und etwas zögerlich – auf der sogenannten Argonautenkonferenz der vereinigten Stabschefs in Malta vorgeschlagen und bei einem Treffen am 25. Mai verabschiedet. Harry S. Truman, erst seit wenigen Wochen neuer US-Präsident, war mit den vereinigten Stabschefs zugegen, und auf der Agenda stand die Invasion Japans.

Zum ersten Mal schien dies nicht verfrüht zu sein. Obwohl die Schlacht von Okinawa bereits seit zwei Monaten tobte, schien ihr Ende absehbar. Die Japaner kämpften wütend, nun aber mehr mit dem Mut der Verzweiflung als mit der früheren Selbstsicherheit. Sobald die Amerikaner Okinawa und die restlichen Inseln der Riukiu-Gruppe kontrollierten, würde Japan seinen letzten pazifischen Außenposten verloren haben. Was dann noch blieb, war der Kampf um die Hauptinseln.

Folglich wurde vereinbart, dass die Invasionsarmee bereitgestellt und von General Douglas MacArthur, CINCAFPAC (Commander in Chief Army Forces Pacific), mit Unterstützung von Admiral Nimitz, CINCPAC (Commander in Chief, Pacific Fleet), angeführt werden sollte.

Mit einem Wort

General Douglas MacArthur, der Mann, dem die Ausführung der Operation anvertraut wurde, fasste die Lage – und die Logik hinter Downfall – in knappen Worten zusammen:

Auf den Marianen, den Philippinen und auf Hawaii wären die Truppen zur letzten großen Offensive gegen Japan bereitgestellt worden. Operation Downfall hätte eine Million Mann mobilisiert.

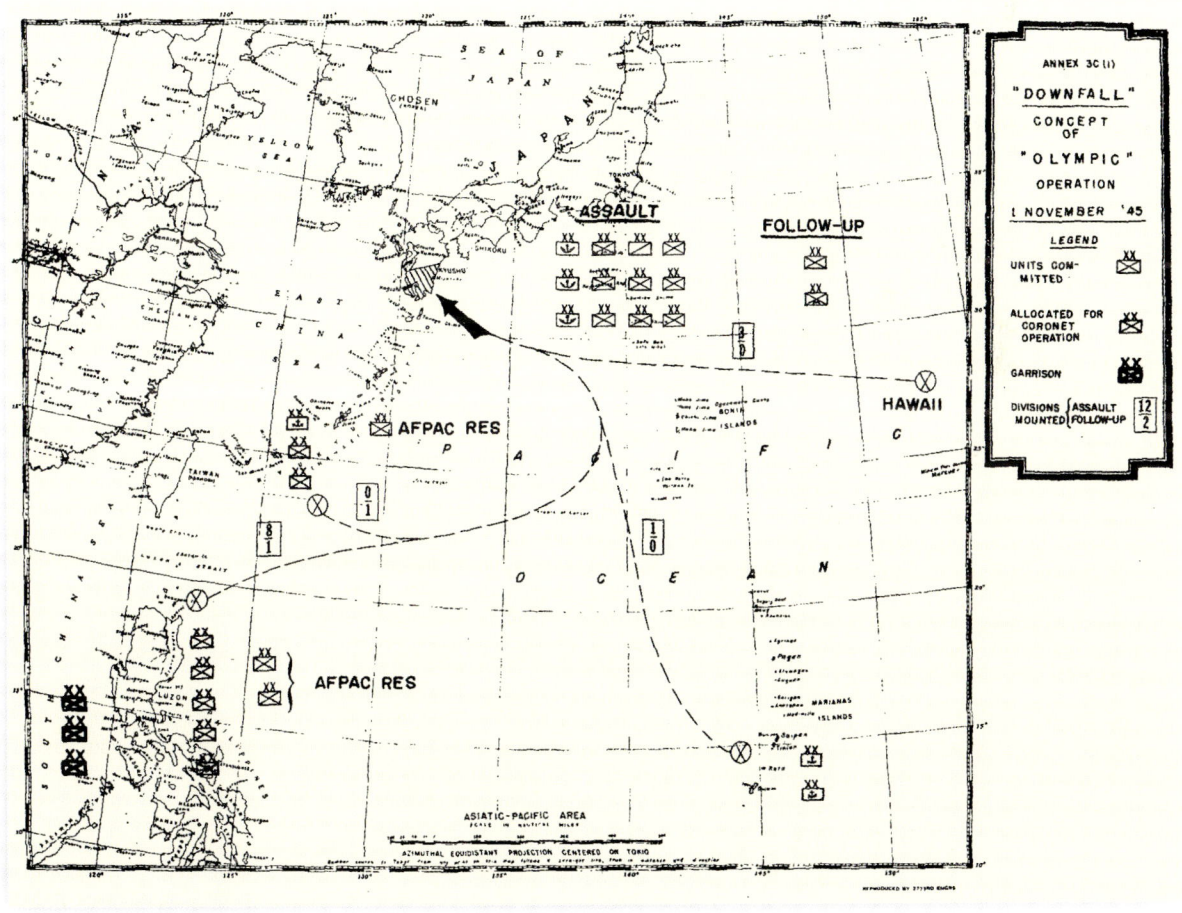

Die japanische Flotte ist bis zur Handlungsunfähigkeit dezimiert worden. Die japanische Luftwaffe ist weitgehend aufgerieben und nur noch fähig zu unkoordinierten Selbstmordattacken gegen unsere Kräfte, wobei alle möglichen Flugzeugtypen bis hin zu Schulflugzeugen zum Einsatz kommen. Ihre Einsatzfähigkeit schwindet rapide, was sich noch verstärken wird, sobald unsere Luftstreitkräfte auf den Riukius stationiert sind.

Mit der zunehmenden Intensität unserer Fernangriffe wird das Vermögen des Feindes, Flugzeugverluste zu ersetzen, nachlassen, und das Potenzial der Japaner wird immer weiter geschwächt werden. Wir sind der Überzeugung, dass uns die Einrichtung von Luftwaffenstützpunkten auf den Riukius zusammen mit trägergestützten Flugzeugen genügend Luftüberlegenheit garantieren wird, um Landungen auf Kyushu zu unterstüt-

zen, und dass die Stationierung unserer Luftstreitkräfte dort uns die völlige Luftherrschaft über Honshu bringen wird.

Ein Invasionsplan
Japan ist ein Archipel mit Kyushu als südlichster Hauptinsel, von der aus sich die Riukius wie an einer Kette aufgereiht weiter nach Süden ziehen. Der Plan der Alliierten sah vor, die bislang verfolgte Strategie des »Island-hopping« bis zum

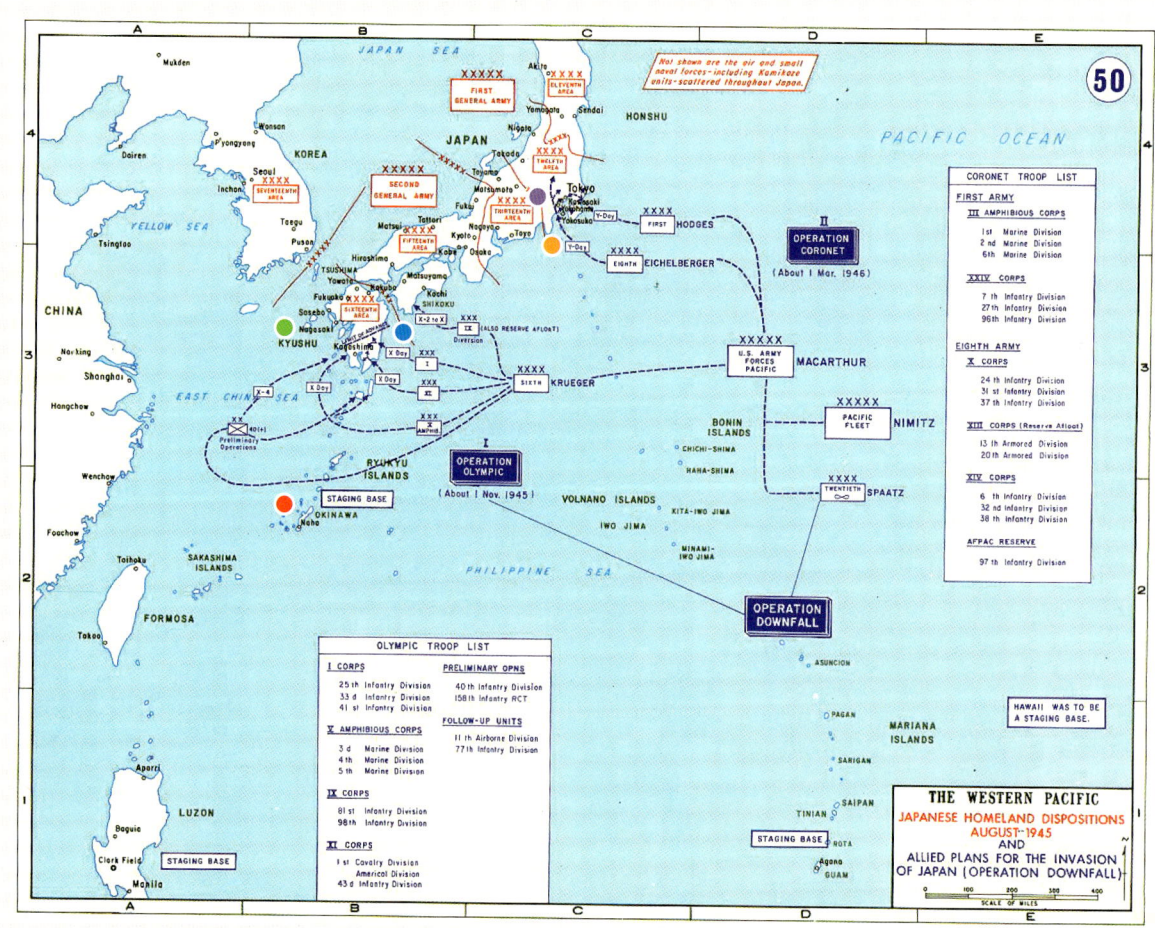

Ende weiterzuführen und die Riukiu-Gruppe als Ausgangspunkt für
den finalen Angriff zu benutzen.

Operation Olympic sollte am
1. November beginnen, von Süden
her auf Kyushu landen und einen
Brückenkopf sichern, von dem aus
Angriffe von See und aus der Luft
auf bedeutende Bevölkerungszen-
tren weitergeführt und intensiviert
werden konnten. Sollte dies nicht
zur Kapitulation führen, so würde
mit Operation Coronet eine zweite

DER ENTSCHEIDUNGSSCHLAG

Ein letzter »Hüpfer« sollte die amerikanischen Streitkräfte von den Riukiu-
Inseln nach Kyushu bringen, während
die Pazifikflotte sich um die südliche
Hauptinsel verteilte, um Marines abzusetzen, Nachschub zu liefern und Feu-
erschutz zu bieten. Vier Monate später
würde die Operation Coronet den
Angriff weiter nach Norden tragen.

Legende

🔴 **Ryukyu-Inseln**

🟢 **Kyushu**

🔵 **Brückenkopf**

🟠 **Bucht von Tokio**

🟣 **Ebene von Kanto**

Phase folgen. Am 1. Mai 1946,
würde ein Großangriff auf Honshu
einschließlich Tokios folgen. Für
diesen Zwei-Phasen-Plan gab es
taktische, mehr noch aber logistische Gründe. Denn obwohl man
davon ausging, dass der Krieg in
Europa vorüber sein würde, wenn
Olympic begann, würde es sicher
bis 1946 dauern, bis die nötigen
Verstärkungen herbeigeschafft
werden konnten.

Die perfekte Basis

Die südlichste der japanischen
Hauptinseln, Kyushu, schien wie
geschaffen für die Alliierten: Sie
hatte offene Buchten und natürliche Häfen – perfekt als Ankerplät-
ze für Kriegsschiffe. Geschützt von
Bergen im Norden bot sie zudem
weite, offene Ebenen, auf denen
man schnell Flugplätze bauen

Die Alliierten waren inzwischen in der
Offensive und vernichteten die kaiserlich
japanische Kriegsmarine Schiff um Schiff.

konnte. Nicht weniger als 3000
Flugzeuge gedachten die Amerikaner heranzuschaffen. Natürlich
war Kyushu kein menschenleeres
Eiland, das auf seine Besetzung
wartete – ganz im Gegenteil, es
war stark befestigt. Die Amerikaner wussten von abgefangenen
geheimdienstlichen Nachrichten,
dass die Japaner dort den alliierten
Angriff erwarteten, und sie brachten infolgedessen Truppen auf die
Insel und verbesserten ihre Befesti-
gungsanlagen.

Überwältigende Stärke

Zuerst sollte der Süden Kyushus
durch Luftangriffe zermürbt werden, die von Trägerflugzeugen

sowie von in Guam, Tinian und Saipan (Marianen) und japanischen Inseln wie Okinawa stationierten Luftwaffenverbänden geflogen wurden. Der amphibische Angriff selbst sollte von 1900 Flugzeugen, die von nicht weniger als 32 amerikanischen und britischen Trägern vor der Küste starteten, unterstützt werden; 2700 weitere Maschinen würden von Okinawa aus anfliegen. Die Offen-

sive sollte gleichzeitig von drei oder vier Invasionsabschnitten au[s] erfolgen: 14 Divisionen (über 400 000 Mann) sollten sich dara[n] beteiligen. Etwa 1300 Transportschiffe und Landungsfahrzeuge würden erforderlich sein.

Zum Vergleich: Für die Invasi[on] in der Normandie im Vorjahr ha[t] man nur fünf alliierte Divisionen und weitere drei Luftlandedivisio[ne]nen aufgeboten. Coronet würde

020

~~RESTRICTED~~   UNCLASSIFIED

GENERAL HEADQUARTERS
UNITED STATES ARMY FORCES IN THE PACIFIC

"DOWNFALL"

Strategic Plan

for

Operations in the Japanese Archipelago

28 May 1945

1. The attached Strategic Plan constitutes the basis for directives for operations to force the unconditional surrender of JAPAN by seizure of vital objectives in the Japanese Archipelago.

2. Pending the issue of directives based thereon, the Plan is circulated to senior Commanders and Staff Sections of United States Army Forces in the Pacific and to the Commander-in-Chief, United States Pacific Fleet, as a general guide covering the larger phases of allocation of means and of coordination in order to facilitate planning and implementation, both operational and logistic. It is not designed to restrict executing agencies in detailed development of their final plans of operations.

3. The Plan is being forwarded to the Commanding General, Twentieth Air Force, for his information and guidance.

4. Directives and Staff Studies covering the several operations to be conducted will be issued by Headquarters concerned at appropriate times.

For the Commander-in-Chief:

R. K. SUTHERLAND
Lieutenant General, United States Army,
Chief of Staff.

UNCLASSIFIED

~~RESTRICTED~~

GENERAL HEADQUARTERS
UNITED STATES ARMY FORCES IN THE PACIFIC

"DOWNFALL"

Strategic Plan

for

Operations in the Japanese Archipelago

28 May. 1945

1. *DIRECTIVE.*

a. This Plan is formulated pursuant to directives contained in JCS 1259/4, 3 April 1945 and JCS radiogram WX 87938, 26 May 1945. It covers operations of United States Army and Naval Forces in the PACIFIC to force the unconditional surrender of JAPAN by invasion of the Japanese Archipelago.

b. The following over-all objective for the operations is assigned by the Joint Chiefs of Staff:

"To force the unconditional surrender of JAPAN by:

(1) Lowering Japanese ability and will to resist by establishing sea and air blockades, conducting intensive air bombardments and destroying Japanese air and naval strength.

(2) Invading and seizing objectives in the industrial heart of JAPAN."

c. The following basic command relationships are established by the Joint Chiefs of Staff:

(1) Command of all United States Army resources in the PACIFIC (less the Twentieth Air Force, Alaskan Department and Southeast Pacific) is vested in the Commander-in-Chief, United States Army Forces in the Pacific.

(2) Command of all United States Naval resources in the PACIFIC (less Southeast Pacific) is vested in the Commander-in-Chief, United States Pacific Fleet.

(3) The Twentieth Air Force, for the present, continues operations under the direct control of the Joint Chiefs of Staff to support the accomplishment of the over-all objective.

(4) The Commander-in-Chief, United States Army Forces in the Pacific is charged with making plans and preparations for the campaign in JAPAN. He cooperates with the Commander-in-Chief, United States Pacific Fleet in the plans and preparations for the naval and amphibious phases of the invasion of JAPAN.

(5) The Commander-in-Chief, United States Pacific Fleet is charged with making plans and preparations for the naval and amphibious phases of the invasion of JAPAN. He cooperates with the Commander-in-Chief, United States Army Forces in the Pacific on the plans and preparations for the campaign in JAPAN.

(6) The Commanding General, Twentieth Air Force cooperates with the Commander-in-Chief, United States Army Forces in the Pacific and with the Commander-in-Chief, United States Pacific Fleet in the preparation of plans connected with the invasion of JAPAN.

(7) The Commander-in-Chief, United States Army Forces in the Pacific is charged with the primary responsibility for the conduct of the operation

—1—

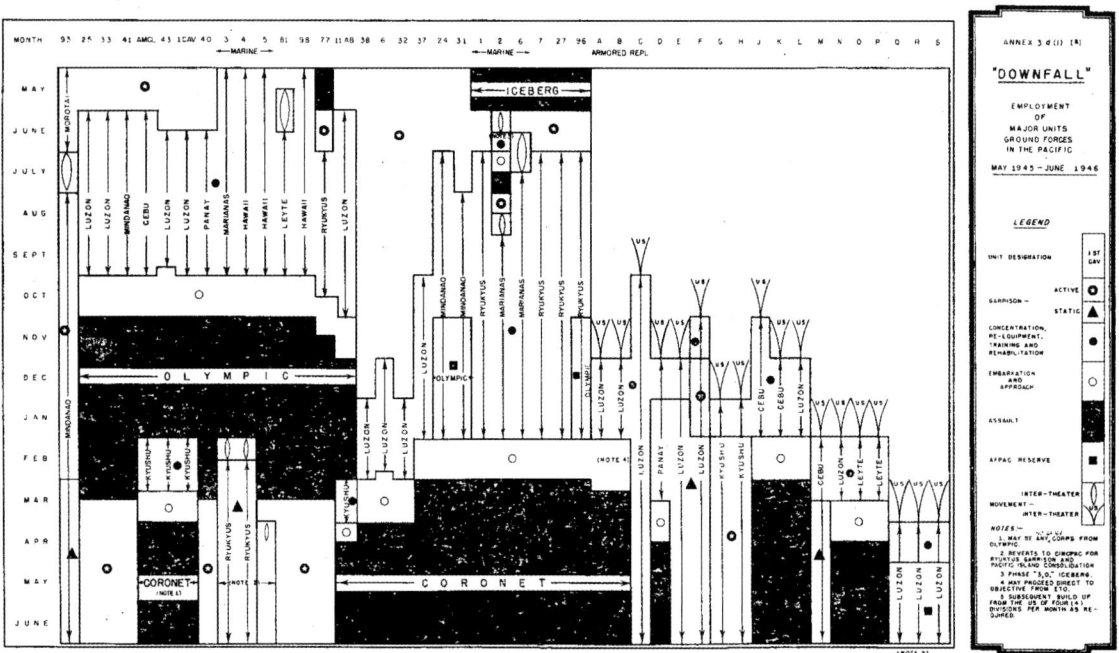

Bei einer derart langen Vorlaufzeit war es möglich, für Operation Downfall sehr detailliert zu planen. Die erforderlichen Aufmärsche wurden erschöpfend ausgearbeitet, um unvorhergesehene Komplikationen zu vermeiden.

> **Gut koordinierte, auf Kyushu und auf Flugzeugträgern stationierte Jagdflieger sollten in der Lage sein, für CORONET adäquate Unterstützung aus der Luft zu liefern.**
>
> *Einschätzung des gemeinsamen Planungsstabs bezüglich der Verwendbarkeit Kyushus als Brückenkopf für die Operation.*

25 weitere Divisionen erfordern – fast eine halbe Million Mann, und dazu weitere 610 000 Tonnen an Ausrüstung. Die Planer scheinen zwar nicht so weit ins Detail gegangen zu sein, aber beide Operationen waren ohne massiven Marineeinsatz undurchführbar. Voraussichtlich mussten Hunderte von Kriegsschiffen eingesetzt werden. Der in seinen Erfolgsprognosen gern etwas pathetische MacArthur hatte eingeräumt: »Logistische Überlegungen stellen das größte Problem dar.«

Sobald sich diese Armeen gesicherte Stellungen eingerichtet und ihre 686 000 Tonnen Ausrüstung an Land gebracht hatten, würden sie umgehend nach Norden vorsto-

ßen. Eine von Osten nach Westen verlaufende Bergkette etwa in der Mitte der Insel stellte eine Art natürliche Barriere dar und sollte die vorläufige Frontlinie bilden.

Was auch immer nötig ist

Doch vor allem bei Operation Coronet scheint der anfangs schneidig-militärische Ton mit der Entfaltung des Plans leiser geworden zu sein. Schließlich wurden nur noch Operationen verlangt, »die notwendig sein mögen, um einen organisierten Widerstand im japanischen Archipel« zu beenden. Ein gewisses Maß an Unsicherheit war auch hier unübersehbar. Man konnte vernünftigerweise nicht erwarten, dass Japan kapitulieren würde, um den Krieg zu einem »sauberen« Abschluss zu bringen. Vielmehr war damit zu rechnen, dass der Feind bis zum letzten Mann kämpfen würde. Die Alliierten erwarteten zwar inzwischen einen vollständigen Sieg, doch sie konnten nicht vorhersehen, wann es so weit sein würde. Vielmehr würde die Schlacht an irgendeinem ungewissen – vielleicht sogar unmerklichen – Punkt zum Kleinkrieg mutieren, in dem es nur noch darum ging, Widerstandsnester zu liquidieren. Diese letzte Phase aber konnte Monate, wenn nicht Jahre, dauern.

Auch Japan bereitete sich auf den Endkampf vor. Das Land befand sich in einer prekären Lage; Operation Starvation entfaltete seine Wirkung: Die Menschen erhielten schätzungsweise nur etwa ein Drittel ihres täglichen Nahrungsbedarfs; Reis wurde streng rationiert, Fisch war inzwischen praktisch unbekannt. Auch die Industrie hungerte nach Rohstoffen, was die Fähigkeit des Landes, den Krieg weiterzuführen, stark beeinträchtigte.

Ein letztes Gefecht

Während einige schwadronierten, dass Millionen mobilisiert würden, um die Ausländer mit Bambusspeeren zu bekämpfen, schüttelten die meisten bei solcher Rhetorik nur den Kopf. Zu Japans Unglück befanden sich die Hardliner vorwiegend in Kreisen der mächtigen militärischen Elite. Bereit für ein heldenhaftes letztes Gefecht, steigerten sie ihre Anstrengungen in Armee, Marine und Luftwaffe. Alles was fliegen konnte, vom

Schulflugzeug bis zum Aufklärer, sollte für Kamikazeeinsätze umgerüstet werden. Bis Juli waren 8000 Maschinen rekrutiert worden, weitere 2500 sollten bis September folgen. Japan würde jedenfalls ruhmreich untergehen.

In diese Atmosphäre verzweifelter und zunehmend unrealistischer Aktionen fiel wie ein Blitz aus heiterem Himmel »Little Boy« – für die meisten Amerikaner ebenso überraschend wie für die Japaner. Die Folgen waren grauenhaft. Zwei Städte wurden vollkommen ausgelöscht, mehr als 130 000 Menschen wurden sofort getötet, Hunderttausende starben in den

folgenden Jahren an den Folgen der radioaktiven Strahlung.

Befürworter der Atombombe behaupten, sie habe Leben gerettet – vor allem amerikanische. Das lässt sich zwar kaum leugnen, aber der ethische Aspekt einer atomaren Massenvernichtung ist dennoch zu diskutieren. Operation Downfall stand unmittelbar vor dem Beginn, und es war absehbar, wie viele Opfer sie fordern würde. Die alliierten Führer standen vor einer fürchterlichen Alternative.

Durch die Atombomben auf Hiroshima und Nagasaki wurde Operation Downfall irrelevant.

LITERATUR

Allen, Louis, *Burma: The Longest War, 1941–45,* New York 1985

Allen, Thomas B. and Polmar, Norman, *Codename Downfall: The Secret Plan to Invade Japan,* London 1995

Cartier, Raymond, *Der Zweite Weltkrieg,* 2 Bde, München 1967

Chant, Christopher, *The Encyclopedia of Codenames of World War II,* London 1985.

Churchill, Winston, *Memoiren – Der Zweite Weltkrieg,* 10 Bände, Hamburg 1950

Das Deutsche Reich und der Zweite Weltkrieg

Band 1: Wilhelm Deist, Manfred Messerschmidt, Hans-Erich Volkmann, Wolfram Wette: *Ursachen und Voraussetzungen der deutschen Kriegspolitik,* Stuttgart 1979

Band 2: Klaus A. Maier, Horst Rohde, Bernd Stegemann, Hans Umbreit: *Die Errichtung der Hegemonie auf dem europäischen Kontinent,* Stuttgart 1979

Band 3: Gerhard Schreiber, Bernd Stegemann, Detlef Vogel: *Der Mittelmeerraum und Südosteuropa – Von der »non belligeranza« Italiens bis zum Kriegseintritt der Vereinigten Staaten,* Stuttgart 1984

Band 4: Horst Boog, Jürgen Förster, Joachim Hoffmann, Ernst Klink, Rolf-Dieter Müller, Gerd R. Ueberschär: *Der Angriff auf die Sowjetunion,* Stuttgart 1983

Band 5/1: Bernhard R. Kroener, Rolf-Dieter Müller, Hans Umbreit: *Organisation und Mobilisierung des deutschen Machtbereichs – Teilband 1: Kriegsverwaltung, Wirtschaft und personelle Ressourcen 1939 bis 1941,* Stuttgart 1988

Band 5/2: Bernhard R. Kroener, Rolf-Dieter Müller, Hans Umbreit: *Organisation und Mobilisierung des deutschen Machtbereichs – Teilband 2: Kriegsverwaltung, Wirtschaft und personelle Ressourcen 1942 bis 1944/45,* Stuttgart 1999

Band 6: Horst Boog, Werner Rahn, Reinhard Stumpf, Bernd Wegner: *Der globale Krieg – Die Ausweitung zum Weltkrieg und der Wechsel der Initiative 1941 bis 1943,* Stuttgart 1990

Band 7: Horst Boog, Gerhard Krebs, Detlef Vogel: *Das Deutsche Reich in der Defensive – Strategischer Luftkrieg in Europa, Krieg im Westen und in Ostasien 1943 bis 1944/45,* Stuttgart 2001

Band 8: Karl-Heinz Frieser, Klaus Schmider, Klaus Schönherr, Gerhard Schreiber, Krisztián Ungváry, Bernd Wegner: *Die Ostfront 1943/44 – Der Krieg im Osten und an den Nebenfronten,* im Auftrag des MGFA hrsg. von Karl-Heinz Frieser, Stuttgart 2007

Band 9/1: Ralf Blank u. a.: *Die deutsche Kriegsgesellschaft 1939 bis 1945 – Erster Halbband: Politisierung, Vernichtung, Überleben,* im Auftrag des MGFA hrsg. von Jörg Echternkamp, Stuttgart 2004

Band 9/2: Bernhard Chiari u.a.: *Die deutsche Kriegsgesellschaft 1939 bis 1945 – Zweiter Halbband: Ausbeutung, Deutungen, Ausgrenzung,* im Auftrag des MGFA hrsg. von Jörg Echternkamp, Stuttgart 2005

Band 10/1: *Der Zusammenbruch des Deutschen Reiches 1945 und die Folgen des Zweiten Weltkrieges – Teilbd 1: Die militärische Niederwerfung der Wehrmacht,* im Auftrag des MGFA hrsg. von Rolf-Dieter Müller, Stuttgart 2008

Band 10/2: *Der Zusammenbruch des Deutschen Reiches 1945 und die Folgen des Zweiten Weltkrieges – Teilbd 2: Die Auflösung der Wehrmacht und die Auswirkungen des Krieges,* im Auftrag des MGFA hrsg. von Rolf-Dieter Müller, Stuttgart 2008, 797 S.

Duffy, James P., *Target America: Hitler's Plan to Attack the United States,* Westport 2004

Evans, Martin Marix, *Invasion: Operation Sea Lion, 1940,* Harlow 2004

Fisk, Robert, *In Time of War: Ireland, Ulster and the Price of Neutrality, 1939–45,* London 1983

Girvin, Brian, *The Emergency: Neutral Ireland 1939–45*, Basingstoke 2006

Grunden, Walter E., *Secret Weapons and World War II: Japan in the Shadow of Big Science* Lawrence, University of Kansas Press, 2005

Hastings, Max, *Finest Years: Churchill as Warlord, 1940–45*, London 2009

Hastings, *Overlord: D-Day and the Battle for Normandy*, New York 1984

Kershaw, Ian, *Das Ende: Kampf bis in den Untergang – NS-Deutschland 1944/45*, Stuttgart 2011

Marston, Daniel, *The Pacific War Companion: From Pearl Harbor to Hiroshima*, Oxford, Osprey, 2007)

Nalty, Bernard C., *War in the Pacific: Pearl Harbor to Tokyo Bay*, University of Oklahoma Press, 1999

Overy, Richard, *1939: Countdown to War*, London 2009

Stevens, Andrew, *The Secret History of World War II: The Wartime Cables and Correspondence Between Stalin, Roosevelt and Churchill*, Old Saybrook 2008

Webster, Donovan, *The Burma Road: The Epic History of the China-Burma-India Theater in World War II* New York 2003

REGISTER

BILDNACHWEIS

SPANISH MINISTER, ANGORA, REPORTS MR. EARLE'S

APPOINTMENT TO GERMANY.

No: 139197

Date: 9th December, 1944.

From: Spanish Minister, ANGORA.

To: Minister for Foreign Affairs, MADRID.

No: 315-6.

Date: 5th December, 1944.

[Cable: I B].

Mr. EARLE, the personal delegate of the President of the UNITED STATES, tells me that he has received instructions to be ready to undertake a journey to GERMANY, without details as to the place or method of getting there. It is his wish to go to AMERICA first for a thorough exchange of views.

He informed me that the anti-Russian party in the UNITED STATES grows daily, and that the President himself bears in mind the Soviet danger even if ---- necessities of the war force him to temporize and not dispense with help that is so valuable for the moment. A French doctor who knows de GAULLE personally said that this progressive ---- [? was due to him].

The informer who, a month in advance, told him [EARLE] about the V.1. raids, now assures him that V.3. aimed at AMERICA, will come into operation